이 책이
당신과
당신이 사랑하는 그 누군가에게
소박한 위로가 되기를 소망하며

교사,
삶에서
나를
만나다

교사, 삶에서 나를 만나다

초판 1쇄 발행 2024년 7월 19일

지은이 | 김태현

발행인 | 최윤서
편집장 | 최형임
디자인 | 김수경
마케팅 지원 | 최수정
펴낸 곳 | ㈜교육과실천
도서문의 | 02-2264-7775
인쇄 | 031-945-6554 두성 P&L
일원화 구입처 | 031-407-6368 ㈜태양서적
등록 | 2020년 2월 3일 제2020-000024호
주소 | 서울특별시 중구 창경궁로 18-1 동림비즈센터 505호
ISBN | 979-11-91724-63-9 (13370)

책값은 뒤표지에 있습니다.

교사,
삶에서
나를
만나다

김태현 지음

교육과실천

| 차례 |

귀가 어지럽다. 이곳저곳에서 새로운 시대를 준비해야 한다는 말이 들리고 있다. 인공지능의 시대가 온다면서 이제 우리 사회는 전에 없는 변화가 시작될 거라고, 인공지능이 대체할 수 없는 나만의 고유 능력을 개발하라고 여러 곳에서 외치고 있다. 교육부도 새로운 교육과정을 발표하고 AI 수업, 디지털 교과서 등 새로운 용어를 사용하면서 교사들이 변화의 시대에 무엇인가를 해주기를 바라고 있다.

그래서 지금 교사들에게 인기 있는 연수는 에듀테크다. 현재 많은 교사들은 연수를 통해 인터넷 쇼핑하듯이 새로운 교수 기법, 인공지능 툴들을 소개받고 있다. 그런데 기술은 아무리 익혀도 불안감을 준다. 하나의 툴을 조금 쓸만하면 새로운 툴이 나오고, 다시 그것을 익히게 한다. 이상하다. 무엇인가를 배우면 그 성취감에 기뻐해야 하는데, 요즘은 무엇을 익히고 습득해도 '또 다른 무엇인가가 있지 않을까?' 하는 두려움에 이 연수, 저 연수를 기웃거리게 된다.

한 소설가는 말한다. 책으로 지식을 탐구하던 시대에는 한 권의 책을 다 읽게 되면 그 자체만으로 뿌듯함을 주었는데, 온라인 시대에서는 지식을 습득하는 것에 그 한계가 명확해지지 않으니 무엇을 배워도 더 불안해진다는 것이다. 물론 이런 현상이 꼭 나쁘다고 말할 수는 없다. '새

포도주는 새 부대에 담아야 한다.' 아직 명확하게 그려지지 않는 미래이 지만, 그것을 미리 준비하는 일은 분명히 소중하다. 미래를 위해 각종 AI 수업과 에듀테크 수업을 배우는 것은 중요하다. 하지만 그럼에도 불구 하고 우리가 잊지 말아야 하는 것은 교육의 본질이다. 이 본질을 잃고 변화의 바람만 좇게 되면, 우리는 새로운 것을 익히느라 지켜야 할 소중한 가치들을 잃어버리게 된다.

우리가 결국 교육을 통해 지키려 했던 것은 무엇인가? 그것은 평범의 가치다. 관계의 소중함이다. 서로의 손을 잡아주는 따뜻한 온기, 서로의 눈을 바라보는 교감, 서로의 말을 깊이 들어주는 공감 등 이런 일상의 행동들로 나와 네가 함께 성장해 가는 기쁨을 알려주는 것이 교육의 본질이다. 이를 놓치고 습득되어지는 기술은 사라지는 수식에 불과하다. 그런데 지금 우리 교육을 보면 본질은 보지 못하고 수많은 트렌드만 좇아가는 거 같아 마음이 안타깝다.

가만 보면 세상은 그 변화에 민감하게 반응하여 대응을 잘하는 사람이 성공하는 듯하지만, 또 한쪽에서는 자기만의 길을 우직하게 걸어가면서 뒤늦게 빛을 보는 경우도 많다. 지금 이 책에 소개되는 예술가, 사상가들이 그렇다. 추상의 시대에서 자기만의 색깔을 지켜나간 에드워드 호퍼, 광기의 히틀러 시대에도 전쟁의 폐해를 알렸던 케테 콜비츠, 아우슈비츠 수용소에서도 자신의 존엄을 지키려 했던 빅터 프랭클 등 우리에게 수많은 위로와 영감을 주는 예술가, 사상가들은 트렌드를 보기보다는 그 속에 있는 본질을 더 깊게 보면서 시대의 메시지를 던졌다.

역사의 전환점에 와 있는 우리. 나는 지금 트렌드를 따라가는 것이 나쁘다고 말하는 것이 아니다. 그럼에도 자꾸만 본질을 보고, 시대의 흐름에 조금 느리게 가자고 말하는 이유는 지금 교육이라는 영역에 너무 속도, 기술, 경쟁이라는 말이 지배하고 있기 때문이다.

예전부터 우리가 소중히 여겼던 가치, 관계, 공감, 함께, 소소함, 일상 등 이런 단어들이 학교에서 사라져 가고 있다. 이 때문에 교사들은 내면이 불안해지고, 무언가에 쫓기는 느낌을 계속 가지고 있다. 이에 나는 다시 '교사, 삶에서 나를 만나다'(이하 교사 삶)를 개정판을 낸다. 사실 이 책은 절판 상태에 있었다. 이 책이 독자들에게 꾸준히 사랑받는 책이었음에도 절판할 수밖에 없는 사정이 있었다. 그런데 참 감사하게도 수많은 선생님들이 '교사 삶'을 다시 출간해 달라고 계속해서 요청을 해 왔다. 낙담과 무기력 속에 있는 선생님들에게 이 책을 선물해 주고 싶다면서, 지속적으로 다시 출간을 요구해 주셨다. 그럼에도 바로 그 요구에 응답하지 못했던 이유는 '교사 삶'을 쓸 때의 2010년대와 지금의 2020년대는 많은 부분이 달라졌기 때문에, 저자로서 그냥 똑같이 책을 낼 수는 없었다. 이에 나는 조금 더 시간을 들여서 두 시대를 찬찬히 살피고, 2020년대를 살아가는 교사들에게 필요한 언어들을 찾기 시작했다.

결국 그 단어는 역시나 '삶'이었다. 미래 교육도 중요하고 AI 수업도 중요하지만 그보다 더 중요한 것은 '교사의 삶'이었다. 가만 보면 교육에서 변화하지 않는 것은 수업을 하고 있는 교사의 존재이다. 한 교사가 수십 년 동안 학교에서 지내다 보면 수많은 교육 트렌드들이 지나간다. 열린 교육, 혁신 학교, 배움 중심 수업, 그리고 AI 수업 등 이런 용어들이 교육의 해결사처럼 나타났지만, 곧 시간이 지나면 언제 그랬냐면서 많

교사, 삶에서 나를 만나다

은 용어들이 우리 기억 속에 사라져갔다. 결국 교육의 상수는 교사이고 나머지들은 모두 변수에 불과하다. 그러하기에 우리는 변수가 아니라 상수인, 교사의 존재를 더 깊게 들여다봐야 한다.

지난 2023년 교사들은 차마 말로 표현할 수 없을 정도로 힘들었다. 여러 학교에서 벌어지는 수많은 슬픈 일들. 스스로 교사로서 최선을 다하려 했지만, 악의로 쏟아지는 여러 말들 앞에서 교사들의 내면은 그야말로 산산이 부서졌다. 이런 교사들의 마음을 다시 일으켜 세워주는 것은 잘 짜여진 교육과정도, 화려한 수업 기술도 아니었다. 어느 누구도 무너진 교사의 마음을 일으켜 세워주지 않았다. 결국에는 교사 스스로 일어서야 했다. 그러나 이 작업은 쉽지 않다. 이미 낙담하고 모든 에너지가 고갈되었는데, 스스로 일어나라니! 이것처럼 무책임한 말도 없을 것이다. 그래서 나는 또다시 외친다. 스스로 일어서기 위해 교사들에게 교육 이전에 내 삶을 지키는 것이 우선이라고 말이다.

나를 위로하는 듯이 나를 울력하는 듯이
눈질을 하며 주먹질을 하며 이런 글자들이 지나간다

— 하늘이 이 세상을 내일 적에 그가 가장 귀해하고 사랑하는 것들은
모두 가난하고 외롭고 높고 쓸쓸하니 그리고 언제나 넘치는
사랑과 슬픔 속에 살도록 만드신 것이다

- 백석, '흰 바람 벽이 있어' 중에서

이상하다. 백석의 시가 나에게 정확한 지침을 주는 것도 아닌데, 괜스레 이 시를 읽으면 마음이 울컥한다. 내가 교사로서, 가난하고 외롭고 높고 쓸쓸히 살아가도록 태어났다고 생각하면, 알 수 없는 위로에 휩싸인다. 이 책이 말하는 핵심은 분명하다. 수업을 잘하는 것도 좋고, 학교를 혁신하는 것도 좋은데, 그전에 내 삶을 되찾자는 것이다. 수업을 잘하는 방법을 익히기 이전에 교사의 내면, 내 삶을 깊이 돌아봐야 한다는 것이다.

그동안 우리는 너무 힘들게 달려왔다. 그런데 그 와중에 놓쳐버린 것이 너무 많다. 가장 핵심은 바로 '나'라는 존재다. 내 감정, 내 생각, 내 시간, 내 삶. 이 책에서는 다시 교사의 삶으로 수업의 본질을 말하려고 한다. 수업은 교사의 삶과 매우 깊게 연결되어 있는데, 수업과 관련 있는 대부분의 책과 강연은 수업의 기술, 방법만을 말하기 때문이다. 수업을 어떻게 해야 한다는 것은 말해 주지만, 수업을 하는 교사들이 어떤 삶을 살아야 하는지는 말하지 않기에, 이 책은 수업을 하는 교사의 삶을 다시 들여다보려고 한다.

우리 교사들은 뜨거운 마음으로 학교로 갔지만, 학생에게, 학부모에게, 동료 교사에게, 학교 관리자에게, 교육 관료에게 상처받고 있다. 사실 교육에 종사하는 사람들의 모습이 그렇다. 교사의 자리이든, 교장의 자리이든, 장학사의 자리이든 우리는 정말 멋진 꿈을 가지고 의미 있는 교육행위를 하려고 했다. 그런데 돌아오는 것은 냉대뿐이다. 새로운 시도를 하지만, 들려오는 것은 비난과 질책이다. 관계 속에서 새로운 힘을 얻고 나아가야 하는데, 마음은 무너지고 길을 잃고 혼자 울고 있다. 이것이 현재 우리 모습이다. 상황이 이런데도 새 시대를 준비하라면서 인공지능, 에듀테크만 외친다면, 그야말로 우리 교사들의 마음은 쓸쓸하기 그

지없다.

그래서 나는 다시 이 책을 내면서 선생님들께 다시 묻고 싶다.

잘 버티고 있나요?
선생님의 삶은 안녕한가요?

나는 이 책이 우리 교사들의 일상에서 잔잔한 위로를 주었으면 한다. 지금 교사들에게 필요한 것은 문제에 대한 정확한 진단과 처방이 아닌, 따뜻한 위로이기 때문이다. '~해야만 한다'는 말보다 '힘들었구나!', '고생하고 있네!', '울어도 돼'라는 위로의 한 마디가 필요하다. 책을 다시 내면서 진심이 담겨 있지 않은 문장은 다 제거했다. 불필요한 의미 없이 썼던 문장들, 의미 없이 인용되었던 시들, 그림들을 다 빼고 오늘을 살아가는 교사들에게 필요한 말들을 조금씩 조금씩 첨가해서 썼다.

내 곁에 많은 사람이 있는 것 같지만, 결국에는 나 혼자 쓸쓸히 교사의 삶을 버텨가고 있다. 그렇게 혼자 외롭게 있을 때, 이 책이 교사의 고단한 일상에 같이 있으면서 작은 위로가 되었으면 한다. 힘들 때 다시 꺼내보면서 삶에서 나를 다시 만나고, 서로 위로하게 하는 그런 책이었으면 좋겠다.

2024. 7. 1
김태현

1장
—

수업의
본질과 만나기

수업은
땅끝이다

산 너머 고운 노을을 보려고

그네를 힘차게 차고 올라 발을 굴렀지.

노을은 끝내 어둠에게 잡아먹혔지.

나를 태우고 날아가던 그넷줄이

오랫동안 삐걱삐걱 떨고 있었어.

어릴 때는 나비를 좇듯

아름다움에 취해 땅끝을 찾아갔지.

그건 아마도 끝이 아니었을지도 몰라.

그러나 살면서 몇 번은 땅끝에 서게도 되지.

파도가 끝임없이 땅을 먹어 들어오는 막바지에서

이렇게 뒷걸음질치면서 말야.

살기 위해서는 이제

뒷걸음질만이 허락된 것이라고.

파도가 아가리를 쳐들고 달려드는 곳

- 나희덕, '땅끝'

나는 지금 땅끝에 서 있다. 나는 그 땅끝이 아름다운 곳인 줄 알았다. 푸른 바다, 붉은 노을을 볼 수 있는 곳이기에 그곳은 육지, 어느 곳보다도 나에게 환상적인 장소일 거라 생각했다. 그러나 그곳은 말 그대로 땅끝이었다. 조금이라도 헛디디면 그냥 나락으로 떨어지는 곳, 내가 동경했던 노을조차도 어둠으로 잡아먹히는 곳이었다.

가만 보면 수업은 땅끝이다. 가치 있는 삶을 살고 싶어서 교사라는 직업을 선택해 멋진 수업을 하고 싶었는데, 오히려 나는 그 수업에서 절망하고 있다. 내 수업을 듣지 않는 학생들에게 자주 분노한다. 의미 있는 배움을 주고 싶지만, "세상의 경쟁에서 승리해야 한다"고 외치는 나를 발견한다. 가르치는 것은 성직(聖職)이라고 자부심을 가지면서도 다른 한편으로는, 어떻게든 수업을 적게 하려고 동료 교사와 말싸움을 벌이는 나를 발견한다. 수업은 나를 아름다움으로 인도했지만, 내 한계와 밑바닥을 그대로 보여준다. 수업은 아가리를 쳐들고 나를 잡아먹고 나를 절망시킨다.

그래도 나름 교사라고 힘을 내서 이런저런 방법으로 수업을 변화시키기 위해 노력하지만, 기대한 만큼 바뀌지 않는다. 여전히 학생들은 예의 없고 무기력하다. 그리고 그런 학생들을 보면서 나는 계속 분노한다. 이런 어려움을 해결하고자 학교 내 수업 동아리, 학교 밖 수업 모임에도 참

교사, 삶에서 나를 만나다

석하지만, 여전히 수업은 버겁기만 하다. 간간이 동료 교사로부터 받은 조언으로, 모둠을 구성하고 활동적인 수업을 하지만, 수업에 들어가는 것은 여전히 두렵다. 다양한 수업의 방법을 익히고 적용해도, 여전히 내 수업은 제자리라고 느낀다.

왜 그럴까? 열심히 한다고 하는데, 왜 내 수업은 그대로 그 자리에 정체되어 있다고 느끼는 것일까? 수업 변화의 근원적인 힘은 어디서 오는 것일까? 나 자신에게 정말 많이 이 질문들을 던진 것 같다.

본질을 이야기하니, 문득 차가운 추상의 선구자, 몬드리안의 그림이 떠오른다. 나는 이 그림이 어려웠다. 중학교 미술 시간에 이 그림을 처음 접하면서 "이것이 그림인가요?"라고 선생님께 질문한 기억이 난다. 수직선과 수평선, 삼원색과 무채색의 조합[1]을 아름다운 그림이라고 생각하기가 힘들었다. 몬드리안의 닉네임대로 차가운 그림이었다. 그런데 그로부터 30년이 지난 지금은, 내가 좋아하는 그림 중 하나가 되었다. 이

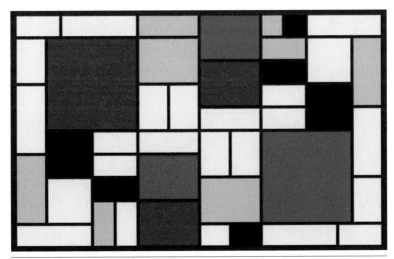

1   몬드리안. line over form

그림에는 명화에서 흔히 발견되는 아름다운 인물이나 멋진 풍경이 없다. 그럼에도 이 그림이 의미 있게 다가오는 이유는 색채와 형태의 '본질'을 그려냈기 때문이다.

몬드리안은 무엇이든 그려낼 수 있는 회화의 세계에서 변하지 않는 본질을 그려내고 싶었다. 그래서 그의 그림이 어떻게 변했는지를 보면[2,3], 점차 단순해져 가는 나무의 모습을 볼 수 있다. 몬드리안은 잎이 무성한 나무를 그리다가 점차 나무의 근원적 실체, 변하지 않는 실재, 수평선과 수직선의 조합으로 나무의 근원을 그려낸다. 결국 그의 모든 그림은 수평선과 수직선으로만 그려지고, 색의 근원인, 빨강, 파랑, 노랑과 무채색으로 채워진다. 몬드리안은 이것이 아름다움의 근원이고, 우리가 시각적으로 느끼는 형과 색의 본질이라고 말한다.

나도 수업코칭연구소를 만들고, 가장 고민했던 부분이 바로 이런 부분이다. 선생님들에게 있어서 수업 변화를 일궈내는 가장 근본적인 힘은 어디에서 나오는 것일까? 수업에 대한 강의를 하면서도 늘 질문하는 것이 바로 이것이다. 나는 지금, 변하지 않는 본질을 말했는가? 아니면 곧 사라질 나무의 잎, 혹은 나무의 꽃만 이야기하고 본질이 아닌 나만의 수업 사례를 서툴게 자랑한 것은 아닐까?

2   몬드리안, Gray Tree (1911)

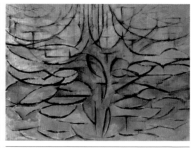

3   몬드리안, 꽃피는 사과나무 (1912)

교사, 삶에서 나를 만나다

수업 변화를 시도했는데 기대만큼 되지 않았으면, 그 이유를 계속 고민해야 한다. 눈에 보이는 화려한 수업의 형태나 방법, 기술, 매뉴얼에만 시선을 돌리지 말고, 수업 변화를 추구하게 하는 근원적인 힘이 무엇인지를 봐야 한다. 수업에 관해 많은 것을 배우고 익히는데도 수업이 제자리인 것은, 분명, 내가 변화의 본질에 이르지 않았기 때문이다. 몬드리안은 나무의 본질을 그려내기 위해 수없이 나무를 봤을 것이다. '무엇이 나무를 나무이게 하는가?', '언제나 나무를 나무이게 하는 형과 색은 무엇일까?'를 고민하며 수도 없이 나무를 그려냈을 것이다.

우리 교사들도 계속해서 질문해야 한다. 내가 수업을 잘하고 싶다면, 그 변화의 본질이 무엇인지, '진짜'를 알아내기 위해 애썼던 몬드리안처럼 질문하고 또 질문하면서 변화의 본질을 찾아내야 한다.

코기토 에르고 숨(Cogito, ergo sum, 생각한다. 그러므로 나는 존재한다)

데카르트는 치열한 번민 속에서 변하지 않는 한 가지 사실, 즉 생각하는 나가 있으면 나는 언제나 존재한다는 사실을 깨달았다. 수업도 마찬가지다. 우리가 수많은 수업을 하면서도 변하지 않는 사실은, 수업이 있으면 교사는 늘 존재하고, 교사의 존재는 자신의 삶을 통해 규정된다는 것이다. 수업 내용은 매번 다를 수 있지만, 수업을 하는 교사의 존재, 교사의 삶은 수업과 늘 함께 있다. 즉 수업은 교사의 삶과 함께 달라지고, 수업 변화의 본질은 수업의 형식이 아니라 그 수업을 하는 교사의 삶이다.

그런데 그 삶은 개인의 내면세계에서 시작된다. 인간은 그냥 행동하지 않는다. 내면의 수많은 생각을 행동으로 표출한다. 내면의 어떤 작용을 거치지 않고서는 사람의 에너지는 동원되지 않는다. 변화는 편한 작업이 아니다. 나의 틀을 깨는 불편함이 있고, 어색함이 있다. 그럼에도 변화하려고 한다는 것은, 내면에서 특별한 가치와 목적을 발견했기 때문에 변화의 몸부림을 치는 것이다. 결국 수업이 변화하려면 교사의 내면에서 변화에 대한 특별한 의미와 가치를 발견해야 한다.

세잔은 사과의 본질을 그려내려고 했다. 그와 함께 그림을 그렸던 모네와 르누아르는 변화하는 빛의 색깔을 그려내기 위해 애를 썼지만, 세잔은 사과의 빛깔뿐만 아니라 본질적 형태까지도 그려내려고 애를 썼다. 그래서 그는 하나의 그림을 완성하기 위해 수백 번 사과의 위치를 바꾸고, 다양한 각도에서 본 사과의 형을 2차원의 평면 속에 그려낸다[4]. 그렇게 그려낸 시간이 1, 2년도 아니고 무려 50년이었다. 내면에서 '사과

4 　세잔, Milk Can and Apples (1879-1880)

　　　　　　　　　　　　　　　　교사, 삶에서 나를 만나다

로 사물의 본질을 그려내겠다'는 특별한 가치를 발견했기에 가능한 일이었다. 그의 이런 내면 의식은 마티스, 피카소에게 영향을 줘서 20세기 현대 미술은 세잔에 의해서 큰 전환점을 이룬다.

결국, 수업을 변화시키려 한다면, 스스로 물어야 한다. '나는 변화를 일궈낼 내면의 힘을 가지고 있는가?', '변화해야 하는 특별한 의미와 목적이 있는가?' 그렇지 않고 수업의 외형만을 바꿔서 변화를 모색한다면, 혹은 남이 알려준 방법만을 가지고 변화하려고 한다면, 곧 힘이 고갈되어 그 자리에 주저앉게 된다. 자기애(自己愛)가 없는 사람이 성형수술을 한다고 해서 곧바로 자존감이 생기는 것이 아니듯, 수업 변화를 위한 내적인 힘을 키우지 않고서는 진정한 변화를 모색할 수 없다.

사실 수업을 의미 있게 변화시키기 위해 자신의 행동을 바꾸는 것은 쉽지 않다. 앞서 이야기했듯이 수업은 '땅끝'이기 때문이다. 내게 희망과 꿈을 주는 듯했지만, 나의 삶을 힘들게 하고, 나를 지치게 하는 근원이다. 경력이 쌓이면 쌓일수록 어려운 것이 수업이다. 학생들에게 좋은 질문을 던져야 하는 것을 알지만, 질문을 던지지 못한다. 질문을 하더라도 학생들이 잘 대답해주지 않을 것 같은 두려움이 있기 때문이다. 변화는 하고 싶지만, 변화를 두려워하는 또 다른 마음이 있다. 나를 신뢰하고 싶지만 여전히 나를 믿지 못하고, 학생들을 사랑하려고 하지만 학생들이 얄미운, 두 마음이 내 안에 살아있으니 수업이 힘들다. 의미 있는 배움을 추구하는 듯하지만, 실제 수업에서는 시험 점수를 올리기 위한 수업을 하는 나를 발견한다. 나는 늘 모순덩어리다. 이러지도 못하고 저러지도 못하는 경계 선상에 우리는 항상 서 있다.

이때, 나는 다시 나희덕의 '땅끝'을 묵상한다. 나는 의도적으로 땅끝의 마지막 연을 보여주지 않았다.

끝내 발 디디며 서 있는 땅의 끝,

그런데 이상하기도 하지.

위태로움 속에 아름다움이 스며 있다는 것이

땅끝은 늘 젖어 있다는 것이

그걸 보려고

또 몇 번은 여기에 이르리라는 것이.

보이는가? 시인의 마지막 고백이.

그런데 이상하기도 하지, 위태로움 속에 아름다움이 스며 있다.

상황은 변하지 않았는데, 시인은 그 두려움의 땅, 땅끝이 아름답다고 말한다. 위태로운데도 아름다움이 보인다는 것이다. 그리고 그곳이 늘 젖어 있다는 것을 발견하고, 그걸 보기 위해, 그 두려움의 땅끝으로 다시 온다고 한다. 분명 앞에서는 파도가 아가리를 쳐들고 달려드는 곳이라고 했는데, 어떻게 다시 이 땅끝에 설 수 있다고 말하는 것일까? 이 힘은 어디서 오는 것일까? 그것은 땅끝을 바라보는 시선이 달라졌기 때문이다. 시인은 자신의 삶과 인생을 깊게 성찰한 후에, 삶의 두려움과 아픔이 자신에게 새로운 힘이 되고 있음을 새롭게 깨달은 것이다. 내면의 깊은 성찰로 땅끝이 주는 새로운 힘을 시인은 알게 되었다.

우리 교사들도 마찬가지다. '내 수업이 문제가 있다'라고 생각하는 나약함이 우리를 주저앉게도 하지만, 다른 한편으로는 그 나약함 때문에 무엇인가를 극복하려는 힘을 가진다. 나약함에 대한 인식이 없는 사람은 그 자리에서 만족하다가 수업이 정체되기만 할 것이다. 위태롭다고

교사, 삶에서 나를 만나다

생각하는 내적 인식이 나를 더 긴장하게 하고, 더 준비하게 한다. 그래서 더 치열하게 살게 되고, 그것을 통해 성장하게 된다. 우리 삶은 쉽게 변화하지 않는다. 특히 내가 가지고 있는 단점은 늘 나를 분노하게 한다. 그런데 그런 분노가 있어서 새로운 변화를 모색하게 된다. 내게서 사라졌으면 하는 것들이 더욱 거세게 벽을 쌓고 내 삶을 가로막고 있다. 그런데 그 벽을 뚫기 위해 나는 더욱 단단해진다.

결국 나를 짓눌렀던 두려움이 나를 더 강하게 한다는 역설적인 인식이 생길 때, 우리는 그 현실의 어려움을 뚫는 힘을 갖게 된다. 이 힘은 다른 데서 오지 않는다. 스스로 내면을 깊이 성찰하고 삶을 넉넉하게 바라보는 시선을 가질 때 가능하다.

화가 프리드리히는 어린 시절 가장 사랑하는 남동생이 차가운 얼음 바다 속에서 익사하는 것을 지켜봐야 했다. 이 충격으로 그는 깊은 우울증에 시달렸고 사람들과 어울리기를 싫어했다. 혼자 있게 된 그는 그림을 그리기 시작하고, 자연 속 인간의 고독을 잘 표현한 작가라는 찬사를 받는다. 그에게 바다는 절망과 아픔이었다. 다시는 떠올리기 싫은 슬픔의 기억이었다. 하지만 그는 그림을 통해 빙해⁵ 앞에 다시 선다. 그가 그려낸 바다의 얼음은 날카롭고 뾰족하다. 나를 덮쳐오는 것 같다. 하지만 그 속에도 푸른 희망이 있다. 백색의 아름다움이 있다. 프리드리히는 어린 시절의 아픔이 여전히 자신을 슬프게 하지만, 그 아픔이 있었기에 현재의 자신이 존재하고 있음을 빙해로 그려낸다. 빙해 안에 있는 '위태로움'과 '아름다움'이 현재 자신을 있게 한 근원임을 보여준다.

내 수업은 쉽게 바뀌지 않는다. 오랜 세월 함께한 나의 습관, 생각, 철학 등이 모아져 있기 때문이다. 그래서 수업을 바꾼다는 것은 내 삶의 양식을 바꾼다는 말과 같다. 수업은 단숨에 변화를 이뤄낼 수 없는 것이

다. 변화했다가도 다시 원래의 내 습성대로 돌아오는 것이 수업이다. 그
래서 우리는 더 절망하게 되고, 무기력에 빠지게 된다. 그런데 그런 절망
과 무기력이 우리의 수업을 다시 일어서게 하는 근원임을 알게 될 때 우
리는 또다시 수업의 땅끝에 서게 된다. 이제 우리는 수업에 대한 절망과
희망을 함께 끌어안고, 수업을 새로운 시선으로 보려고 한다. 그 시작은
'수업 변화의 본질이 무엇이냐?' 라는 질문에서 시작한다. 땅끝에 위태
롭게 서 있지만, 본질을 보는 깊은 성찰로 그 땅끝이 우리에게 새로운 희
망임을 알게 될 것이다.

- 수업이 나를 지치게 하는 근원임과 동시에 희망이기도 하다는 말이 어떻게 다가오는가?

- 수업 변화의 본질은 교사의 내면에 있다는 말이 어떻게 다가오는가?

- 나희덕의 '땅끝', 프리드리히의 '빙해'가 어떻게 다가오는가?

수업은
성장이다

교사 일 년 차였던 2005년 겨울, 나는 학년 말 기말고사 때 큰 사고를 쳤다. 기말고사를 보기 전에 내가 들어가는 반에만 인쇄물을 만들어서 국어 문법 문제를 찍어 주었다. 예전에 고등학교 다닐 때도 통상 그렇게 선생님들이 문제를 미리 찍어 주었기에, 아무 생각 없이 시험에 나왔던 문제들을 학생들에게 가르쳐 주었다. 교사로서 도저히 해서는 안 되는 행동을 했다. 결국 이것이 문제가 되어서 나는 교사 징계위원회에 회부되었고, 학생들은 재시험을 보는 초유의 사태가 벌어졌다. 학부모의 민원이 올라왔고, 나는 기쁨으로 가득해야 할 겨울방학을 악몽으로 지내야만 했다.

그러나 20여 년의 교사 생활을 하면서 느끼는 것은, 이런 악몽 같은 삶은 새내기 시절에만 국한되지 않는다는 것이다. 매년 교사 생활은 그리 녹록지 않다. 화를 내지 않겠다고 다짐하고 또 다짐하지만, 교실에 들어가서는 학생들의 사소한 잘못에 분노한다. 학생들을 인격적으로 대하고

교사, 삶에서 나를 만나다

그들의 감정을 잘 공감해주겠다고 다짐하고 또 다짐하지만, 내 생각만을 일방적으로 강요한다. 감정 노동과 육체 노동 그리고 지식 노동 속에서 늘 지쳐있는 나를 발견한다. 교사로 임용될 때의 큰 기쁨은 사라져버렸고 하루하루 버텨내기도 어려워졌다. 가슴이 뜨거운 교사가 되겠다고 큰소리를 쳤지만, 여전히 수업은 어렵고 학생들을 대하는 것은 큰 스트레스다. 사랑으로 대하고 싶지만 치밀어 오르는 화를 참기 힘들고, 의미 있는 배움을 주고 싶지만 여전히 평가를 위해서 지식을 일방적으로 주입하는 나의 모습을 본다.

교직경력이 쌓여갈수록 '내가 무엇을 잘할 수 있을까?' 라는 의구심을 넘어 이제는 '무엇을 하기에는 지쳤다' 는 생각이 자꾸 다가온다. 나는 잎이 풍성한 나무인 줄 알았는데, 알고 보니 열매 맺지 못하는 겨울나무였다. 처음에는 그래도 잎이 푸르고 열매도 제법 맺을 줄 알았는데, 뼈만 남은 앙상한 겨울나무였다. 결국 나는 아무것도 아닌 존재였을지도 모른다. 그저 혹한의 겨울에 서 있는 앙상한 소나무 한 그루였을지도 모른다.

추사체로 유명한 김정희도 제주 유배지에서 인생 말년을 보내면서 이런 겨울나무가 가슴에 와 닿았나 보다. 한창 잘 나갈 때는 선물도 보내고 문안 인사도 하던 사람들이, 이제는 죄인의 신세로 제주도에 있으니 연락 한 번 주지 않는 세태에 대해서 그는 무척 실망했을 것이다. 그러나 모든 사람이 그를 떠난 것은 아니었다. 제자 이상적만은 스승을 기억하고, 청나라에 역관으로 방문할 때마다 좋은 책을 구해다가 보내주었다. 끝까지 자신을 잊지 않고 매번 선물을 보내는 제자에게 자신의 삶을 담은 그림을 보내주는데, 그 그림이 '세한도'[6]다. 세한도를 보면 앞서 말한 겨울나무가 있다. 화려한 잎사귀를 뽐내지는 않지만, 추운 겨울에도 당

6 김정희, 세한도 (1884)

당히 서 있다. 그래서 김정희는 제주에서 유배 생활을 하는 자신을 기억해주는 제자 이상적에게 "추운 겨울이 온 후에야 소나무, 전나무가 시들지 않음을 알 수 있다"고 말하며 이 겨울나무를 그려주었다.

추운 겨울에도 자리를 지키고 서 있는 겨울나무! 하지만 그 겨울나무를 그냥 보면 참 볼품없다. 나뭇잎은 떨어지고 앙상한 가지만 남아 있는 모습은 초라하기 짝이 없다. 우울한 날에는 그 겨울나무의 모습이 나처럼 느껴진다. 이런저런 세상의 기준 속에서 발가벗겨진 겨울나무, 그런 겨울나무를 보면 괜한 동정심이 생기고, 연민의 정을 느낀다. 결국, 나무의 본질은 초라한 겨울나무다. 혹한 속에서도 변함없이 남아 있는 것, 그것이 나무의 본체요, 본질이다. 어찌 보면 여름에 푸르게 뽐내고 있는 나뭇잎은 나무의 본질이 아니다. 단순한 수식이요, 기교일 수 있다.

그래서인지 나는 '수업 혁신'이라는 말이 수업 변화의 본질을 왜곡시킨다는 생각이 든다. 혁신이라는 말로 시작되는 움직임을 폄하려는 것이 아니다. 미래 교육 혁명, 인공지능 수업 혁신 등 다 의미 있고 가치로운 운동이다. 이것을 진행하는 여러 교사와 교육청, 모두 다 이 나라의 교육을 바르게 이끌어 가기 위해서 수많은 땀을 흘리고 있다는 것을 부인하지 않는다. 그런데 한 가지 우려스러운 것은, 그분들의 귀한 취지와

교사, 삶에서 나를 만나다

다르게 혁신이라는 말이 일반 교사들에게 왜곡되어 들린다는 것이다. 혁신이라는 말이 주는 어감은 '수업의 겨울'은 생각하지 않고, 수업이라는 것이 "금방이라도 바뀌어야 하고, 바뀔 수 있다"라고 너무 쉽게 말하는 듯하다.

1, 2차 세계대전으로 죽어간 아이들을 생각하며 케테 콜비츠는 그림을 그리고, 판화 작업을 했다. 그녀의 그림을 보면, 전쟁이 가지는 깊은 슬픔, 고통, 아픔 등이 진하게 묻어 나온다. 먹을 것을 바라는 소년의 눈망울[7]에서 전쟁의 근원적 아픔을 잘 알 수 있다. 그런데 누군가가 소년의 눈망울을 그리고 싶다고 해서, 콜비츠의 기술만 흉내 낸다고 해서 이 그림 같은 완성도를 가질 수 있을까? 그럴 수 없다. 콜비츠의 기술을 흉내

7   콜비츠, 독일 어린이의 굶주림 (1924)

내기에 앞서 콜비츠를 만나야 한다. 전쟁의 소용돌이에서 살아야 했던 그녀의 험난한 인생과 만나야 하고, 전장에서 싸늘한 주검으로 돌아온 아들을 지켜봐야 했던 그녀의 눈물과 만나야 한다.

혁신은 수업을 금방이라도 바꿔야 한다는 '조급증'을 낳는다. 그러다 보니 교사들은 수업을 빨리 바꿔야 한다는 불안감을 느낀다. 강의식 수업을 하면 안 되고, 타 과목과 융합해야 하고, 학생들의 생각을 촉진하는 질문을 만들어야 한다. 그런데 이것이 쉽지 않다. 여태껏 강의식 수업을 듣고, 암기 위주의 공부를 해 왔는데, 갑자기 강의식 수업을 줄이고, 창의적인 교수 학습 방법으로 학생들의 생각을 일깨우는 수업을 하기가 쉽지 않다. 그런데 주변에서 수업을 혁신하라고 한다. 많은 교사는 이 어려운 과업을 신속하게 시행하기 위해 연수를 듣는다. 그래서 수업을 변화시키는 본질을 보려고 하기보다는, 쉽게 써먹을 수 있는 교수 기법, 에듀테크, 영상 자료에 더 관심을 갖는다. 수업 내용을 재구성하고 수업 기술을 적용하려면 오랜 고민과 시행착오의 과정이 있어야 하는데, 수업 혁신에 대한 조급증은 그럴 여유를 주지 않는다. 빨리 바꾸어야 한다는 당위는 우리를 초조하게 한다. 수업에 대해 찬찬히 고민하기보다는 연수를 듣고 바로 적용해서 수업을 바꾸려고 한다. 이러다 보니 수업을 보는 관점을 바꾸지 않고, 수업의 외형을 꾸미는 것에만 몰두하게 된다. 이것은 콜비츠와 만나지 않고 그의 기술만 흉내 내어 소년의 눈망울을 그리려는 것과 같다.

카유보트는 마루를 깎는 사람들[8]의 모습을 아주 사실적으로 표현했다. 남자들이 마룻바닥을 벗기는 이유는 간단하다. 옛것이기 때문이다. 이 그림을 보면, 옛것을 버리기 위해 가죽을 벗기는 혁신의 의미를 잘 알 수 있다. 하지만 혁신이 수업에 적용되면, 내가 과거에 했던 수업은 옳지

8   카유보트, The Floor Planers (1875)

않은 것, 구태의연한 것으로 오해하게 한다. '새 포도주를 새 부대'에 담아야 하겠지만, 과거를 부정하는 것은 문제가 있다. 과거도 어차피 내 삶이고 내 일부인데, 그것을 부정하면 나를 부정하게 된다. 혁신을 통해 수업을 새롭게 할 때, 우리는 지나치게 과거의 자신을 폄하하는 경우가 많다. '이렇게 수업을 했던 나는 능력이 없는 교사였어'라는 내적 인식은 스스로 점점 더 위축되게 만든다. 과거를 부정하는 것만이 능사는 아니다. 그럴 수밖에 없었던 현실을 수용하고 보듬어주는 것이 더 가치로울 수 있다. 그런데 혁신이라는 말은 내가 걸어온 과거를 지우고, 완전히 새로워져야 한다는 부담감을 준다.

　나는 혁신의 기본 취지를 부정하는 것이 아니다. 다만 혁신이라는 말이 모든 교사에게 통용될 때는 의미의 왜곡이 생기는데, 그것이 혁신 운동이 본래 추구하는 움직임에 방해물이 될 수 있다. "혁신하자" 외칠수록 현장의 교사들은 수업 변화의 본질을 잘 못 보고, '빨리 바뀌어야 한다'는 조급함에 수업의 외형만을 바꾸려 하고, 자신의 과거 수업 모습을 가치 없다고 생각하는 열등감에 빠질 수 있다.

앞서 살펴본 몬드리안과 세잔이 아름다움의 본질에 이르렀던 것은, 오랜 시간, 천천히 자신의 삶과 생각을 성찰했기 때문에 가능했다. 행복해지고 싶다고 해서 행복해지는 것이 아니듯, 수업은 바꾸고 싶다고 해서 바뀌는 것이 아니다. 그래서 수업 변화에 어울리는 말은 '혁신'이 아니라 '성장'이다. '성장'은 빨리 바뀌지 않아도 되고, 자신의 과거를 부정하지도 않는다. '성장'은 작은 씨앗 하나가 한 그루의 나무로 변화하듯이 오랜 세월 속에서 천천히 자라나는 것이다. 수년 동안 햇빛을 받고, 뿌리를 땅에 깊게 내려야 온전한 나무 한 그루가 된다. 때론 혹한을 견뎌야 하고, 무더위도 참아야 한다. 그런 세월의 흐름 속에서 수업도 성장하게 된다.

가만 생각해보면 내 수업도 오랜 시간 동안 변화해서 여기까지 왔다. 처음에 교사가 되었을 때는 '혼란기'였다. 어떻게 해야 하는지, 어떤 수업이 좋은 수업인지, 교사의 자세는 어떠해야 하는지 전혀 모른 채, 그냥 단상 앞에 섰다. 학생들에게 인정받고 싶어서 열심히 떠들어는 대였지만, 만족할 만한 수업은 없었다. 내가 경험한 선생님들을 떠올려 수업 시간에 몽둥이도 들어보고, 유머 공연도 해봤다. 그러나 수업은 여전히 힘들고 버거웠다. 이렇게도 해보고 저렇게도 해보지만, 내가 학창시절에 싫어했던 수업 그대로, 내가 하고 있음을 발견했다.

그래서 '이래서는 안 되겠다'는 생각에 '탐색기'를 가졌다. 연수도 듣고, 이 사람 저 사람의 수업 이야기를 들으면서, 점차 내가 하고 싶은 수업의 모습을 찾아가고, '이런 식으로 수업을 해봐야겠다'는 생각을 했

교사, 삶에서 나를 만나다

다. 먼저 고민하신 선생님들의 이야기를 들으면서 나는 비로소 수업에 대한 꿈을 꿀 수 있었고, 구체적으로 어떤 시도를 할지 생각했다.

그러고 나서 '개척기'를 가졌다. 비로소 나만의 방법으로 수업을 하기 시작했다. 교과서를 바탕으로 나만의 학습지와 활동지를 만들고, 가능하면 한 차시 수업 시간에 학생들에게 모둠 과제를 주어서 활동하게 했다. 교과 내용에 필요한 동영상 자료도 찾았고, 학생들이 읽으면 좋은 글을 실어서 학생들의 사고를 촉진했다. 그러나 시행착오도 많았다. 학생들은 웃음을 띠고 열심히 참여했지만, 시험만 다가오면 불안해했다. 급기야 어떤 반에서는 반장이 화를 내면서 "이렇게 수업하면 우리가 어떻게 시험을 준비하느냐?"며 따지기도 했다. 모둠 활동을 했지만 학생 간에 협력은 없었고, 진도를 못 나가서 시험이 임박했을 때는 자습서를 인쇄해서 나눠주기도 했다. 좌충우돌하기는 했지만, 이런 시행착오 속에서 내교육적 이상과 현실을 적절하게 맞춰갔고, 나도 학생들도 만족하는 지점을 찾아갔다.

그리고 드디어 나의 수업은 '안정기'를 가졌다. 고등학교 1학년에서부터 3학년에 이르는 나만의 교육과정이 완성되었고, 이제는 활동지를 새로 만들기 위해 고민하지 않아도 되었다. 그때마다 내용은 달랐지만, 미리 해놓은 것을 조금 변형해서 학생들에게 딱 맞는 활동지를 만들었다. 활동을 할 때도 예전과 다르게 학생들을 다그치지 않았다. 조급해하지 않고, 여유를 가지면서 학생들과 소통하며 나아갔다. 잘해야겠다는 강박에서 벗어나서 학생들의 감정과 생각에 집중하려고 노력하니 이때부터 학생들의 소리가 조금씩 들리기 시작했다.

하지만 몇 년이 지나자 '침체기'에 이르게 되었다. 예전처럼 수업 준비에 열을 올리지 않으니, 수업에 대한 마음이 차가워졌다. 수업 들어가는 것이 점차 귀찮아지고, 내적 에너지가 떨어져서 수업하기가 참 힘들었다. 학생들의 소리는 다시 들리지 않았고, 학생들의 사고를 촉진하기보다는, 내가 답을 빨리 말하고, 혼자 횡설수설하는 시간이 많아졌다. 예전부터 해온 활동들을 거의 그대로 했고, 학생들이 흥미 있어 하는 부분은 오래 하고, 그렇지 않은 부분은 온갖 개인기를 부리며 빨리 정리해 버렸다. 그러다 보니 특정 부분만 많이 해서, 학생들을 편식하게 만들었다. 5교시 수업은 정말 들어가기 힘들었고, 수업에서 점차 꾀를 부리는 나태한 교사가 되었다.

다행히도 나는 수업코칭연구소라는 공동체가 있어서 '침체기'에만 머물러 있지 않았다. 선후배 선생님들의 도전적인 수업을 보고, 다시 '나도 그 자리에 가만히는 있지 말아야겠다'는 생각을 하면서, 내 수업에 대한 새로운 시도를 하려는 또 다른 '탐색기'에 현재 와 있다.

수업이 변화한다는 것은 이와 같이 과거를 부정하는 것이 아니라, 과거를 인정하고 수용하면서 그 터 위에 새로운 현재가 만들어지는 것이다. 그 현재가 과거보다 더 나을 수도 있고, 못할 수도 있다. 그런데 '혁신'이라는 말은 과거에서 벗어나 미래로만 나아가라는 것으로만 들린다. 그래서 '혁신'의 매뉴얼대로 실천하지 않으면, '나는 변화를 거부하는 교사'라는 생각이 들게 된다. 그래서 수업을 공개하지 않거나 강의식 수업을 하면 이상한 죄책감이 생긴다. 그리고 이런 죄책감은 수업을 하는 교사에게 필요 이상의 부담을 준다. '나는 혁신을 시도하지 않는 무능한 교사다'라는 인식을 준다.

부끄러운 말이지만, 수년 전에 학교 내에서 수업 나눔 운동을 할 때, 수업 공개를 힘들어하는 교사를 함부로 판단했다. '그렇게 수업을 공개하지 않고, 혼자만 강의를 하니까, 수업이 제자리인 거'라고 말이다. 그리고 그 교사가 어떤 노력을 하는지 관심 있게 보지 않았다. 혁신 운동의 흐름에 맞춰서 잘 움직이지 못하는 모습을 보면서 '노력을 덜 하는 교사, 변화를 두려워하는 교사'라고 함부로 판단했다. 그의 존재를 무시했다. 아니 부정했다. 그러나 나중에 깨달았다. 오히려 내 편협한 시선이 그 교사의 수업 변화를 더디게 하는 큰 요소라는 것을 말이다. 나는 수업 공개도 많이 하는 교사이며 고등학교에서 나름 수업을 하는 교사라고 우쭐댔다. 나의 우쭐댐이 다른 교사들의 아픔을 보지 못하고 함부로 판단하는 틀이 되었음을, 그리고 그런 틀이 동료 교사의 수업 성장을 방해하는 요소가 되었음을 나중에 알았다.

수업은 과거와 단절한 채, 새로운 미래만을 향해 나아가는 것이 아니다. 때로는 실패와 좌절을 겪더라도 스스로 자신을 위로하고, 그렇게 될 수밖에 없었던 과거를 수용하고, 또 다른 미래를 꿈꾸며 천천히 나아가는 것이다. 그런데 우리는 혁신이라는 이름을 가지고 수업 변화의 무게를 너무도 가볍고 쉽게 생각한다.

일반적인 시선으로 보면, 쌀 한 톨은 1g도 되지 않는 아주 가벼운 무게다. 그러나 농부의 시선으로 보면, 그 속에는 한 가수의 말처럼 우주의 무게가 있다. 그 한 톨이 만들어지기까지 수많은 햇살, 바람, 비가 그 속에 들어가 있기 때문이다. 그렇기에 농부의 시선에서 쌀 한 톨은 하찮은 것이 아니다. 자신의 땀이 온전히 스며든 세월의 무게, 농부의 무게다. 수업의 무게도 그 교사가 걸어온 삶의 무게만큼이나 무거울 것이다. 그런데 우리는 그런 무게를 생각하지 않고 어떤 틀을 정해 놓고 당장 수업을 바꾸라고 말한다.

모네의 건초더미 연작[9, 10]을 보면 모네가 빛을 표현하려고 얼마나 애썼는지를 볼 수 있다. 건초더미는 풍경화의 소재로는 아무런 볼품이 없

9   모네, Haystaks,
     End of Summer (1891)

10   모네, Wheatstacks,
     Snow Effect, Morning (1891)

다. 하지만 그는 건초더미의 아름다움을 빛으로 표현하기 위해 한 자리에 오랫동안 머물며 같은 그림을 계속 그려낸다. 그래서 그의 건초더미 그림은 다른 그림에서 찾아볼 수 없는 독창적인 색감을 가지게 되고, 사람들은 누런 건초더미 속에 수많은 색깔이 있음을 알게 된다. 사람들에게 아무런 감흥을 주지 못했던 건초더미가 모네의 오랜 작업으로 새로운 창조물로 태어났다.

우리 교사들부터 수업을 바꾼다고 해서 너무 단기간에 무엇을 해치우려고 해서는 안 된다. 마음을 편안히 먹고 천천히 가야 한다. 단기간에 써먹을 것에 너무 연연해 하지 말고, 수업을 대하는 근본 접근 방식을 모네처럼 천천히 느리게 가야 한다. 그 과정에서 수업이 잘 될 수도 있고, 또 넘어질 수도 있다. 혹은 계속 안 될 수도 있다. 그래도 천천히 가야 한다. 모진 비바람과 내리쬐는 햇살을 받아 한 그루의 나무가 자라나듯이 수업의 성장도 수많은 시행착오 속에서 느리게 이루어진다.

수업의 본질은 성급한 변화에 있지 않다. 가만히 내 삶을 들여다보고, 내가 하고 싶은 수업을 고민하면서 조금씩 조금씩 변화시켜 가는 데 있다. 어쩌면 진정한 혁신은 자기와의 싸움 속에서 천천히 가는 것에 있을지도 모른다. 주변 환경에 휘둘리지 말자. 속도에 구애받지 않고, 변화의

교사, 삶에서 나를 만나다

주인이 되어 천천히 한 발짝만 내디디면 된다. 미래라는 말에 너무 조급한 마음을 갖지 말고, 햇살에 자라는 열매처럼 천천히 자라나자. 느리게 가되 본질을 보는 눈을 잃지 말자.

나를 성찰하는 질문

• 수업이 잘 바뀌지 않아서 조바심을 낸 적은 없는가?
• 현재 수업의 개척기, 탐색기, 안정기, 침체기 어디에 있는 것 같은가?
• '수업은 성장하는 것이다'라는 말이 어떻게 다가오는가?

수업은
고통이다

2004년에 나는 교사가 되었다. 가르친다는 것이 희망을 노래하는 일이기에 교사라는 직분을 정말 소중히 여겨서, 내가 만나는 모든 학생에게 삶의 새로운 가치와 의미를 주리라 생각했다. 그래서 교과서대로 진도를 나가기보다는, 학생들의 삶에 맞닿아 있는 주제로 국어 수업을 재구성하면서, 협력적인 사고와 표현을 하게 하고, 의미 있는 배움을 주기 위해 부단히도 애썼다. 그 덕분에 좋은 선생님들과 함께 수업 코칭연구소도 만들게 되고, 수업에 관한 책을 내기도 했다. 돌이켜보면 수업이라는 주제로 참 정신없이 20년을 달려온 것 같다.

이런 나에게 작년은 어떤 한 해보다 도전적인 기간이었다. 고1 때부터 맡았던 학생들을 고3까지 그대로 끌고 올라왔기 때문이다. 예전에는 한 해씩만 학생들을 만나고 가르쳐서, 내 수업 철학을 제대로 전달하기가 어려웠다. 그런데 작년 학생들은 이미 2년 동안 함께 수업을 해왔기에, 내 수업 철학을 납득시키는 데 많은 시간을 보내지 않아도 되었다. 학생들은 지난 2년 동안 내 수업에 큰 신뢰를 보내왔다. 그래서 고3 수업이어도 지난 2년 동안 했던 것과 같이 수업 내용을 창의적으로 재구성하고, 학생들에게 협력을 통한 자기주도적 사고를 하게 하면서 수능 시험을 준비하게 하려고 했다.

그런데 재작년 2월 학생들에게 고3 수업에 대한 설문 조사를 한 결과 대다수는 지난 2년 동안 했던 수업의 가치는 충분히 인정하지만, 고3이니까 EBS 문제지를 잘 풀어 달라는 것이었다. 처음에는 학생들의 피드백에 조금은 실망을 하고 내가 원래 하려던 대로, 문제지보다는 내가 재구성한 주제로 수업하려고 했다. 그러나 수능 시험에서 EBS 연계가 되기에 수업 시간에 EBS 문제지를 풀어주지 않을 수는 없었다. 만약에 내가 수업 시간에 문제지를 풀어주지 않는다면, 학생들은 이를 학원에서 해결하려 할 것이었다. 의도하지 않게 내 수업 때문에 학생들의 가정에서 불필요한 지출을 하게 된다는 생각에 이르니, 내키지는 않았지만, 문제지를 주교재로 하고, 이를 잘 풀어주는 형태로 수업을 하게 되었다. 처음에는 문제지 풀이 수업이 조금 어색했지만, 나도 학생들도 금세 익숙해졌다.

그러면서 나는 의문이 생겼다. 20년 동안 그래도 교과서를 벗어나 교육과정 재구성을 하면서 학생들에게 의미 있는 배움을 주고자 노력해왔는데, 고3이라는 이유로 문제지 수업을 하고, 문제를 잘 푸는 요령을 알려주는 것이 과연 잘하는 일인가 하는 생각이 들었다.

물론 나름 내 철학을 지켜가면서 문제지 풀이 수업을 했다. 입시 학원처럼 일방적으로 설명하고 문제를 풀어주는 식으로 하지 않았다. 학생들이 먼저 문제를 풀고 답을 찾기 위해 노력하게 하고, 답에 대한 자기만의 근거를 찾고 모둠 안에서 그것을 나누게 했다. 이 과정을 통해 학생들에게 스스로 문제를 풀고 해결하는 능력을 키워주고자 했다. 문제지 풀이 수업 속에서 자기주도적인 사고를 훈련시키려고 했다.

그러나 내가 책이나 강의에서 이야기한 의미 있는 배움, 즉 '수업을 통해서 자신을 만나고, 타인을 이해하고 세계와 만나는, 전인격적인 앎이 현재 내 수업 속에 있는가?' 라고 스스로 질문하면 자신이 없다. 겉으로는 학생들이 협력적으로 토의를 하고, 자기주도적인 사고를 하지만, 결국 수능 문제를 잘 푸는 요령을 알려주는 것이었다. 남보다 더 많은 문제를 풀어서 '경쟁에서 이겨야 한다' 는 세속주의의 메시지와 다를 바가 없었다. 학생들과 지난 2년 동안 나눴던 "언어를 통해 서로를 깊게 만나고 소통하라!"는 메시지와는 정반대의 것이었다.

순간 나는 절망할 수밖에 없었다. 결국 내가 말한 수업에 대한 꿈은 다 허상이었단 말인가? 나도 결국 입시라는 괴물에 패배해야 하는가? 의미 있는 배움이 입시를 준비할 수 있다는 명제는 잘못된 것인가?

현실의 무게를 말하지 않는 이야기는 공허하다. 자신은 너무도 힘들게 생각하는 것을 남들이 쉽게 이야기할 때, 우리는 절망감을 느낀다. 내가 능력이 없는 것처럼 느껴지고, 마치 내가 제대로 하지 않아서 일이 어그러진 것 같은 두려움이 들기도 한다. 가만 생각해보면 나도 똑같은 우를 범한 것 같다. 현실의 무거움, 삶의 무게를 제대로 보지 못한 채, 수업에 대한 이야기를 너무 쉽게 했다.

나는 지난 몇 년 동안, 책이나 강연을 통해 교사들이 현실 속에서 많이 아프지만, 수업 친구를 만나고, 함께 수업에 대해 의미 있는 나눔을 하면 서로의 수업이 성장할 거라고 했다. 물론 굉장히 가치로운 말이지만, 교사 한 개인이 실천하기에는 너무나 큰 무리가 따른다. 그런데 나는 쉽게 할 수 있다고, 도전만 하면 쉽게 성취할 수 있다고, 수많은 선생님에게

교사, 삶에서 나를 만나다

공허한 메시지를 던진 것이 아닌가 싶다. 나름대로는 인문계 고등학교에서 입시 교육 현실을 잘 이해하고 있다고 생각했는데, 막상 고3 수업을 하고 입시 현장의 최전선에 있어 보니, 우리 교사들이 짊어져야 할 현실의 무게가 만만치 않다는 것을 깨달았다.

에곤 실레의 그림[11]은 진실을 말하고 있다. 실레의 인물들은 하나같이 말랐고, 피부에 상처를 입었다. 그가 본 인간의 모습이 이렇게 메마르고 상처 났다는 것이다. 실레의 그림을 처음 보면, 불편함을 느낄지도 모른다. 그러나 어쩌면 교사의 모습은 실레의 그림과 같다.

내가 책을 쓰기 위해 만난 수많은 교사는 교사이기 이전에 한 명의 사람이었다. 아침마다 어린이집에 아이를 맡겨야 하는 '엄마'였고, 저녁이면 어린이집에서 아이를 데려와 놀아줘야 하는 '아빠'였다. 때로는 부모의 병시중을 들어야 하는 '아들'이어야 했고, 학교생활의 스트레스로 정신 상담을 받아야 하는 '환자'였다. 이렇게 자기 삶조차 제대로 살

11   에곤 실레, Double Self Portrait (1915)

지 못하고, 상처투성이로 메말라 있는 교사들에게, 당위적으로 '당신의 수업을 바꿔야만 하고 쉽게 바뀔 수 있다'고 말하는 것은 무책임한 행동이다.

나는 교사를 하면서 당연히 이뤄질 거라고 생각했던 전제가 있다. '수업을 재미있게 할 수 있어!', '학생들을 사랑하는 교사가 될 수 있어!', '학교는 수업을 통해 학생들의 삶을 바르게 인도하는 참 배움의 장소야!' 등이 그것이다. 그런데 요즘 '이런 생각이 환상이 아닐까?' 하는 생각을 하게 된다. 내가 만난 교사들은 수업을 버거워했고, 학생들은 수업에서 참 의미와 가치를 발견하기보다는 시험 점수를 더 올리기를 원했다. 그리고 학교는 세속적 가치에 물든 채, 학생들에게 경쟁을 내면화시키고, 성적이 좋든 좋지 않든 모든 학생에게 끊임없이 두려움과 절망을 주는 곳이었다.

선생님들과 수업에 대해 대화하면 수업은 우리에게 희망을 안겨다 주지 않았다. 교사들은 수업 때문에 늘 학생들과 씨름해야 했고, 그 속에서 수많은 상처를 받아야 했다. 수업은 자신의 기대보다 늘 부족했고, 학생들과의 관계는 가깝지도 않고, 멀지도 않은 그저 그런 상태에서 서로 욕하지 않는 채 지내고 있었다. 대부분의 교사가 이렇게 살고 있다. 물론 그중에는 정말 능력이 특출하여 수업은 늘 활기 있고, 학생들로부터 진한 사랑을 받는 교사도 있었다. 하지만 대다수의 교사는 그냥 평범하게 수업을 하고 있었고, 그 속에서 무기력했고, 어떤 교사는 학생에 대한 혹은 관리자에 대한 분노로 가득 차 있었다.

이쯤에서 우리는 인정해야 한다. 학교에 대해 혹은 교육에 대해, 수업에 대해 지나친 환상을 가져왔다고 말이다. 우리 교사들은 교육에 대한 푸른 꿈을 안고 학교로 왔다. 우리는 기대했다. 학생들에게 새로운 꿈과 희망을 줄 거라고 생각했다. 그러나 지금 우리 현실은, 한 인간으로서 이 자리에 서 있기도 힘들다. 교사의 날개는 물결에 젖어 있고, 마음은 무기력함으로 차가워져 있다. 학교는 푸른 희망이 넘실대는 바다가 아니다.

이것은 지나친 자학이 아니다. 인정해야 할 것은 인정하는 것이 차라리 우리를 자유롭게 한다. 오리가 날지도 못하는데, 늘 날아다니는 것을 꿈꾸고, 날지 못하는 자신을 학대하는 것은 더 괴로운 일이다. 차라리 자신이 오리인 것을 인정하고 그 안에서 할 수 있는 것을 새롭게 꿈꾸는 것이 더 좋을 것이다. 교사의 삶도 마찬가지다. 우리는 날 수 없다. 수업 속에서 우리가 꿈꿨던 배움의 소리가 들리지 않을 수 있다. 지금 우리가 처한 현실이 원래 그런 곳이기 때문이다.

그런데도 여전히 우리는 환상이 있다. '내 수업이 잘 될 거야!', '내 수업 속에서 학생들이 참 배움을 얻을 거야!' 그러나 보편적으로는 그렇게 되기가 너무 힘들다. 우리가 처한 현실이 너무 어렵다. 우리의 수업 속에서 입시를 넘어선 배움, 경쟁을 넘어선 협력과 같은 이상적인 가치를 구현하려면 엄청난 희생과 대가가 따른다. 그런데 우리는 너무 쉽게 교육적 환상을 말한다. 창의지성, 인공지능, 미래교육과 같은 말을 너무 쉽게 사용한다. 물론 좋은 말이다. 하지만 살아오면서 이런 것들을 한 번도 접해보지 않았다. 우리 교사들도 학교 다니던 시절, 대학교 다니던 시절조차도 미래역량 교육, 창의융합 수업을 받아본 적이 없는데, 이것을 연수 몇 번으로 할 수 있다고 하는 것은 그야말로 억지다. 물론 연수 기관 입장에서는 이렇게 일을 진행할 수밖에 없다는 것을 이해한다. 하지만 '그것이 지금 우리 현실에 맞는 옷인가?' 다시 한 번 생각해야 한다. 사회 구조의 근본적인 개혁 없이, 문화의 변화 없이 소비되는 교육 구호들은 우리를 지치게 하고 낙담하게 한다. 날 수 없는데, 날 수 없다고 인정하는 것이 차라리 속 편한데, 자꾸만 우리에게 날아다닐 것을 요구하고 있다.

환상에서 벗어나야 한다. 나비처럼 더 상처받고 지치기 이전에 인정할 것은 인정해야 한다. 우리의 교육 현실 속에서 참 배움을 주는 것은 너무 힘든 일이라고 말이다. 내 수업을 혁신하는 것은 너무나 힘든 일이라고 말이다. 물론 몇몇 능력 있는 선생님은 이 말을 부정할 것이다. 충분히 할 수 있다고, 충분히 우리는 이 현실을 돌파할 수 있다고 말이다. 그러나 그것은 능력자에게만 해당하는 말이다. 평범한 교사는 이 현실의 문제를 뚫을 수 없다. 교육의 문제만이 아니라 내 삶의 문제 또한 극복할 수가 없다. 우리는 그렇게 약하다.

나의 이런 부정적인 발언에 혹자는 이렇게 물을 것이다. '어떤 기대와 소망을 가지는 것을 환상이라고 말한다면, 우리 교육이 어떻게 발전하겠냐?'고 말이다. 나는 이 말에 전적으로 동의한다. 그럼에도 계속 환상이라는 말을 써가면서 "꿈꾸지 마라!"고 하는 이유는, 교육 변화의 본질, 수업 변화의 본질을 제대로 살펴보지 않은 채 미래와 혁신만을 이야기하면, 그것이 교육 발전의 또 다른 장애물이 되기 때문이다.

환상은 실체가 없는데도 헛된 생각이나 공상을 하는 것을 말한다. 그러나 우리가 기대라고 부르는 것은, 실체가 없는 것에서 시작하지 않는다. 적어도 현실 속에 뿌리내리고 그 현실을 이해하는 것에서부터 시작한다. 그래서 나는 꿈꾸는 것 자체를 반대하는 것이 아니다. 우리가 기대, 소망, 꿈이라는 것을 교육에 적용하려고 한다면 그것에 자리 잡은 현실을 고민하며 이야기해야 한다는 것이다. 그렇지 않고 막연한 구호로, 혹은 다른 사람이 하니까 나도 한다는 식으로 접근하면, 계속 환상 속에서 잡을 수 없는 것들을 꿈꾸다가, 자기 자신만을 비관하다가 교육생활을 마감할 수도 있다.

나는 요즈음 에곤 실레의 힘없는 해바라기[12]가 더 마음에 와 닿는다. 해를 바라보며 당당하게 서 있고 싶지만, 힘이 없어 땅만 볼 수밖에 없는 해바라기가 내 마음에 더 와 닿는다. 실레의 해바라기는 부끄럽다. 그리고 창백하다. 이런 모습이 바로 나다. 푸른 하늘을 끝없이 쳐다보고 싶지만, 나는 고개조차 들 수 없는 연약한 존재다. 그러나 이것이 내 연약한 자아임을 인정하고 수용하면, 오히려 훨씬 더 자유로워진다. 욕심이 사라진다.

좀 더 우리는 우리의 삶을 알아야 한다. 우리가 뿌리내리고 있는 현실을 보는 눈을 가져야 한다. 무엇이 환상이고 무엇이 정확한 실체인지를 살펴야 한다. 그렇게 할 때, 변화의 출발점을 정확히 가져갈 수 있다. 그

12   에곤 실레, 해바라기 (1908)

렇지 않으면 환상 속에 머물다가 변하지 않는 나를 보면서 더욱더 큰 절망감에 빠질 수 있다. 우리는 말해야 한다. 현 교육 구조에서 수업 변화는 힘든 거라고, 고통스러운 거라고 말이다. 그래서 오랜 시간 참고 가는 거라고, 오랜 시간 눈물 흘리며 가는 거라고 말해야 한다.

> 언제부턴가 갈대는 속으로
> 조용히 울고 있었다.
> 그런 어느 밤이었을 것이다. 갈대는
> 그의 온몸이 흔들리고 있는 것을 알았다.
> 바람도 달빛도 아닌 것.
>
> 갈대는 저를 흔드는 것이 제 조용한 울음인 것을
> 까맣게 몰랐다.
> ― 산다는 것은 속으로 이렇게
> 조용히 울고 있는 것이란 것을
> 그는 몰랐다
>
> - 신경림 '갈대'

 갈대는 갈대다. 갈대는 원래 흔들리기 위해 태어난 존재다. 그런데 갈대가 흔들리지 않기를 꿈꾸기만 한다면, 계속 자기 존재를 부인하게 된다. 하지만 갈대는 깨달았다. 자신이 원래 흔들리는 존재임을. 그래서 갈대는 운명을 받아들이기로 한다. 더 이상 흔들리지 않겠다는 환상에서 벗어나 자신의 숙명을 받아들이고, 더 흔들리기로 한다. 그리고 삶이라

교사, 삶에서 나를 만나다

는 것이 원래 이렇게 눈물을 흘리는 것임을 알게 된다.

어쩌면 우리 교사는 갈대일지도 모른다. 그리고 우리가 늘 하는 수업도, 늘 눈물을 흘리며 아파해야 하는 것일지도 모른다. 그런데 자꾸만 흔들리지 않는 튼튼한 고목이기를 꿈꾼다면 그것은 허상이다. 진정한 수업 변화를 꿈꾸기 위해서는 현재 우리가 있는 이곳이 어떤 곳임을 정확하게 인지해야 한다. 그 출발점을 정확히 해야 긴 시간 동안 수업 변화를 할 수 있는 에너지가 생긴다. 그렇지 않고 환상을 품고 잘못된 출발점에 있으면, 변화의 길을 걸으면서 겪는 어려움과 고통을 인정하지 못하고, 길을 가다가 곧 포기하게 된다. 그러나 처음부터 이 길이 험난하다는 것을 인지하고 길을 떠나면, 설사 쓰러지고 포기하고 싶을 때가 오더라도 원래 이 길이 이런 것이라고 수용하게 된다.

가능하면 이 책을 통해 수업 변화에 대한 모습을 정직하게 말하려고 노력하고 있다. 그런데 괴롭다. 왜? 사실 우리가 수업 변화를 모색한다고 해서 얼마나 변화되겠는가? 변화된다고 해서 학생들이 나의 노고를 얼마만큼 알아주겠는가? 이 책을 통해 힘을 얻고 수업 변화를 꿈꾼다고 해서 우리의 수업이 얼마나 변화되겠는가? 경제적인 관점에서 보면 다 부질없고, 쓸모없는 일이다. 최대한 욕 안 먹고, 적당히 시험 점수를 올려주면서 가늘고 길게 가는 것이 정도(正道)일지도 모른다.

그런데 우리는 교사다. 교사이기에 정말 내 수업을 통해 학생들에게 울림 있는 메시지를 던지고 싶다. 내가 가르치는 교과 지식이 학생의 마음에 와 닿게 하고 싶다. 내가 가르치는 제자들이 적어도 이 세상에 태어난 존재 가치와 의미를 알게 하고 싶다. 교사이기에 벗어던질 수 없는 이 내적 소망이 나를 자꾸만 가만히 있지 못하게 한다. 변화의 길로 가게 한다. 하지만 현재의 내 모습에서 이런 이상까지 가기에는 너무나 많은 고통을 겪어야 한다. 어떤 때는 해도 해도 나아지지 않는 내 수업 상황에 실망하고, 나의 능력 없음에 모든 것을 포기하고 무기력하게 지내는 순간도 오게 된다. 내 가르침의 열매인 제자들이 나를 무시하고 오히려 비난할 수도 있다. 그래서 나는 수업에 대한 강의를 끝마칠 때, 종종 우리 선생님들에게 물어본다.

"선생님은 수업 변화가 이렇게 힘든 작업인데, 왜 그 고통의 길을 계속 가려고 하려고 하나요?"

그럴 때마다 선생님들은 살짝 미소 지으며 늘 같은 대답을 한다.

"교사니까요!"

나에게도 조용히 물어본다. 수업 변화는 참 힘들고 버거운 작업인데, 아직도 그 끈을 놓지 않고 있는 이유는 무엇인가? 적당히 살아도 되는데 이토록 수업을 잘하려고 애를 쓰는 이유는 무엇인가? 눈을 감고 생각해 보니, 내 마음이 그 이유를 말해 준다. 그 이유는 내가 한 어떤 수업이 한 학생에게는 삶에 중요한 의미가 될 수 있기 때문이다. 내 평범한 수업이 누구에게는 아주 특별한 순간이 될 수 있기에 나는 여전히 수업에 대한 기대를 놓지 않고 있다.

오늘도 힘겨운 하루이지만 어떤 경우에는 내 수업이 어느 한 학생에게 세상의 전부가 되기에 고통스러운 이 수업에 최선을 다하러 교실로 들어간다. 이 글을 읽는 선생님에게도 물어본다. '선생님은 왜 오늘도 우리에게 고통을 주는 이 수업을, 더 잘하려고 노력하고 있나요? 선생님의

교사, 삶에서 나를 만나다

마음에서는 어떤 대답이 들리나요?'

수업은
자존이다

명망 있는 화가들의 그림은 다른 작품에서 느낄 수 없는 독특한 느낌이 있다. 누가 봐도 고흐의 그림은 고흐만의 강렬한 느낌이, 모네의 그림은 모네만의 아련한 느낌이 그들의 그림에 고스란히 묻어 나온다. 이것은 화가들이 아름다움을 느끼고 표현하는 자기만의 시선이 있기 때문이다. 그런데 교사들의 수업 변화에 있어서는 이런 자기만의 시선이 사라지는 것이 안타깝다.

수업 방법

교사들이 수업 변화를 하는 데 가장 손쉽게 선택하는 것이 교수 기술을 익혀서 수업을 바꾸려고 한다. 수업 초반 5분을 잡는 방법, 학생들의 협력을 촉진하는 기술, 고차원적 사고를 만들어내는 질문법 등을 배우고 나면, 훨씬 더 손쉽게 수업 변화를 일궈낼 수 있다. 나도 신입 시절, 학생들과 소통하는 수업은 하고 싶은데, 모둠을 구성하고 학생 간에 잘 소

교사, 삶에서 나를 만나다

통이 되지 않아서 애를 먹은 적이 있다. 그런데 협동학습을 배우고, 학생 간에 역할을 분담하고 활동하게 하는 방법을 배우니, 훨씬 손쉽게 학생들과 소통하는 수업을 할 수 있었다. 하지만 이런 손쉬운 변화가 오히려 독이 되었다. 수업 방법뿐만 아니라, 학생들과의 적절한 관계, 교과 내용에 대한 나의 해석, 수업에 임하는 나의 신념 등 깊게 고민해야 할 것이 많은데, 좋은 수업 기술만을 가지고 이 모든 것을 해결하려고 했다. 남의 수업을 참관하거나 연수를 들을 때, 색다른 교수 기술만을 익히고 흉내 내려 하지, 내 수업에 대한 깊은 질문을 던지지 않았다. 이 기술, 저 기술을 적용하다가 효과가 없으면 금방 버리고 또 다른 기술을 찾아 적용하려고 했다.

몇 년 전에 한 교육청의 요청으로 수업 연수를 하러 간 적이 있었는데, 20명 선생님의 수업 영상을 보게 되었다. 그 지역에서 수업장학단, 수업 컨설팅단으로 수업 관련한 활동을 많이 하시는 분들이었다. 그래서 선생님의 깊은 고민이 묻어 나오는 수업일 거라 생각했다. 그런데 20개의 수업 중에서 80%가 수업 방법이 똑같은 형태였다. 바로 '디베이트' 수업이었다. 음악, 과학, 사회, 미술, 역사 등 모든 과목에서 디베이트를 하는 수업을 보게 되었다.

디베이트는 학생들에게 발표력을 길러주고 주제에 관해 깊이 사유하게 해서, 학생들 스스로 참여케 하는 좋은 교수 방법이다. 그러나 이것은 이성적인 지식을 요구하는 곳에서는 적절해도, 심미적 감상이나 정서적 변화를 요구하는 수업에는 적절치 않을 수 있다. 그런데 디베이트 수업 방식을 모든 과목에 획일적으로 적용하다 보니, 굳이 디베이트가 필요 없는 교과 내용에도 학생들에게 토론을 시키고 있었다. 신호등 토론, 배심원 토론 등 다양한 방식이 있었지만, 교사와 학생 간에 소통하고 따뜻하게 교감하는 모습은 보기가 힘들었다.

사실 교사들의 운명이 그렇다. 무엇이 좋다고 하면, 교육청은 연수를 진행하고 그것을 시행하라고 한다. 그리고 그 결과물을 가지고 학교 평가를 한다고 한다. 그러다 보면, 교사들은 교수 기술에 대한 깊은 성찰 없이 일단 적용하고 본다. 앤디 워홀의 그림들처럼 외형을 조금 바꾸고, 일단 복사를 한다.[13] 이것이 수년간 반복되다 보면 수업 기술에 대한 주체적인 적용이 사라지고, 겉모양만 따라 하게 된다. 스스로 수업 변화를 할 수 있는 에너지가 있음에도, 새로운 교수 기술을 배워야만 수업 변화를 이룰 수 있다고 생각한다. 수업에 대한 고민은 점점 사라지고, 교수 기술을 적용하는 데 더 신경을 쓴다. 그리고 새로운 교수 기술을 사용하지 않으면, 내 수업이 다시 평범해졌다고 실망한다. 모든 수업을 에듀테크 수업, 하브루타 수업을 해야 하는 것은 아닌데도, 강의식으로 평범하게 하면 왠지 내 수업이 다른 수업보다 떨어진다고 생각한다. 그리고 나서 새로운 교수 기술을 찾으러 다닌다. 그래서 많은 교수 기술을 습득하지만, '나'의 수업은 사라지고 '남'의 수업을 흉내 내고 있는 자신을 발견한다.

13   앤디 워홀, 마릴린 먼로

교사, 삶에서 나를 만나다

수업 내용

교사들이 수업 변화를 하는 데 노력하는 두 번째 지점은 '수업 내용을 어떻게 재구성할 것이냐?' 이다. 교과서에 나온 대로 수업 내용을 전개하는 것이 아니라, 교과서 외에 또 다른 자료를 가져와서 학생들의 흥미를 끌고 사고를 촉진시키려고 한다. 나는 좋은교사 행복한 수업 만들기 국어 모임에서 학생들의 삶과 교과 내용을 연결하는 수업 디자인 모형을 배워서, 이때부터 교과서를 바탕으로 나만의 주제를 만들어서 수업을 했다. 학생들은 자신들의 삶과 맞닿은 주제로 수업이 진행되니 매우 흥미로워했다. 그런데 시간이 지나면서 매 수업을 재구성하는 것이 쉽지가 않았다. 그래서 남의 자료를 그냥 갖다 쓰고, 흥미로운 동영상만 보여주면서 수업은 점차 학생들의 사고를 제대로 일궈내지 못하게 되었다.

나는 주체적인 선택 없이 학생들의 흥미만을 자극하는 자료를 찾으려 했고, 내가 수업 내용을 새롭게 구성하기보다는 다른 교사들에게 이미 검증된 자료를 찾으려고 했다. 상황이 이렇다 보니 나는 교과 지식을 찬찬히 훑어보고 그 속에 담긴 의미를 깊게 생각하기보다는 인터넷을 돌아다니면서 자료 찾기에 열중하고, 교과 내용을 학생들에게 잘 설명하기보다는 동영상 보여주기에 시간을 쓸 때가 많아졌다. 그래서 수업 내용에서 교사가 설명하는 것과 동영상을 보여주는 장면에서 불균형이 일어났다. 동영상으로는 학생들의 시선을 끄는데, 수업 내용을 내가 직접 설명하는 데서는 그런 흥미를 이어가지 못하기 때문이다. 이것은 비단 나만 겪는 이야기가 아닐 것이다. 교사의 독창적인 해석으로 교과 내용을 잘 설명하는 데 신경을 쏟아야 하는데, 잘 만들어진 동영상으로 수업 내용을 새롭게 하려고, 인터넷 앞에만 앉아 있는 우리 자신을 발견한다. 수업 내용을 재구성하는 데도 '나' 의 해석이 들어간 내용은 사라지고,

'남'이 만들어놓은 자료에 의존한다.

수업 나눔

최근에 와서 교사들이 수업 변화를 하는 데 가장 많이 하는 것이 동료 교사와 수업 동아리를 만들어서 서로 수업을 공개하고 수업 나눔을 통해 수업 변화에 대한 새로운 성찰을 하는 것이다. 나도 전작 『교사, 수업에서 나를 만나다』에서 수업 친구와 함께 수업 나눔을 하면서, 자신의 수업을 성찰할 것을 이야기했다. 이제는 이것이 보편적으로 확산되어 이뤄지다 보니, 수업 공동체, 전문적 학습 공동체, 수업 동아리 등 이름을 달리해서 학교마다 수업 나눔 모임이 생겼다. 기본적으로 이 모임들은 구성원 간에 심리적 '안전지대'라는 확신이 생겨야 깊은 수업 나눔을 할 수 있는데, 그렇지 않으면 피상적으로 흐르게 된다. 수업 나눔에서 중요한 것은 수업을 한 교사의 마음이다. 어떤 의도와 맥락에서 수업을 진행했는지, 수업을 하면서 무엇이 고민이었는지 그 생각을 들어야 한다. 그런데 자발성이 없는 모임에서는 교사들이 가면을 쓰고 자신의 속 이야기를 하는 것을 꺼린다. 마치 앙소르의 가면[14] 그림처럼 말이다.

그 모임에 관계가 불편한 교사도 있고, 괜히 속 이야기를 했다가 다른 사람 귀에 들어가면 어쩌나 하는 두려움도 생기기 때문이다. 그러다 보면, 수업 나눔에서 수업자의 고민과 생각은 사라지고, 수업적 현상만 이야기하게 된다. 진짜 고민은 숨긴 채, 고상한 가면을 쓰고 "이 수업에서의 수업 디자인은 이렇고, 학생의 배움은 저렇고, 교사와 학생 간에 관계가 이렇다"라고 말한다. 이런 이야기도 의미 있지만, 수업자의 고민과 연결되지 않는 수업 나눔은 시간이 지날수록 공허해진다. 가면을 쓴 채 진짜 자기 이야기는 하지 않기 때문에, '나'의 고민은 사라지고 '남'이 말

14   앙소르, Self Portrait with Masks (1898)

한 수업 이야기만 있게 된다.

　나는 우리가 행하고 있는 수업 변화의 움직임이 근본적으로 잘못되었다고 말하는 것이 아니다. 앞서 말한 세 가지 움직임은 다 의미 있고, 수업 변화를 이뤄낼 수 있는 좋은 시도이다. 문제는 우리 교사들이 '나' 라는 존재를 깊이 인식하지 못하고, 수업 방법, 수업 내용, 수업 나눔에서 '남' 의 것에 너무 신경을 쓸 때가 많다는 것이다.

　선생님들과 수업에 대해 이야기하면서 느끼는 것은, 선생님들이 가진 능력과 역량에 비해서 지나치게 자신을 낮게 평가한다는 것이다. 그러다 보니 자기 자신에 대한 주체적인 관점 없이 남이 이야기한 것만을 가지고 수업 변화를 일궈내려고 한다. 교사로 인정되기까지 남모르는 땀과 노력이 있었고, 그에 맞는 능력이 이미 있는데, 우리의 교육 환경은 이런 교사들을 인정해주지 않고, 교사의 능력을 문서적으로만 평가해서 교사들에게 패배감만을 주었다. 그래서 교사들이 자부심을 느끼고 수업 변화를 위한 에너지를 가져야 하는데, 자존감이 낮아지다 보니, '나' 라는 존재를 잊어버리고 자꾸 수업의 외형을 바꾸려고 한다.

　김광석의 노래가 시간이 지나도 여전히 감동을 주는 이유는 자기 이야기를 하기 때문이다. 자신이 느낀 슬픔, 희망, 절망을 노래하니 그의 노래를 듣다 보면 마음이 먹먹해질 때가 한두 번이 아니다. 하지만 요즘 아이돌 가수를 보면 자기만의 색깔이 없다. 이렇게 하라 저렇게 하라, 기획사의 교육을 받아 만들어지다 보니, 노래도 잘 부르고 춤도 잘 추고 외모도 뛰어나지만, 내 가슴을 울리는 노래는 없다. '나' 라는 존재가 사라지니 그들의 노래는 다 거짓말처럼 느껴진다.

　수업이 잘 되려면, 교사의 생각과 마음을 관통하는 내 이야기가 나와야 한다. 같은 개념을 가르치더라도, 교사의 생각과 가슴을 거쳐 간 지식

교사, 삶에서 나를 만나다

은 다르게 전달된다. 그 속에는 힘이 있고 에너지가 있다. 이것이 수업에서 학생들의 몰입을 가져온다. 반면에 교사의 생각과 마음을 잃은 지식은 교사 스스로도 자신감이 없기에 학생들에게 전달될 때 힘이 없다. 남의 것을 그대로 옮기는 느낌을 학생들도 알기 때문이다.

수업 방법과 내용을 논하고, 공동체로 모여서 수업 속 배움에 대해 이야기하는 것은 충분히 가치로운 일이다. 그리고 그것을 통해서 수업 변화도 이뤄지는 것 또한 사실이다. 하지만 그럼에도 자꾸만 마음에 걸리는 것은, 수업을 하는 교사의 존재가 크게 부각되지 않는다는 점이다. 수업을 하는 교사는 어찌 보면 참 나약하고 힘든 존재인데, 그 존재의 나약함을 깊게 살펴보지 않고, 교수 방법이나 내용, 수업 속 배움만을 이야기하는 것이 왠지 공허하게 느껴진다.

교사들은 수업이 두렵다. 교직 생활을 처음 할 때의 가슴 뜨거움이 사라지고 수업이 지겨운 행위로 다가올 때, 교사는 학생들 앞에서 점점 위축된다. 어느 순간 수업에 대한 두려움이 교사의 마음을 엄습한다. 그런데 교사들은 스스로 수업을 잘할 능력이 없다고 생각하고, 남의 것으로 나의 수업을 꾸미려 한다. 그러나 남의 것은 큰 도움이 되지 않는다. 마음 속 두려움은 외형을 꾸미는 것으로 사라지지 않고, 내면 속 열정을 회복하는 것으로 극복되기 때문이다.

이때 우리는 남의 것에 눈을 돌리기보다는 '나는 어떤 교사가 되고 싶었는지?', '내가 꿈꾸는 수업은 무엇인지?'를 끊임없이 성찰하면서, 내가 하고 싶었던 수업을 찾아가야 한다.

우리는 교사다. 수업을 정말 잘하고 싶어 하는 교사다. 그래서 우리는 미친 듯이 좋은 수업을 향해 찾아 헤매었다. 그러나 지금 우리에게 남은 것은 나 자신은 아무것도 아니라는 '탄식'과 다른 사람이 가진 것에 대한 '질투'다. 어쩌면 우리도 한 시인처럼 다음과 같은 한 줄의 메모를 남겨야 할지도 모른다.

나의 생은 미친 듯이 좋은 교사가 되기 위해, 좋은 수업을 찾아 헤매었으나 단 한번도 스스로를 사랑하지 않았노라.

교직 20년 동안 정말 열심히 달려왔다. 일 년 차 때의 무능함을 만회하기 위해서 정말 열심히 달려왔다. 수업에 관계된 책을 읽고, 선생님들과 스터디를 하고, 좋은 연수가 있으면 찾아 듣고, 학생들에게 매번 수업 피드백을 받으면서, 좋은 교사가 되기 위해 끊임없이 노력해왔다. 선생님들과 힘을 합쳐서 수업코칭연구소도 만들고 수업에 관한 책도 썼다. 하지만 여전히 좋은 수업에 목이 마르다. 수업을 잘하고 싶다. 수업을 못하는 날이면 여전히 괴롭고 나 자신이 초라하게 느껴진다. 그런데 시인의 말대로 나는 나 자신을 사랑하지 않았다. 열심히 하려고만 했지, 나 자신을 위로하고 사랑하지 않았다. 늘 부족하다고 늘 문제가 있다고 다그쳤지, 나 스스로를 사랑하지 않았다. 그러다 보니 삶에 여유가 없었고, 늘 무엇을 해야 한다는 강박 속에서 나를 다그쳤다.

수업도 마찬가지였다. 온갖 좋은 것을 욱여넣기 위해 애썼지만, 수업 안에서 내가 자유롭지 못했다. 수업에서 학생들에게 의미 있는 메시지를 주기 위해 노력하는 것이 아니라 '수업 잘하는 교사'라고 인정받기 위해 부단히도 애를 썼다. 많은 교육학 지식을 통해 '이래야 한다'는 당위감 속에서 학생들을 내가 만든 틀 속에서 움직이기를 다그쳤다. 그러다가 뭐라도 안 되면 자학하면서 '역시 나는 잘 안 돼', '저 학생이 문제야'라는 탄식 속에서 힘이 빠져 살았다.

교사, 삶에서 나를 만나다

유명한 사제 토마스 머튼은 젊은 사제들에게 "영적인 삶을 살기 이전에 네 삶을 살아라"라는 명언을 남겼다. 영적인 삶이 뭔가 특별한 것이 아니라, 내 삶을 잘 사는 것에서부터 시작한다는 것이다. 이 말은 나를 기반하지 않은 영적인 삶이라는 것은 없다는 의미이다. 수업도 마찬가지다. 특별한 수업을 한다고 해서, 남의 것을 흉내 내고 따라 하려고만 해서는 안 된다. 나를 먼저 이해하고 다른 것을 받아들여야 한다. 수업을 잘하기 이전에 나를 찾아야 한다. 수업을 잘하기 위해서만 애쓰는 것이 아니라, 교사로서 나라는 존재가 누구인지를 잘 알 필요가 있다. 그리고 그런 나를 사랑할 필요가 있다. 좋은 수업을 하기 이전에 내 삶을 찾기 위한 노력부터 해야 한다. 그 길이 비록 길고 잡히는 것이 없다 해도, 교사의 삶이 끝나는 그 직전까지 우리는 그 도전을 멈추지 말아야 할 것이

15   모네, Cliff Walk at Pourville (1882)

다. 나를 알지 않고서는 아무것도 할 수 없기 때문이다. 모든 변화는 나라는 존재를 인정하고 받아들이는 데서부터 시작된다. 수업의 땅끝[15]에서 불어오는 바닷바람을 맞으며, 나를 깊이 인식하고 사랑하며, 나에게 허락된 수업의 푸른 꿈이 무엇인지를 곰곰이 생각해보자. 수업 이전에 나를 사랑하는 것이 먼저다.

나를 성찰하는 질문

- 주로 어떤 방식으로 수업 변화를 꾀하고 있는가? 그 속에서 나라는 존재는 살아 있었는가?
- '수업을 잘하기 이전에 네 삶을 살아라'라는 말이 어떻게 다가오는가?
- 자신을 사랑하려고 애쓰는가? 그렇지 않다면 그 이유는 무엇인가?

교사, 삶에서 나를 만나다

수업은
여행이다

의원은 생명을 다루는 것이니 그 어느 생업보다도 고귀한 일이다. 허나 아무리 귀하다 한들 마지막 한 가지를 깨우치지 못하면 진정한 의원이라 할수 없으니 그것이 바로 사랑이다.(TV 드라마 '허준'에서)

1999년 사범대에서 교사에 대한 막연한 꿈을 그리고 있을 때, 병자들을 위해 헌신을 다하는 TV 속 허준의 모습은 그야말로 존경의 대상이었다. 롤모델이었다. 나도 나중에 교사가 되면, 학생들의 성적을 올려주는 교사가 아니라 마음의 병을 고치는 심의(心醫)가 되겠다고 속으로 다짐하고는 했다.

그래서일까? 언제부터인가 나는 아프면, 양의원보다는 한의원을 자주 가기 시작했다. 특히 감기가 오래되면 한의원에 가서 진맥을 잡고 간단한 탕약을 받아 왔다. 보통 감기에 걸려 이비인후과를 가면, 목 염증을 가라앉히는 약을 뿌리고, 코에도 약을 뿌려서 막힌 곳을 뚫어준다. 그런데 한의원은 이곳저곳을 치료하기보다는 몸 자체의 기를 회복시키기 위해 뜸이나 침 치료를 하고 몸의 균형을 맞춰주는 탕약을 준다.

경험적으로 내가 감히 동서양의 의학을 비교하자면 서양의학은 동양의학에 비해 좀 더 효율적이다. 빠른 치료를 위해 몸의 문제에 대해 각각 처방한다. 콧물이 나면 콧물이 덜 나는 약을 주고, 목이 아프면 목 통증을 가라앉게 하는 약을 준다. 아픈 부위가 있으면 바로 잘라낸다. 빠른 치료를 하지만 그 과정에서 몸이 망가질 수 있다. 서양의학은 동양의학에 비해 더 즉각적이고 공격적인 처방을 한다. 반면에 동양의학은 좀 더 근원적이고 통합적인 치료를 한다. 아픈 부위만 치료하지 않는다. 몸을 전체의 관점으로 보고 몸 자체의 기운을 끌어올려서 아픈 부위를 스스로 치유하게 한다. 하지만 치유의 시간이 대체로 길어서 병자에게 인내를 요구한다.

수업 변화를 모색하는 방법도 이런 두 가지의 방식이 있다. 서양의학의 관점에서는 수업을 하다가 학생들과 소통이 잘 안 되면, 학생들과 소통하는 기술을 익히고, 수업 디자인이 안 되면 수업 디자인하는 방법을 익힌다. 그때그때 안 되는 상황에 대해서 원인을 파악하고 즉각적이고 공격적인 치료를 한다. 반면 동양의학의 관점에서는 학생과 소통이 잘 안 되는 이유, 수업 디자인이 안 되는 그 근본적 이유를 탐색한다. 그리고 그것이 각각 다른 원인에 의해서 발생했다고 보지 않는다. 수업을 하는 교사의 내면적 태도에 의해서 문제가 통합적으로 발생했다고 본다.

이 책에서 말하는 수업 변화의 관점은 동양에 가깝다. 그래서 여태까지 서양의 관점으로 수업 변화를 추구했던 분들은 이 책이 약간은 당혹스러울 수 있다. 앞의 글에서 언급된 본질, 성장, 고통, 자존 등의 용어가 막막하게 들릴 수도 있다. 하지만 오히려 나는 우리 교사들이 그런 모호

교사, 삶에서 나를 만나다

함과 애매함 속에서 자신의 수업을 깊이 성찰하기를 원한다.

보통 수업을 변화시키려 할 때, 우리는 이미 '좋은 수업은 어떠해야 한다'는 것을 결정해 놓는다. 배움이 있는 수업, 질문이 있는 수업, 학생들이 잘 협력하는 수업, 학생들의 표현이 살아있는 수업 등이다. 교육적인 관점에서 봤을 때 다 의미 있는 것들이다. 그런데 문제는 "좋은 수업이 이런 것이다"라고 규정하는 순간, 하나의 틀로 수업이 획일화된다. 그리고 그 수업을 잘 만들기 위한 여러 매뉴얼이 생긴다. "이렇게 하라, 저렇게 하라"는 행동들이 세부적으로 나열된다. 그리고 강령처럼 교사들에게 보급된다. 이렇게 되면 교사의 존재는 사라지고 차가운 매뉴얼만 남게 된다. 이런 현상을 이혁규 교수는 '과학주의'라고 명명하고 이런 과학적인 태도에서 벗어날 것을 말하고 있다.

과학주의는 주어진 수업 목표를 추구하는 데 효율적인 방법이 있다고 가정한다. 효율적인 방법은 실험과 관찰이라는 객관적 탐구를 통해서 확인할 수 있다. 그리고 효율적인 교수 방법이 한번 알려지면 교수 행위는 그에 따라서 과학적으로 관리되고 통제되어야 한다. 이런 과학적 관리라는 아이디어는 우리의 일상적 관행 밑바탕에 깊게 뿌리 박혀 있다. 그리고 이런 집단 무의식은 다른 방식의 수업 실천이나 관찰을 가로막는다.

교수 방법에 대한 과학적인 법칙이나 원리의 발견으로 교직의 전문성은 높아졌다. 그런데 이런 교직의 전문화가 교사의 전문성과 일치하는 것은 아니다. 교수 활동을 과학적 법칙에 종속시키면 교사 스스로 무엇이 좋은 수업이며 어떻게 하는 것이 올바른 수업 방법인지를 고민할 필요성이 줄어든다. 대신에 보편적인 수업 방법에 맞게 자신의 몸을 훈련시키면 된다.

이제 교사는 점점 더 근대 공장의 공인을 닮아가게 된다. (이혁규, 『수업』)

좋은 수업을 위한 효율적인 방법, 객관적인 지식이 의미가 없는 것은 아니다. 가장 일반적이고 표준화된 행동을 알려줘서, 수업을 처음 하는 교사들에게 유용한 지침이 된다. 연애를 할 줄 모르는 사람에게 어떻게 해야 하는지를 알려주면, 최대한 빨리, 효율적으로 연애를 할 수 있다. 그러나 사람과 사람의 관계는 메뉴얼로는 설명할 수 없는 무엇인가가 있다. 그래서 하나의 틀, 하나의 메뉴얼로 모든 행동을 설명할 수 없다. 만약 그럴 수 있다면 우리는 모두 연애의 달인, 수업의 달인이 되었을 것이다. 그래서 수업을 대할 때, 처음에는 과학적인 관점으로 좋은 수업의 일반적인 요건에 맞춰서 해야 하지만, 점차 경력이 쌓이면 그 매뉴얼을 넘어서는 자기만의 수업 행위를 고민해야 한다. 그런데 과학주의적인 태도에만 몰두하면, 다른 모험적인 실천을 하지 못하게 되고 차가운 틀로만 자신의 수업을 계획하려 하고 남의 수업도 함부로 평가하려고 한다.

고흐도 이런 과학주의 태도에 큰 생채기가 난 사람이다. 고흐가 동생 테오에게 보낸 편지를 보면, "늙고 가난한 사람들이 얼마나 아름다운지 그들을 묘사하기에 적합한 말을 찾을 수가 없다"면서, 가난한 농민들의 삶[16]을 그리기 시작했다. 그들의 삶, 애환, 흙을 사랑하는 마음, 공동체 정신 등을 담으려고 애썼다. 단순히 농부의 모습을 그리려고 했던 것이 아니라 실제 농부가 되어서 가난하면서도 숭고한 노동의 가치를 그들의 검고 굵은 손을 통해 표현하려고 했다.

나는 램프 불빛 아래에서 감자를 먹고 있는 사람들이 접시로 내밀고 있는 손, 자신을 닮은 바로 그 손으로 땅을 팠다는 점을 분명히 보여주려고 했

교사, 삶에서 나를 만나다

16 고흐, 감자 먹는 사람들 (1885)

다. 그 손은, 손으로 하는 노동과 정직하게 노력해서 얻은 식사를 암시하고 있다. 이 그림을 통해 우리의 생활방식, 즉 문명화된 사람들의 것과는 상당히 다른 생활방식을 보여주고 싶었다.(빈센트 반 고흐, 『반 고흐, 영혼의 편지』)

그러나 그의 노력은 표준화된 매뉴얼로 그림을 보려는 사람들에게 냉대를 받는다. "왜 흉측한 사람을 그렸나?", "색채는 왜 이렇게 어둡나?"고 하며 고흐가 본 농민들의 거룩한 노동은 살피지 않고 자신만의 틀로 그의 그림을 재단해버렸다. 이런 사람들에게 고흐는 다음과 같은 말을 남기면서 자신만의 그림을 그려 나간다.

아카데미의 인물화는 모두 같은 방식으로 잘 구성되어 있다. 더 이상 고칠 곳도 없고, 실수 하나 없이 매끄럽게 그려졌지. 그러니 '그 이상 더 잘할 수 없다'는 점은 인정하겠다. 그러나 그런 그림은 우리가 새로운 가치를 발견하게끔 이끌어주지 못한다.

사람들은 기술을 형식의 문제로만 생각한다. 그래서 부적절하고 공허한 용어를 마음대로 지껄인다. 그냥 내버려두자. 진정한 화가는 양심의 인도를 받는다. 화가의 영혼과 지성이 붓을 위해 존재하는 게 아니라 붓이 그의 영혼과 지성을 위해 존재한다. 진정한 화가는 캔버스를 두려워하지 않는다. 오히려 캔버스가 그를 두려워한다.

고흐의 말을 빌자면, 수업은 교사의 영혼과 지성을 통해서 그려진다. 우리는 이를 흔히 '예술적 수업'이라고 말한다. 교사가 수업의 예술가가 되어 매뉴얼대로 수업을 하기보다는 자신의 신념과 철학, 삶의 방식에 따라서 수업을 재구성할 수 있다는 것이다. 사실 우리가 요즈음 흔히 말하는 '교과 내용 재구성', '주제융합 수업', '프로젝트 수업' 등 수업 변화를 요청하는 구호들을 보면, 교사의 창의적인 사고가 요구되는 예술적인 성격이 짙다. 이런 예술적인 수업을 하려면 전통적인 방식에서 벗어난 새로운 접근과 태도가 필요하다.

예술적 수업은 학생과 교사 모두에게 미적 체험을 불러일으킨다. 이 말은 설명하기가 다소 어렵다. 그러나 뛰어난 공연을 볼 때 우리의 마음속에 자연스럽게 떠오르는 미적 감흥을 기억해보라. 뛰어난 수업을 경험할 때도 교사와 학생의 마음속에 동일한 체험이 가능하지 않을까? 교사는 가르침에 몰입하고 학생들은 가르침에 아름답게 전염되는 지적 유대와 정서적 융합의 체험! 이와 같은 수업의 예술적 측면은 우리에게 무척 낯설다. 우리의 눈이 수업의 과학성 측면에 오랫동안 훈련되어서 새로운 것을 받아들일 준비가 되어 있지 않기 때문이리라. 수업의 예술성에 익숙해지려면 우리에게는 새로운 감성과 지각력이 필요한지도 모른다.

이혁규 교수의 말대로 예술적 수업을 위해서는 새로운 접근 방식이 필요하다. 과학주의의 효율성을 넘어서 또 다른 관점이 필요하다. 그런데 우리는 추구하는 지점은 예술적 차원의 배움인데, 이것을 하기 위한 방법은 과학적인 접근일 때가 많다. 즉 교과 내용을 재구성하면서 학생들에게 고차원적인 배움을 만들려면, 교사 스스로 자신의 수업에 대해서 창의적으로 생각하고, 교과서를 넘어서는 배움에 대해 고민해야 하는데, 그것조차도 수업 모형, 수업 모델이라고 부르는 차가운 틀 속에 집어넣는다. 수업을 재구성하는 것은 차가운 틀과 모형이 아니라 교사의 상상력과 창조력에 달려 있는데도 말이다. 질문이 있는 수업도 마찬가지다. 어떤 틀과 방법으로 질문을 인위적으로 만드는 것이 아니라 교사 스스로 자신의 삶에 질문을 던지며 호기심 있는 삶을 살아갈 때, 즉흥적으로 수업 속 질문은 만들어진다. 즉 예술적 수업을 위해서는 교사의 삶 자체가 예술적으로 바뀌어야 한다.

좋은 음악, 좋은 미술, 좋은 사진 등 예술적으로 '좋다'라는 것은 분명하게 정의할 수 없다. 그 모양과 색깔이 너무 다르기 때문이다. 그러나 흔히 명작이라고 부르는 예술작품은 그 예술가의 생각과 신념이 잘 전달되는 경우가 많다. 즉 작품 속에 '나'가 분명히 존재한다. 좋은 수업도 그 실체가 명확히 없다. 사람들은 어떤 틀로 좋은 수업을 규정하지만, 그런 틀이 없이도 좋은 수업은 얼마든지 완성될 수 있다. 다만 좋은 수업을 위해서는 수업 내용 속에 '교사'가 존재해야 한다. 이 말은 교사가 자기 생각과 신념을 수업 속에 녹여내서 예술작품처럼 무엇인가를 말해야 한다는 것이다.

수업은 객관과 주관의 영역을 모두 갖고 있다. 그래서 교사는 명시된 교육과정을 바탕으로 자신의 주관적 해석을 적절하게 연결하면서 수업을 해야 한다. 스스로 절묘한 줄타기를 하면서 혼자 이 길을 걸어가야 한다. 그래서 수업에 예술의 관점만 있어서도 안 되고, 과학적인 관점만 있어서도 안 된다. 객관의 관점만 있으면 정형화된, 획일화된 지식을 옮기는 기계적인 작용만이 있게 되고, 지나치게 예술적이면 교사의 왜곡된 해석이 예술이라는 이름으로 용인되는 잘못을 범할 수도 있다. 곧 수업은 예술이면서 과학이고, 한쪽으로 치우쳐서는 안 된다. 그런데 우리는 수업을 객관의 영역으로만 규정하고 교사의 존재를 투영하기를 스스로 거부했다. 교과서에 있는 내용을 잘 전달하는 데만 신경을 썼지, 어떤 배움을 주고 싶은지는 깊이 고민하지 않았다. 그래서 이 책에서는 수업의 객관성보다는 주관성을, 과학적인 수업보다는 예술적인 수업을 더 강조하며, 교사가 자신의 수업으로 생각과 느낌을 펼칠 것을 말하고 있다.

사실 이것이 말은 쉽지만, 행동으로 옮기기는 만만치 않다. 과학과 예술이 공존해야 하고, 객관과 주관이 같이 있어야 한다. 교육과정에 의해 표준화된 내용을 전달해야 하지만, 그 속에 교사의 독창적인 시선을 넣어야 하기 때문이다. 사실 수업에는 수많은 딜레마가 존재한다. 교사의 강의와 학생들의 참여적인 활동이 함께 가야 하고, 의미 있는 배움을 주면서도 점수로 객관적인 평가도 해야 한다. 학생들과의 관계에서도 단호함과 친절함이 공존해야 하고, 개별 활동과 집단 활동이 조화롭게 가야 한다. 이렇게 할 수 있다고 쉽게 말하지만, 실제로 시행하기에는 너무 어렵다. 한쪽으로 가면 다른 한쪽을 소홀하게 되고, 소홀해진 다른 한쪽

교사, 삶에서 나를 만나다

을 중요하게 생각하면 또 다른 한쪽을 가벼이 여기게 된다. 결국 이러지도 저러지도 못하는 갈팡질팡의 상황이 된다. 이것은 표준화된 매뉴얼로 해결될 수 있는 것이 아니다. 교사 스스로 문제를 직시하고 온몸으로 떠안고, 직접적인 경험으로 체득할 때만이 모순된 상황 속에서도 균형을 잡아갈 수 있다.

결국 수업은 순례자의 길과도 같다. 답이 없는 문제를 해결하는, 절대 끝나지 않는 여행이다. 정년퇴임하는 그 날까지 이 여행을 잘하려면, 수업이 고단한 과정임을 깨닫고 천천히 한 걸음 나아가야 한다. 답을 쉽게 얻으려고도 하지 말고 목적지에 쉽게 도착할 수 있다고 생각해서도 안 된다. 눈 덮인 혹한의 길을 걸어간다고 생각하면서, 삶의 뿌리를 깊게 내리고, 내가 잘 반영된 수업을 완성해가야 한다.

가장 훌륭한 시는 아직 쓰여지지 않았다.
가장 아름다운 노래는 아직 불려지지 않았다.
최고의 날들은 아직 살지 않은 날들.
가장 넓은 바다는 아직 항해되지 않았고,
가장 먼 여행은 아직 끝나지 않았다.
불멸의 춤은 아직 추어지지 않았으며,
가장 빛나는 별은 아직 발견되지 않은 별.
무엇을 해야 할지 더 이상 알 수 없을 때
그때 비로소 진정한 무엇인가를 할 수 있다.
어느 길로 가야 할지 더 이상 알 수 없을 때
그때가 비로소 진정한 여행의 시작이다.

터키의 시인인 히크메트가 감옥에서 쓴 '진정한 여행'이라는 시이다. 차디찬 감옥에서도 그가 희망을 노래할 수 있었던 것은, 삶을 여행이라는 따뜻한 시선으로 보고, 아직 나에게 최고의 기쁨이 오지 않았다는 신념이 있었기 때문이다. 우리 교사들도 감옥에 갇혀 있다. 입시 감옥, 경쟁 감옥, 행정 감옥, 관료주의의 감옥! 하지만 현실의 상황이 여전히 힘들고 나를 절망으로 몰고 가지만, 아직 수업에 대한 희망의 끈을 잡고 있기에, 오늘은 어제보다 나은 수업을 하고, 내일은 오늘보다 나은 수업을 하게 될 것이다.

절망 속에서 자책만 하지 말고 다시 한 번 힘을 내보자. 수업에 대해 내가 가진 모든 문제를 회피하지 말고 계속 고민하면서, 해결되든 안 되든 삶으로 버텨내 보자. 수업의 모순을 그대로 안고 살아보자. 그러면 릴케가 말한 대로, 우리가 그토록 구하던 그 답을 내 삶이, 내 수업이 직접 말해줄 것이다. 이제 삶에서 나를 만나고 위로하며 그 험난한 여행을 떠나려고 한다. 같이 이 길을 힘차게 출발해보자.[17]

자네에게 정말로 말하고 싶은 것은, 자네 마음속에 해결되지 않은 모든 문제에 대해 인내심을 가지고 그 문제 자체를 사랑하라는 것일세. 자네가 그것들을 삶으로 실천할 수 없기 때문에, 대답이 주어지지 않는다면 지금은 구하지 말게. 중요한 점은 모든 것을 삶으로 나타내는 것이라네. 지금은 그 질문들을 삶으로 나타내게. 삶의 모순을 안고 그대로 살아내야 하네. 아마도 어느 정도의 기간을 살아가노라면 깨닫지 못하는 사이에 자네는 점차 그 대답에 이르게 될 걸세.

(라이너 마리아 릴케, '젊은 시인에게 보내는 편지' 중에서)

교사, 삶에서 나를 만나다

17   찰스 커트니 커란, 햇빛 비치는 골짜기에서 (1920)

• 수업을 변화시키는 데 있어서 내가 취했던 기본 태도는 동양의학적 접근이었는 가, 아니면 서양의학적 접근이었는가?

• 수업의 예술성에 대해서 어떻게 생각하는가? 수업에서 주관의 영역이 있다고 생 각하는가?

• 좋은 수업이란 그 실체를 명확하게 정의할 수 없으나, 좋은 수업을 위해서는 교 사가 수업 내용 속에 존재해야 한다는 말이 어떻게 다가오는가?

2장

—

삶에서
내 감정과 만나기

감정과
만나다

지난 여름이었습니다. 가세가 기울어 갈 곳이 없어진 어머니를 고향 이모님 댁에 모셔다 드릴 때의 일입니다. 어머니는 차 시간도 있고 하니까 요기를 하고 가자시며 고깃국을 먹으러 가자고 하셨습니다. 어머니는 한평생 중이염을 앓아 고기만 드시면 귀에서 고름이 나오곤 했습니다. 그런 어머니가 나를 위해 고깃국을 먹으러 가자고 하시는 마음을 읽자 어머니 이마의 주름살이 더 깊게 보였습니다. 설렁탕집에 들어가 물수건으로 이마에 흐르는 땀을 닦았습니다.

"더울 때일수록 고기를 먹어야 더위를 안 먹는다. 고기를 먹어야 하는데…… 고기 국물이라도 되게 먹어 둬라."

설렁탕에 다대기를 풀어 한 댓 숟가락 국물을 떠먹었을 때였습니다. 어머니가 주인아저씨를 불렀습니다. 주인아저씨는 뭐 잘못된 게 있나 싶었던지 고개를 앞으로 빼고 의아해하며 다가왔습니다. 어머니는 설렁탕에 소금을 너무 많이 풀어 짜서 그런다며 국물을 더 달라고 했습

니다. 주인아저씨는 흔쾌히 국물을 더 갖다 주었습니다. 어머니는 주
인아저씨가 안 보고 있다 싶어지자 내 투가리에 국물을 부어 주셨습
니다. 나는 당황하여 주인아저씨를 흘금거리며 국물을 더 받았습니
다. 주인아저씨는 넌지시 우리 모자의 행동을 보고 애써 시선을 외면
해 주는 게 역력했습니다. 나는 그만 국물을 따르시라고 내 투가리로
어머니 투가리를 툭, 부딪쳤습니다. 순간 투가리가 부딪치며 내는 소
리가 왜 그렇게 서럽게 들리던지 나는 울컥 치받치는 감정을 억제하
려고 설렁탕에 만 밥과 깍두기를 마구 씹어 댔습니다. 그러자 주인아
저씨는 우리 모자가 미안한 마음 안 느끼게 조심, 다가와 성냥갑 만한
깍두기 한 접시를 놓고 돌아서는 거였습니다. 일순, 나는 참고 있던 눈
물을 찔끔 흘리고 말았습니다. 나는 얼른 이마에 흐른 땀을 훔쳐 내려
눈물을 땀인 양 만들어 놓고 나서, 아주 천천히 물수건으로 눈동자에
서 난 땀을 씻어 냈습니다. 그러면서 속으로 중얼거렸습니다.

눈물은 왜 짠가.

- 함민복, '눈물은 왜 짠가', 『<모든 경계에는 꽃이 핀다>, 창비』

때로는 몸짓만으로도 많은 감정을 나눌 수 있다. 설렁탕 국물을 아들
에게 부어주는 어머니의 마음. 투가리를 툭 치는 아들의 마음, 깍두기를
한 접시 갖다놓는 주인의 마음. 아무 말도 오가지 않았지만, 그 행동들이
주는 숨은 마음은 읽는 이에게 진한 감동을 준다. 이렇게 진심이 만나는
것은 우리에게 따뜻함을 안겨다 준다. 그런데 나는 이런 감정표현이 참
서툴다. 나는 경계가 분명한 사람이라서 누군가가 내게 깊게 다가올 때

교사, 삶에서 나를 만나다

본심은 그렇지 않은데, 그 사람과 거리를 두는 행동을 한다. 그래서 정말 오랫동안 알던 사람이 아니면 내 속내를 잘 표현하지 않는다. 모든 사람을 적당한 선에서만 친하게 지낸다. 그 선을 넘어설 때면 다시 거리를 둔다. 이런 태도가 그렇게 잘못된 것은 아니지만, 교사로서는 치명적 한계를 드러낸다.

속마음을 터놓고 상담을 하려는 학생이 있을 때 나는 상당히 힘들어한다. 어느 선에서는 학생들과 친하게 지내고 스스럼없이 지내지만, 나를 멘토로 생각하고, 인생의 상담자 역할을 기대한다면, 나는 은근슬쩍 밀어낸다. 창피한 고백이지만, 나는 상담을 깊게 하지 않는다. 일대일로 만나서 이야기는 하지만, 피상적인 대화만 할 뿐, 학생들의 마음을 깊이 탐색하지 않는다. 나는 그게 편하다. 다른 사람의 깊은 이야기를 듣고 있으면 내가 어떻게 해야 할지를 모르겠다. 학생들의 마음을 공감해주고 감정을 이해해야 한다는 것을 잘 알지만, 내가 이 학생을 다 책임져 주어야 하나 하는 두려움이 앞선다. 교사는 학생을 깊게 만나야 하는데, 그것을 못하는 나는 교사로서 낙제점이다.

이 문제를 해결하고자 여러 상담 연수도 받아봤고, 나의 내면을 표현하는 연습을 해봤으나 여전히 사람들을 만날 때면 경계를 치고 대한다. 그래서 학생들은 나를 어려워한다. 교무실에 있으면 다른 반 학생들은 스스럼없이 찾아와 담임선생님과 이야기도 잘하지만, 우리 반 학생들은 대체로 나를 잘 찾아오지 않는다. 상담을 미리 요청하는 경우도 없다. 내 속내가 겉으로 드러나는지, 학생들은 내게서 차가운 느낌을 받아서 잘 다가오지 않는다. 그래서 졸업생들은 "선생님이 우리를 귀찮아하는 것 같아서 다가서기 힘들었다"는 말을 곧잘 한다.

일반 사람들을 대할 때도 마찬가지다. 좀처럼 내 감정을 솔직하게 잘 표현하지 않는다. 그래서 나는 친구도 많지 않다. 고등학교, 대학교 친구들과도 잘 연락하지 않는다. 내 결혼식 때도 거의 연락하지 않았다. 내가 그들의 결혼식에 가는 것이 버겁기 때문이었다. 사실 나는 동료 교사의 돌잔치, 결혼식, 상갓집 가는 것이 여전히 어색하다. 진짜 큰마음을 품고 간다. 사람들과 깊이 만나고 친밀해지는 것이 왜 이리 힘든지. 머리로는 그러지 말아야 한다고 생각하지만, 마음으로는 자꾸만 사람들에게 다가서기를 꺼리게 하는 무엇인가가 있다. 나는 이렇게 나만의 방에 갇혀서 바깥만 물끄러미 바라보는 신세가 되었다.[18]

18   라우리츠 링, 창밖을 보는 소녀 (1885)

죽는 날까지 하늘을 우러러

한 점 부끄럼이 없기를,

잎새에 이는 바람에도

나는 괴로워했다.

별을 노래하는 마음으로

모든 죽어 가는 것을 사랑해야지

그리고 나한테 주어진 길을

걸어가야겠다.

오늘밤에도 별이 바람에 스치운다.

- 윤동주, '서시'

　　윤동주의 마음속에는 별이 있었다. 그는 캄캄한 현실 속에서도 소박하게 빛나고 있는 별을 보면서, 자신의 시로, 절망 속에 있는 수많은 사람에게 새로운 희망을 주고 싶었다. 교사들도 마찬가지다. 교육 현실이 열악하고 자신의 힘이 초라하고 나약할지라도, 내 수업으로 학생들에게 의미 있는 가르침을 주고 싶을 것이다.

　　그런데 별을 노래하는 마음으로 하루하루를 살아가는 것도 중요한데, 그러다가 놓치는 것이 우리의 마음이다. 어떤 목표를 가지고 살다 보면, 그 목표는 여전히 머릿속에 살아있는데, 마음은 이유 없이 지쳐갈 때가 많다. 나도 모르는 사이에 내적 에너지는 소진되고, 머리로는 어떻게 해야 한다는 것은 아는데, 이상하리만큼 힘이 나지 않는다. 수업으로 별을 노래해야겠다는 것은 아는데, 시간이 지나면 지날수록 내 안에서 새로운 힘이 생겨나지 않는, 나를 발견한다. 힘겹게 수확물을 머리에 이고 오는 여인[19]처럼, 하루하루 간신히 버티면서 수업을 한다.

나를 비롯한 많은 교사에게 윤동주와 같은 마음의 별이 있었다. 돌이켜보면 교사로 부임하는 첫해, 우리의 심장은 붉게 타올랐다. 내가 담임으로 맡는 반, 내가 수업으로 들어가는 반, 그 속에서 교육자로서 어떤 꿈과 용기를 주리라고 다짐했다. 하지만 지금은 붉은 심장이 아니라 붉다가 색이 바랜 회색 심장만이 희미하게 뛰고 있다. 언제부터 냉랭해졌는지 알아차릴 겨를도 없이 이미 우리의 심장은 멈춰 있다.

한 선생님은 "예전에는 밤 10시까지 초과근무도 달지 않아도 학생들의 글을 읽는 재미에 푹 빠져서 살았다"고 했다. 그런데 몇 년 전부터는 "내 자식도 못 챙기는데, 남의 자식 챙기는 일에 내가 이렇게까지 해야 하나?" 하면서 서서히 에너지가 빠져나갔다고 한다. 가끔 젊은 교사들이 열심히 하는 모습을 보면 부럽기도 하고 도전이 되기도 하지만, '너도 나이 들어봐라, 계속 그렇게 할 수 있는가' 하는 생각이 든다고 한다. 그냥 욕먹지 않을 정도로만 수업과 담임 업무를 하고 적당히 학교생활을 한다고 한다.

시간이 지날수록 교육 그 자체에 대한 회의감이 커져갈 때, 어떤 변화는 참 버겁다. 하지만 직업이 교사인지라, 이렇게 거드름을 피우는 것에 때때로 죄책감이 든다. 사회에 의미 있는 존재로 학생들을 키우고 싶은 욕심이 문득문득 든다. 그래서 다시 힘을 내지만, 현실의 어려움에 또 에너지가 소진된다. 심장이 붉어졌다가 다시 회색으로 돌아온다.

교사 생활을 해오면서, 눈에 드러나는 지식을 잘 전달하는 것보다 눈에 드러나지 않는 마음과 감성을 잘 다루는 것이 더 중요하다는 것을, 요즘 깨닫는다. 사람을 움직이는 것은 차가운 논리가 아니라 따뜻한 감성

교사, 삶에서 나를 만나다

19   밀레, A Norman Milkmaid at Greville (1871)

이기 때문이다. 우리는 여태까지 어떤 일을 하는 데 행동 지침을 중요하게 생각했다. "이렇게 해라", "저렇게 해라"는 식의 명확한 지침을 잘 따르면 어떤 결과물이 나올 거라 생각하고 열심히 달려왔다. 그러나 그렇게 달리기만 하다가 지쳐가는 자기 내면을 돌보지 않았다. 내 진짜 마음은 어떤지 생각하고 만져주고 때로는 위로해주어야 하는데, 앞으로 달리기만 했다. 수업 변화도 마찬가지다. 여러 사람이 말하는 좋은 수업의 행동을 따르기만 하면 변할 줄 알았는데, 쉽게 되지 않았다. 수업이 잘되기 위해서는 학생들의 마음을 움직여야 하는데, 이를 위해서는 교사 스스로 자신의 내면을 잘 이해하고, 학생들의 마음으로 들어가야 하는, 힘겨운 작업이 있어야 하기 때문이다.

윤동주의 서시를 보면, 별을 노래하는 마음으로 자기 길을 걸어가기 이전에 화자가 한 것이 하나 있다. 그것은 자신의 마음을 살핀 일이다. 화자는 잎새에 이는 바람에도 괴로워하는, 부끄러워하는 자기 내면을 정확히 응시한다. 즉 현재 초라하게 서 있는 자신의 감정과 대면했다. 그리고 그는 오늘 밤에도 여전히 시련의 바람은 불지만, 외롭게 그 길을 걸어갔다.

페르메이르의 그림[20]을 보면, 우유를 붓는 여인의 모습이 참 숭고하게 표현되어 있다. 우유를 붓는 일은 특별할 것이 없는, 평범한 행위이다. 그러나 페르메이르는 여인의 겉모습이 아니라 마음을 본다. 오늘도 이 우유를 마실 사람들을 위해 정성스럽게 내어주는 여인의 마음을 읽는다. 그는 따뜻한 감성으로 여인을 만났다. 그래서 따뜻한 빛으로 여인을 그려낸다.

수업도 이와 같이 교과 지식을 매개로 교사와 학생 사이에 따뜻한 관계를 맺는 일이다. 이것은 인지적인 차원에서만 접근해서는 안 되고, 내

교사, 삶에서 나를 만나다

감성 능력을 발휘해 학생의 마음까지도 움직여야 하는 정서적인 작업이다. 그래서 연수를 하면서 "선생님이 하고 싶은 수업은 무엇인가요?"라고 물으면 대개의 선생님은 '감동, 성장, 의미, 정의, 교감, 깨달음' 등을 말한다. 자신의 수업 내용이 학생들의 머릿속에만 저장되는 것이 아니라 삶의 변화를 일궈내는 정서적인 것을 말할 때가 많다. 이것은 학생들의 마음에 깊게 다가서고 싶은 모든 교사의 보편적인 욕망이다. 그런데

20   페르메이르, 우유 붓는 여인 (1660)

이를 위해서 차가운 이성과 논리로만 움직이면 반쪽짜리 변화에 그칠 때가 많다. 사람의 마음은 체계적이고 검증된 정보로만 움직이는 것이 아니기 때문이다. 이성 친구와 깊은 사랑을 나누기 위해서는 직접 삶으로 부딪쳐 이성 친구의 마음과 만나고 그 사람의 마음을 이해하려는 노력을 해야 한다. 연애학 개론 같은 책을 읽으면서 연애 기술을 익히는 것은 쓸모없는 일일 수 있다. 그래서 어쩌면 지금 교사들에게 필요한 것은 인지적으로 정보를 구조화하고 체계화하는 기술보다는 자신이 알고 있는 학습 내용을 학생들에게 정서적으로 전달할 수 있는 감성 능력이다.

우리는 어려서부터 학교에서 논리적으로 혹은 비판적으로 사고를 해야지만 진실에 다다를 수 있다고 배웠다. 그래서 인지적으로 정보를 외우고 구조화하고 이해하는 것에 능숙하다. 책을 읽을 때 어떤 개념이 나오면 그것을 외우고, 다시 다른 개념과 분류화하고, 시대별로 그런 개념이 어떻게 변화했는지를 살핀다. 늘 시험에 그런 것이 나왔기 때문이다. 임용고시를 준비할 때 공부한 노트를 보면, 지식을 습득하는 데 감정은 중요하지 않다. 차가운 정보의 그물망을 그려서 체계화시키는 것이 더 중요하다. 그래서 우리는 어떤 정보를 대할 때 그것을 구조화하는 데 아주 탁월한 재주가 있다. 수업에는 대개 이런 우리의 학습 습관이 그대로 반영된다. 이런 틀에 익숙한 우리가 학생들의 정의적 영역을 개발하는 수업을 하는 것은 그리 쉽지 않다. 이를 위해서 스스로 지적 호기심을 가져야 하고 감수성 개발 훈련을 해야 하는데, 이것조차도 차가운 매뉴얼로 해결하려고 한다.

강원도 영월군 쌍용, 시골에서 자란 나는 감성이 풍부한 아이였다. 다른 남자애들처럼 메뚜기나 잠자리를 잡으러 다니는 것이 아니라 꽃 보기를 좋아하고, 들풀을 꺾어서 반지를 만들어 손가락에 끼고 다녔다. 내가 자란 곳에는 목욕탕이 없었다. 그래서 항상 목욕은 동네 시냇물에서 했다. 어머니는 초등학교 3학년인 나를 옷을 홀딱 벗기고 씻기셨다. 아줌마들 앞에서도 옷을 벗는 것이 창피했는데, 어느 날 미영이라는 동네 후배가 같이 와 있었다. 어머니는 내 마음을 아는지 모르는지 빨리 옷을 벗으라고 하셨다. 너무도 창피했던 나는 옷을 벗기가 싫어서 뒤로 슬금슬금 피했더니, 어머니는 "이놈의 자식, 목욕하기 또 싫어한다"면서 내 손목을 꽉 잡으시더니 강제로 옷을 벗기셨다. 동네 여자 후배 앞에서 옷을 벗는다는 것이 너무 속상해서 엉엉 울어댔다. 그러나 어머니는 "남자가 울면 안 된다"고 달래면서, 재빠른 솜씨로 온몸에 비누칠을 하시고 시냇물로 이쪽저쪽을 씻기셨다. 지금이야 아름다운 추억으로 웃어넘기지만, 감성이 여린 나는 이때의 수치심이 아직도 기억난다. 또래의 이성 앞에서 온몸이 발가벗겨진 수치심은 처음이었기 때문이다. 그래서 나는 강한 남자가 되고 싶었다. 울지 않는 강한 남자. 여자 앞에 발가벗겨져서 창피함을 당했지만, 앞으로 강한 남자가 된다면, 그깟 창피함을 이겨낼 수 있을 거라 생각했다. 이때 이후로 거울 앞에서 괜히 센 척을 하면서, 풀꽃을 뜯는 여린 감성은 지워 내기로 했다. 남자아이들과 같이 전쟁놀이에 가담했고, 또래 여자아이를 괴롭히는 장난꾸러기가 되기로 했다.

중학교 때부터는 가능하면 울지 않으려 했고 내 감정을 남들에게 잘 드러내지 않으려고 했다. 남고에 진학하면서 이 마음은 더 강해졌다. 사춘기의 두려움과 불안감이 늘 있었지만, 내 감정을 잘 표현하지 않았다. 누구에게 상담이나 위로를 받으려 하지 않았다. 그런 이야기를 하면 왠지 약한 놈이라는 평가를 받을까 봐 그랬다. 대학교에 진학해서는 마음을 숨기는 연습을 더 많이 했다. 대도시 출신 동기들에게 무시 받지 않기 위해서였다. 패스트푸드점을 한 번도 가본 적이 없었지만 많이 가본 것처럼 주문하려 했고, 지하철 또한 많이 타본 것처럼 의연하게 차표를 넣는 연습도 했다. 이렇게 나를 꾸미려고 노력하니, 동기들과는 깊게 사귀지 못했다. 그래서 늘 외로웠다. 누군가 다가와 줬으면 하면서도 누구에게도 손을 내밀지 않았다. 나는 똑똑한 척, 강한 척, 대학생활을 아주 잘하는 척했다. 이런 생활이 매우 힘들었지만, 어머니께서 "우리 아들 잘지내니?" 하면 나는 지체 없이 "그럼요. 너무 좋아요. 대학생활이 이렇게 즐거운지 몰랐어요" 하면서 내 감정을 숨겼다. 친구를 만날 때도 마찬가지였다. 힘들지 않은 척, 아무렇지도 않은 척하면서 멋지고 강한 사람임을 은근히 드러내려고 했다.

지금 생각해보면 감정 표현이 왜 그렇게 서툴렀는지, 그냥 내 마음을 솔직하게 이야기하고 이해를 구하면 될 것을, 왜 경계를 치고 거짓된 말로 꾸미려고 했는지, '이때는 참 어렸다'는 생각을 한다. 하지만 그럴 수밖에 없었던 것이 나는 지내오면서, 세상에 대한 원리는 인지적으로 잘 배웠지만, 내 안에 있는 감정을 어떻게 다뤄야 하는지를 몰랐다. 분명 어두운 감정이 올라오는데, 그것을 약한 자들이 느끼는 감정이라고 생각하면서 억누르려고만 했지, 그런 나를 만져주고 이해하지는 못했다. 남의 시선을 신경 쓰면서 강한 척을 하려 했지, 외로워하고 무기력한 내 감정을 누군가에게 말하는 훈련은 하지 못했다. 내 안의 불편한 감정은 시간이 지나면 다 해결될 거라 생각했다.

그런데 이것은 불행히도 교사 생활을 하는 지금도 여전히 자리 잡고 있다. 담임으로서 학생들을 대할 때도 마찬가지다. '나 무서운 사람이야'라고 꾸미는 것은 잘하겠는데, '너희가 언제든지 찾아올 수 있는 쉼터가 되어 줄게' 하는 느낌은 없다. 그래서 학생들은 늘 나를 어려워한다. 가까이 오지 않는다.

교사, 삶에서 나를 만나다

누구보다 나 자신에게 강한 척하려 했다. 내 안에 부정적인 감정이 있으면 그것을 피하려고 했다. 남들이 조금 진지한 이야기를 하려고 하면, 나는 그것을 가벼운 웃음으로 넘기려 했다. 내 안에 부정적인 감정이 들어오는 것이 너무나 싫다. 그냥 늘 행복하면 좋겠고, 사사로운 감정에 매여서 우울하게 지내는 것이 너무 싫었다. 그래서 가능하면 내게 던져진 일에 최선을 다하려고 했다. 위에서 무엇을 시키면 그것대로 잘 따르고 딴소리 없이 해내려고 애썼다. 수업도 그렇게 열심히만 하면 잘 되는 줄 알았다. 그러나 수업은 사람을 다루는 일이라서 노력만으로 안 되는 것이 있었다. 내가 무엇인가를 열심히 하면 할수록 학생들은 버거워했고, 그런 학생들의 모습을 보면서 서운해하고 화를 냈다. 내 생각을 내려놓고 학생들의 마음에 깊게 다가서는 것이 교사의 진정한 전문성이라는 것을 알지 못했다.

머릿속으로는 사랑하는 연인과 이별했다는 것을 정확히 인지하지만, 마음에는 미련이 남는다. 떠난 것을 알지만, 기적 소리[21]에 그 사람이 다시 올 거라고 기다린다. 터져 나오는 감정을 인간의 의지로 막을 수 없다. 그래서 지쳐 있는 나에게 필요한 것은 남의 충고가 아니라 내 감정과의 대화다. 수업 변화에 있어서도 '내가 무엇을 이떻게 해야 하느냐?'를 먼저 고민하기보다 '지금 내가 어떤 마음에 있느냐?', 수업을 힘들어하는 내 마음을 성찰해야 한다. 조용히 눈을 감고 제3의 눈으로 우리 자신의 감정을 볼 필요가 있다.

'나는 지금 화 났어.'
'나는 지금 화 났음을 느껴.'

이 둘 중에 제3의 눈으로 내 감정을 살펴보는 것은 두 번째이다. 자신이 아는 것과 모르는 것을 정확히 구분하고, 모르는 것을 더 확실하게 공부해야 학습 능력이 향상된다. 감정도 마찬가지다. 제3의 시선으로 자신의 감정을 객관적으로 볼 때, 감정에 휘말리지 않게 된다.

고흐는 늘 불안했다. 원했던 목회자의 길은 현실의 벽 때문에 가지 못하고, 사랑하는 사람들에게는 늘 외면당한 채, 외롭고 쓸쓸히 살았다. 우울증으로 안타깝게 생을 마감하긴 했지만, 버티고 또 버티면서 '별이 빛나는 밤', '해바라기'와 같은 명작을 남겼다. 늘 우울하고 자살 충동에 시달렸던 그가, 그래도 삶을 이만큼이라도 버텼던 것은 자화상[22]을 그리면서 스스로의 아픔에 대면했기 때문이다. 자화상으로 자기 내면을 제3의 눈으로 본 것이다.

22 고흐, 자화상 (1889)

이 그림에서도 힘든 상황에서 예술의 혼을 불태우려는 고흐의 모습이 보인다. 그러나 좀 더 자세히 보면 이글거리는 푸른 배경과는 달리 얼굴은 일그러져 있다. 특히 입술 주변에는 피가 툭툭 흘러나오는 것을 알 수 있다. 고흐는 고통스러웠던 것이다. 입술을 너무 꽉 깨물어서 피가 흐를 정도로 고통스러웠다. 자신의 그림을 제대로 알아주지 못하는 척박한 현실, 동생에게 돈을 받으면서 살아야 하는 무기력함, 동료 화가에게도 버림받는 비참한 신세 등 고흐는 자화상을 그리면서, 현재 자신이 어떤 마음인지를 정확하게 알았고, 정신발작 증세에서도 사람을 위로하는 그림을 그릴 수 있었다.

교사들도 자신의 상황과 감정을 제3의 눈으로, 관찰자의 시선으로 봐야 한다. 현재 내가 어떤 일을 함에 있어서 어떤 감정 상태에 있는지를 조용히 살펴야 한다. 무엇을 바쁘게 하기보다는, 잠시 모든 일을 내려놓고, 조용히 내가 나에 대해서 어떻게 느끼고 있는지, 현재 삶에 대해서 내가 느끼는 감정이 무엇인지를 정확히 알아차려야 한다. 그런데 교사들의 가장 큰 문제는 여러 가지 좋은 교육적 행위를 학생들에게는 잘 적용하면서 정작 자신에게 적용하지 않는다는 것이다. 윤동주의 시를 가르치면서 '성찰'의 중요성을 말하지만, 정작 교사 자신은 그것을 실천하지 않는다. '비폭력 대화', '학급긍정훈육법', '감정 코칭' 등 각종 좋은 연수를 들으면서 학생들의 감정은 이해하려고 애쓰는데, 자기 감정에는 솔직하게 대면하지 못했다.

수업을 변화시키기 위해 실천하는 일반적인 지침들이 있다. 우리는 이런 지침을 실천하기 위해 부단히도 애를 쓴다. 좋은 질문을 미리 준비하고, 학생들의 생각을 잘 경청하려고 귀를 쫑긋 세운다. 협력적인 배움을 만들기 위해 모둠을 만들고, 이 모둠 저 모둠을 옮겨 다니면서 학생들의 배움의 상태를 확인한다. 그런데 이런 행동을 실천하는 데만 신경 쓰지 말고, 그것을 하고 있는 내 마음도 들여다 볼 필요가 있다. 겉으로 볼 때는 무엇인가를 하고 있는 것 같아서 마음이 뿌듯하기도 하지만, 내 안에서 계속해서 드는 불안감, 두려움, 조급함, 혹은 짜증이 발견될 때도 있다. 이런 세밀한 감정을 잘 살피지 않으면, 이유없이 학생들에게 화를 내게 되고, 원인을 알 수 없는 무기력에 빠지게 된다. 결국 사람을 움직이는 것은 자신의 내면이다. 내면이 제대로 정돈되어 있지 않으면, 원하지 않는 일을 하게 되고, 혹은 능력을 넘어서는 일까지도 하게 된다. 그러다가 원하는 결과가 나오지 않아서 곧 지치게 되고 모든 일을 그만두고 싶은 감정에 사로잡힌다.

교사, 삶에서 나를 만나다

23   드가, Ballet Dancers on the Stage (1883)

드가는 발레리나[23]를 많이 그린 화가다. 그는 발레리나들이 손동작을 통해 감정을 표현한다는 것을 잘 알고 있었다. 그래서 그의 그림에는 춤 동작보다 손동작이 더 세밀하게 표현된 것을 볼 수 있다. 교사들도 겉으로 드러나는 모습이 아니라 발레리나의 손으로 표현되는 미세한 감정을 학생들에게 잘 전할 수 있어야 한다. 그런데 우리는 감정 표현은 뒤로 한 채, 인지적인 정보만을 잘 전달하는 데만 몰두했다.

교사는 감정 소비가 너무 많다. 이렇게 감정적으로 불안한 존재였다는 것을 미리 알았다면, 젊은 시절에 나는 내 감정과 마주하는 연습을 더 했을 것이다. 그런데 우리는 수업을 차가운 정보를 잘 전달하는 일이라 생각하고, 지식을 잘 구조화하는 것만 연습했다. 내 안에 있는 감정을 잘 공감해 주고, 학생들의 무너진 마음을 회복시키는 훈련은 잘 하지 않았다. 수업을 열심히 했지만 가장 중요한 것을 놓치고 있었다.

현재 교실에서 어떤 모습으로 서 있는가? 여전히 씩씩하게 학생들 앞에서 수업은 하지만, 속마음은 혼자서 슬프게 울고 있지는 않은가? 남이 정해 놓은 규칙들을 잘 지키기 위해 급하게 달리고만 있지는 않은가? 남의 시선을 의식하느라고 나를 잃어버리고 지쳐 있지는 않은가? '이렇게 해야 한다'고 외쳐대는 여러 소리에 귀를 잠시 막고, 내가 나를 어떻게 보는지, 현재 나는 어떤 느낌으로 서 있는지, 내 감정에 귀를 기울여야 한다. 능력 있는 교사라고 인정받기 위해 억지로 웃는 연기만 하지 말고, 내가 지금 교실에서 어떤 감정으로 춤을 추고 있는지, 그 내면의 소리를 진실하게 들어보자.

교사, 삶에서 나를 만나다

• 감정을 잘 다스리지 못해서 학급 경영이나 수업에서 힘든 경험을 한 적이 있는가?

• 자신의 감정을 제3의 눈으로 먼저 성찰해야 한다는 것이 어떻게 다가오는가?

• 나의 자화상을 그려보자. 현재 나는 어떤 모습, 어떤 표정으로 있는가?

완벽주의와
만나다

　　자신을 너무 사랑해서 물에 빠져 죽은 나르키소스[24], 지나친 자기애로 말미암아 죽음을 맞이하지만, 교사들에게는 이런 자기애가 필요할지도 모르겠다. 자신의 감정과 대면하는 교사 대부분은 자신의 모습을 사랑하는 것이 아니라, 완벽하지 않은 자신의 모습에 늘 절망하고, 무엇인가를 새로 해야 한다는 강박에 시달리고 있기 때문이다.

모든 학생이 내 수업을 잘 들어야 한다.

내가 최초에 정한 학습 목표에 다 도달해야 한다.

한 명이라도 내 수업에서 나를 보고 있지 않다면, 기분이 안 좋다.

수업 준비가 제대로 되어 있지 않다면 수업 들어가기가 싫다.

모든 학생이 내 수업에 대해서 좋은 수업이라고 생각해야 한다.

24 카라바조, 나르키소스

교사는 저마다의 당위가 있다. 그렇게 해야지만 뭔가 수업이 의미가 있고, 잘 되었다고 생각한다. 이런 완벽주의는 일정 부분 좋은 점도 있다. 완벽을 기하려는 마음이 어떤 일의 성과를 더 좋게 내는 방향으로 이끌기 때문이다. 하지만 문제는 그 과정에서 보여주는 자신의 마음 상태다. 완벽주의자 성향을 가지게 되면 일은 잘할 수는 있는데, 그 과정을 즐기지 못한다. '늘 부족해'라는 감정 때문에, 일을 더 열심히 하려 하고, 스스로 다그치고 자학하려고 하기 때문이다.

박 교사가 그렇다. 박 교사는 늘 의욕적으로 학교생활을 한다. 복도를 뚜벅뚜벅 걸어와서는 실내화를 갈아 신고, 힘차게 담임 업무를 한다. 늘 쉬는 시간에 학생들을 상담하고, 늦게까지 남아서 학생들의 공부를 봐준다. 수업도 굉장히 열심히 한다. 학원보다 질 높은 수업을 해야 한다면서 학원에서 짚어주지 못한 것까지도 다 정리해서 가르친다. 동료 교사는 훌륭한 교사라고 엄지를 들어 올리며 박 교사의 모습을 인정한다. 그런데 그런 이야기를 들을 때마다 박 교사는 불편하다. 자신은 여전히 부족하다고 생각하기 때문이다. 그래서 사람들이 자기에게 인정의 말을 하면 얼굴이 붉어진다.

완벽주의의 감정이 일의 성과가 좋음에도 불행한 이유가 여기에 있다. 늘 부족하다는 감정이 자신을 휘감고 있기 때문이다. 이제는 멈춰 서서 여유를 즐길 만도 한데, 무언가 더 해야 할 것 같고, 가만히 있는 자신의 모습을 안정감 있게 바라보지 못한다. 그래서 분주하게 움직이고 있으면서도 아무것도 하지 못하고 있다는 생각에 스스로 학대하고 더 열심히 해야 한다고 말한다. 마치 다이어트를 이미 많이 했음에도 거울을 보며 더 살을 빼야 한다고 말하는 것처럼 말이다.

완벽주의 감정이 조금 더 심해지면, 자신이 세운 기준점이 나쁜만이 아니라 남에게도 넘어간다. 내 수업을 잘 듣지 못하는 학생들, 내 의도대로 따라주지 못하는 동료 교사가 얄밉게 보인다. 완벽주의는 내가 통제할 수 없는 것까지도 통제하려 들기 때문에 지나치게 모든 것에 간섭한다. 이렇게 해야 하고 저렇게 해야 하는 등 자기만의 방식대로 상황이 움직여야 하는데, 그렇지 않을 때 짜증이 난다. 그래서 완벽주의에 빠진 교사의 수업을 보면, 빈틈없이 모든 것이 잘 흘러가는데도, 학생들이 가만히 있는 것을 내버려두지 않는다. 계속 학생들에게 어떤 주문을 해서, 학생들을 끊임없이 활동하게 한다.

완벽주의의 가장 큰 함정은 주위의 시선에 지나치게 민감하게 반응하느라 나를 잃어버리는 데 있다. 완벽주의에 빠진 교사들은 '나'를 위해서가 아니라 '남'을 위해 완벽을 기하느라 다른 사람의 기대 수준을 맞추기 위해서 내 것을 포기하는 모험을 감행한다. 그렇다고 완벽주의 감정을 버리기도 쉽지 않다. 주위 시선을 의식하면서 완벽하게 일을 하려는 태도는 우리의 지나온 삶과 깊은 관련이 있기 때문이다.

내 부모님은 초등학교만 나오셨다. 아버지는 머리가 매우 똑똑함에도 가정을 보살펴야 했기에 초등학교만 다니시고 생업에 뛰어드셨다. 내가 초등학교 때부터는 시멘트 트럭 운전기사로 3교대로 근무하셨다. 3교대이다 보니 남들이 놀 때, 아버지는 일을 하셔야 했고, 설사 여유가 생겨도 특근을 신청하면서까지 일을 하셨기에 외식이나 가족 여행은 절대로 있을 수 없었다. 도시락은 이런 아버지를 상징하는 물건이었다. 늘 도시락 두 개를 싸고 가시는데, 집에 올 때면 빈 철제 도시락 속에서 숟가락이 부딪히는 소리가 났다. 그리고 어머니에게 툭 던져 놓고 말없이 씻고, 집에 오시면 늘 주무시기만 했다. 그러면서 나한테 "남들 놀 때 놀 수 있는 직업을 얻으려면 열심히 공부해야 돼"라고 말씀하셨다. 나는 이 말씀을 가슴으로 듣고, 늘 공부를 열심히 했다. 초등학교 3학년 때부터 일곱 시 이후로 TV를 보지 않았다. 기억은 잘 나지 않지만, 어머니께서 "초등 학교 3학년이 되었으니 오늘부터 일곱 시 이후에는 TV를 보지 않는다" 고 말씀하셔서 주욱 그렇게 살았다. 대신 그 시간에 이런저런 책을 읽고 공부를 했다. 물론 공부만 한 것은 아니었다. 몰래 만화책이나 소설책을 보다가 어머니에게 걸려 혼나기도 했다. 아무튼, 열심히 일하시는 부모 님을 위해서라도 공부를 열심히 했다. 문제지가 많은 시절이 아니니 교 학사에서 나온 표준전과를 외우고 또 외웠다. 그러자 성적도 점차 올라 서 초등학교 3학년부터는 교내 학력상을 받기 시작했다. 그런 내 모습을 누구보다 기뻐한 사람은 부모님이었다. 내가 받아온 상장을 장롱 깊숙 한 곳에 모으기 시작했고, 이때부터 이웃들에게 내 자랑을 하기 시작했 다. 나는 부모님의 기대에 더 부응하기 위해 더 열심히 공부했다. 성적이 떨어지면, 더 모질게 나를 몰아치고 공부하고 또 공부했다. 내가 아닌 부 모님을 위해서 공부했다. 내가 성적을 잘 맞아 오는 것을 기뻐하는 부모 님, 늦은 시간까지 일하시는 아버지께 기쁨의 선물을 드리기 위해서 공 부한 것이다. 이것은 지금도 여전하다. 방송 출연을 하거나, 신문 칼럼을 쓰면 어김없이 부모님께 전화를 한다. 이런 내 모습을 기뻐하시라고 말 이다.

이것이 비단 나만 그러겠는가? 우리 모두는 이렇게 살아왔다. 부모님 을 기쁘게 해드리기 위해서 자신을 모질게 몰고 여기까지 왔다. 그러다 보니 우리는 나를 위해 사는 것보다 남에게 인정받고, 남에게 좋은 평가 를 받는 삶을 사는 것이 더 익숙하다. 특히 윗사람이 조금 무리한 부탁을 하더라도 우리는 능히 그것을 해낸다.

결국 이런 완벽주의에 빠지면, 수업을 잘하고 있으면서도 불안해하고,

더 잘해야 한다는 강박에 시달리면서, 내가 하고 싶은 수업이 아니라, 남이 잘한다고 하는 수업에 더 열을 올리면서, 자신을 학대해가면서 수업을 한다. 눈에 보이는 평가에 지나치게 집착하며, 형식과 기술 측면에서 수업을 포장하려고 할 때가 많다. 주변 선생님들의 평가, 기타 다른 평가에 민감하게 반응하여 자기만의 빛깔을 잃어버리고 남들이 잘한다고 인정하는 수업을 한다. 주위에 대한 이런 지나친 반응 때문에 '모 아니면 도' 식의 행동이 나온다. 즉 남에게 좋은 평가를 받지 못할 일이라면 아예 시도조차 하지 않는다. 잘할 수 있는 일만 더 열심히 하고, 자신 없거나 해보지 않은 일에는 함부로 모험을 걸지 않는다. 그래서 완벽주의 성향의 교사들은 결과를 예측할 수 없는 일에는 쉽게 달려들지 않는다.

그렇다면 어떻게 해야 하는가? 완벽주의를 대할 때, 취해야 할 기본태도는 '내 안의 완벽주의는 절대로 사라지지 않는다'이다. 감정은 옷이 아니다. 원할 때 입고, 원치 않을 때 벗을 수 있는 것이 아니다. 내가 원하든 원하지 않든 터져 나오는 것이 감정이고, 특히 완벽주의는 부모의 기대에 맞춰 살아온 대다수 교사에게는 버리기가 쉽지 않다. 그래서 우리는 인정해야 한다. 내 안에 나를 지치고 소진하게 만드는 완벽주의 감정이 있음을 인정해야 한다. 완벽주의를 버리고 사라지게 하기 위해서 싸움을 벌여서는 안 된다. 어떤 일을 할 때 주위의 시선을 신경 쓰고, 그 때문에 더 열심히 하려고 하면, '이러면 안 돼' 보다 '아, 내가 누군가에게 인정받으려고 하는구나' 라고 나를 위로하고 쓰다듬어 주어야 한다. 즉 있는 그대로의 나를 받아들이면서, 완벽주의를 다른 방향으로 전환해야 하는데, 그것은 '나에 대한 연민'이다. 남의 기대에만 부응하기 위해 힘들게 달려온 나를 위로하고 감싸 주어야 한다.

우리는 여태껏 남의 기준에 맞춰 살려고 했다. 하고 싶은 말도 못하고,

배우고 싶은 것, 즐기고 싶은 것도 제대로 못한 채 여기까지 왔다. 사실 너무 불쌍하다. 남들이 볼 때는 안정된 직장에, 가정생활도 원만한 것 같지만, 정작 나를 잃어버리고 살아왔다.

우리는 생각해보면 참 많은 호칭으로 불리고 있다. 선생님, 아빠, 엄마, 가장, 동생, 아들, 딸 등 호칭에 걸맞은 모습으로 살려고 무진히도 애를 썼다. 그런데 이 속에 '나'는 없다. 반평생 이것들을 얻으러 여기까지 왔는데, 정작 내가 없을 때가 있다. 그러니 이제는 내 안에 있는 완벽주의 감정을 잠시 내려놓고, 내 한계를 인정하는 훈련을 해야 한다. 남의 시선이 아닌 나의 시선으로 내 실존을 물어야 한다.

산모퉁이를 돌아 논가 외딴 우물을 홀로 찾아가선
가만히 들여다 봅니다.

우물 속에는 달이 밝고 구름이 흐르고 하늘이
펼치고 파아란 바람이 불고 가을이 있습니다.
그리고 한 사나이가 있습니다.
어쩐지 그 사나이가 미워져 돌아갑니다.
돌아가다 생각하니 그 사나이가 가엾어집니다.
도로 가 들여다 보니 사나이는 그대로 있습니다.

다시 그 사나이가 미워져 돌아갑니다.
돌아가다 생각하니 그 사나이가 그리워집니다.

우물 속에는 달이 밝고 구름이 흐르고 하늘이

교사, 삶에서 나를 만나다

펼치고 파아란 바람이 불고 가을이 있고

추억(追憶)처럼 사나이가 있습니다.

   - 윤동주, '자화상'

　윤동주도 완벽한 시를 쓰고 싶었을 거다. 어두운 현실을 희망으로 노래하는 완벽한 시를 쓰고, 사람들에게 칭송받는 시인이 되고 싶었을 거다. 그러나 현실은 그렇지 않았다. 나라는 남의 땅에 있고, 본인은 시집 한 번 제대로 내지 못하는 무명 시인이었다. 그런 자신을 우물로 대면하니 미워진다. 그래서 돌아간다. 그러나 돌아가다 생각하니, 자신을 미워할 수밖에 없는 내가 불쌍해진다. 그래서 다시 돌아가 우물 속의 자기 자신을 본다. 그러나 또다시 되고 싶은 나와 현재의 내가 너무 격차가 커서 내가 미워진다. 그러다 돌아가다 생각하니, 그런 현재의 내가 나이기에 나를 그냥 그대로 받아들인다. 결국 윤동주는 시를 통한 자기 성찰 속에서 나를 이해하고 받아들이면서, 모든 힘든 순간을 추억으로 받아들인다. 남에게 인정받고자 자기 자신을 꾸미려 하는 것이 아니라, 결점이 많고 연약한 자아를 그대로 수용하기로 한다.

　빛의 화가 렘브란트는 말년에 참으로 불우했다. 한때는 최고의 화가로 많은 재산을 모았지만, 늙어서는 모든 재산을 탕진하고 몸뚱이밖에 남지 않았다. 그럼에도 렘브란트는 자기 자신을 끝까지 사랑했나 보다. 초라하고 후회가 많은 인생이지만, 그림을 그리면서 자신의 인생을 보듬어 주고 있다. 그의 말년 자화상[25]은 우리에게 이렇게 말한다.

그래, 나 망했어! 젊은 날의 나는 다 사라졌지. 무슨 일이든 다 할 수 있을 것 같은 패기와 열정은 다 사라졌지. 초롱초롱한 눈망울 대신, 주름지고 피곤한 기색만이 얼굴에는 역력하지. 그래 내가 불쌍해 보이지? 그런데 뭐 어때? 이게 다 우리의 삶인걸. 이게 나인걸.

그래, 삶은 화려하지 않다. 내가 남의 시선을 가지고 꾸미려 해봤자, 그때뿐이다. 나중에 남는 것은 결국 나, 초라한 내 몸뚱어리 하나뿐이다. 그런데 이런 나를 남의 시선으로 꾸미려 하면 할수록 나는 나에게서 멀어진다. 완벽주의가 무서운 것은 나를 자꾸만 진짜 나로부터 분리시킨다는 것이다. 남이 원하는 것을 맞춰주느라 나를 잃어버린 채, 그냥 인생을 소비하게 한다. 이제는 잠시 멈춰 서서 나를 보자. 남에게 향한 시선을 거두고, 민낯의 나를 바라보자. 그러면 나의 진짜 모습, 상처 나 있고, 서툴고, 열등감으로 가득 차 있는 나가 웅크리고 앉아 있을 것이다. 이때 조용히 울고 있는 나에게 말을 해보자.

"혼자서 버티느라고 정말 힘들었지. 여기까지 오느라고 참 수고했어. 이제는 좀 쉬어. 너는 지금으로도 충분해."

나를 성찰하는 질문

- 당신에게는 완벽주의 성향이 있는가? 있다면 언제 많이 느끼는가?
- 주변의 시선 때문에 필요 이상의 에너지를 동원한 일이 있는가? 당신의 삶에서 가장 신경 쓰는 사람은 누구인가?
- 있는 그대로의 나를 수용하고 사랑하라는 말이 어떻게 들리는가?

무기력과
만나다

한 여인이 힘없이 앉아 있다.[26] 그녀는 현실의 무게에 말없이 그냥 앉아만 있다. 그녀를 위로하는 것은 술, 압생트다. 19세기 말 파리는 근대의 도시였다. 많은 철학가와 예술가가 모여들고, 화려한 사교 파티가 열리는 당대 최첨단의 도시였다. 하지만 도시의 한 자락에는 무기력 속에서 압생트로 하루하루를 견뎌야 하는 사람들이 있었다. 드가는 아무것도 하지 않은 채, 도시 구석에 앉아 시간을 원망하며 술을 마셔야 하는 여인을 담담하게 표현하고 있다.

학교에서도 지쳐서 아무것도 못 하는 사람들이 있다. 스스로 에너지를 내려고 하지만, 마음에서 터져 나오는 열정이 없다. 교사 스스로 에너지가 없다고 느낄 때, 좋은 수업의 탁월한 기술을 익혀도 이를 시행하기란 쉽지 않다. 이미 마음속에서 두려움이 앞서고, 변화를 한다는 것 자체가 버겁기 때문이다. 여태껏 우리 교육 현장에서는 여러 구호가 난무했었다. 그러나 여전히 우리의 교육 현실은 경쟁을 향해 달린다. 깊이 있는

교사, 삶에서 나를 만나다

26   드가, The Absinthe Drinker (1876)

수업을 하라고 하지만, 결국에 고등학교 올라가서는 수능 시험을 잘 보기 위한 입시 중심의 수업을 해야 한다. 주제융합 수업도 마찬가지다. 지금 주어진 차시로도 한 과목의 진도 맞추기가 빠듯한데, 타 과목과 주제를 융합해서 나가는 것은 너무 힘들다. 교사는 이렇듯 현실과 동떨어진 것을 하라고 할 때, 그것이 좋은 뜻이니까 실천하기보다는, 현실을 모르는 공허한 것이라고 살짝 흉내만 내는 것에 그치고 있다. 사실 많은 교육 정책, 교육 운동이 다 그렇다. 미래교육이라는 말이 붙어 있지만, 실제로는 예전부터 나왔던 말들이었다. 그래서 오랜 경력의 교사일수록 이런 것이 다 공허한 구호일 뿐이고, 문서로만 잘 정리하면 된다고 생각한다. 그리고 무엇인가를 변화하기를 주저한다. 이렇게 힘을 내지 못하고, 변화를 주저하는 무기력 또한 교사들이 자주 느끼는 감정 중의 하나다.

사실 모든 교사가 처음부터 무기력한 것은 아니었다. 학생들에게 사랑이 넘치는 교사가 되겠다고, 수업에서는 학생들의 눈을 번쩍이게 하는 교사가 되겠다고 다짐했다. 그래서 누구보다 아침 일찍 출근해서 학생들을 웃으며 맞이하고, 퇴근 시간 이후에도 학생들을 잡아 놓고 나머지 공부를 시켰다. 시험 때면 정성스럽게 편지를 쓰고 간식거리를 챙겨주었고, 얼굴에 근심이 있는 학생은 따로 불러서 상담을 하며 마음을 풀어주었다. 수업 시간에 학생들과 함께할 활동 자료를 찾느라 밤을 새웠고, 재미난 수업을 알려주는 연수가 있으면 곧바로 달려가서 배웠다.

그러나 불행히도 시간이 지날수록 이런 노력이 아무 소용없다는 것을 경험하게 된다. 이상하게 교직 사회는 남들과 다른 특별한 행동을 하면 금방 눈에 띄고, 그러다가 잘못이라도 하면 뒤에서 수군거리는 비난 소리를 들어야 한다. 때로는 관리자의 폭언, 학생들의 버릇없는 태도, 학부모의 고압적인 자세에 상처받아야 했고, 이런 상황에서도 참고 또 참다가 결국에는 모든 것이 하기 싫어지는 무기력에 빠진다. 교직 문화가 참 안타까운 것은 교사가 무능해서 무기력해지는 것이 아니라 교육 구조, 학교의 관료주의 문화로 인해서 심한 무기력에 빠져든다는 것이다. 더욱 무서운 것은 이런 무기력이 시간이 지날수록 학습된다는 사실이다.[27]

여러 의미 있는 수업 운동이 교사 사이에 퍼지고 있다. 수업을 새롭게 해서 학생들에게 의미 있는 배움을 만들어내는 교육 운동들이다. 다 의미가 있는 움직임들이다. 그래서 이곳저곳에서 이런 운동에 참여해서 수업이 새로워졌다고 말하는 교사가 많아졌다.

그러나 이것은 내적 에너지가 있고, 자신감이 있는 교사들이나 할 수 있는 일이지 대다수 교사는 이것을 시행하기가 쉽지 않다. 이미 심한 무

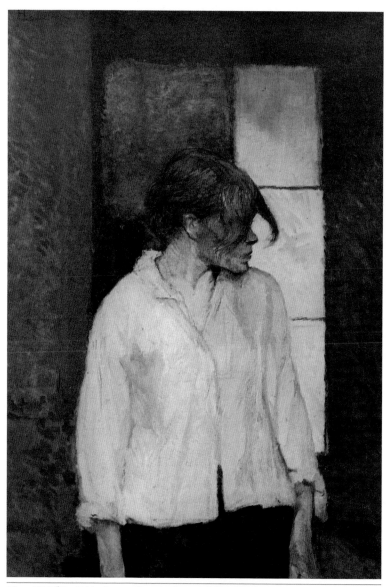

27   로트레크, At Montrouge(Rosa La Rouge) (1886-1887)

기력에 빠져 있기 때문이다. 아무리 취지가 좋은 교육 아이템도 모두 유행처럼 지나갈 거라고 생각한다. 예전부터 그렇게 지내왔기 때문이다. 그래서 위에서 무엇을 하라고 하면 겉으로 흉내만 내지, 진심으로 따라야겠다는 마음이 생기지 않는다. 변화라는 것은 늘 귀찮고 버거운 것으로 느껴진다.

처음에 나도 이런 선생님들을 대할 때 마음이 어려웠다. 아니 조금만 더 힘을 내면 되는데 왜 벌써 안 된다고 결론을 내리고, 부정적인 생각만 할까 하는 의구심이 들었다. 나는 나중에 경력이 쌓이면 후배들에게 저런 모습은 보이지 말아야겠다고 생각했다. 그런데 막상 나도 경력이 쌓이고 인문계 고등학교 전면에 서서 학생들과 수업을 하다 보니, 내가 하고 있는 수업이 얼마나 효과가 있을까 하는 절망감에 쌓인다. 고3이 되면 학생들은 의미 있고 가치 있는 수업을 원하지 않는다. 수능 점수를 많이 올리는 수업을 원한다. 결국 우리의 수업은 세속적 욕망과 연결되게 되어 있다. 창의인성 교육, 미래교육을 외쳐도 결국에는 고3이 되면 문제지 풀이 수업으로 환원하게 되어 있다. 학생들 또한, 초등학교 중학교 고등학교에 올라가면서 세상을 넉넉하게 바라보고 자아를 온전히 이해하는 '지성인'이 되는 것이 아니라, 세상에 뒤처지지 않게 객관식 답안을 기계적으로 빠르고 정확하게 판단하는 '시험기계'가 된다.

고3 수업을 실제로 해보니 이런 생각은 더 강화되었다. 이런 생각에 도달하니 '내가 다시 고1을 맡으면, 예전처럼 활기 있고, 의미 있게 교과 내용을 재구성하고, 학생들의 창의적인 사고를 배양하는 수업을 할 수 있을까?' 하는 두려움이 든다. '결국에는 입시로 귀결될 것을, 새로운 거한다고 움직여봤자 결국에는 똑같을 것을, 굳이 남이 가지 않은 길을 갈필요가 있을까' 하는 비관론에 휩싸인다. 나도 무기력이 학습된다. 이런

교사, 삶에서 나를 만나다

무기력은 교육 전반에 깔려 있다. 그래서 에너지 있고 열정 있는 교사가 무엇인가를 새롭게 하자고 외쳐도, 대다수 교사는 마음으로 움직여서 하기보다는 '그래 봤자 똑같다'는 심리가 생긴다. 결국 이렇게 교사들은 스스로 무기력 속으로 들어가고 크게 욕먹지 않을 정도의 일만 하며 지내게 된다.

한 여인이 울고 있다.[28] 아마도 사랑하는 남편이 고기를 잡으러 바다에 갔다가 돌아오지 않은 듯하다. 어머니로 보이는 노인은 여자의 등을 두드리며 그녀를 위로한다. 그림 속에서 두 세계가 드러난다. 슬픔으로 가득 찬 인간의 세계는 어둠이 가득하고, 이와 반대로 해가 막 떠오르려는 바다의 세계는 잔잔한 빛으로 가득하다. 인간은 늘 고통 속에서 번민

28 월터 랭글리, '아침은 오지만, 가슴은 무너지는구나' (1894)

하는데, 자연은 야속하게도 너무 아름답고 조화롭다.

어찌 보면 우리 모습이 이렇다. 한때는 열심히 살기 위해 몸부림쳤지만, 현재는 아무것도 남아 있지 않은 앙상한 모습. 열악한 교육 현실에 분노하고, 내 마음을 이해해주지 못하고 존중해주지 못하는 사람들에게 화가 난다. 새 학기가 오고 새로운 학생들이 오지만, 점점 어두워져가는 것은 교사의 마음이다. 눈물과 억울함으로 쌓여가는 것이 더 많다.

이런 무기력 속에서 우리는 어떤 삶을 살아야 할까? 무기력 역시 쉽게 사라지는 일시적이고 즉흥적인 감정이 아니다. 무기력은 나라는 존재에 대한 부정이다. 커다란 환경 앞에서 나는 아무것도 할 수 없다는 생각이다. 나라는 존재가 한없이 약하고 무엇을 해도 안 된다는 절망의 표현이다. 나를 부정하려는 태도이다. 오랜 시간 실패를 거듭하면서 나라는 존재, 나라는 가치를 부정하고 포기하는 감정이기에 무기력은 한순간의 사건으로 사라지지 않는다. 그런데 여기서 중요한 것은 '무기력의 감정'과 '나의 존재 가치'를 분리해서 바라봐야 한다는 사실이다. 즉 제3의 눈으로 객관적으로 내 무기력을 살펴보면, 나를 둘러싼 환경이 왜곡된 것이지 나라는 존재가 의미 없는 것은 아니다. 학생들을 잘 가르치기 위해 애쓴 모든 노력이, 어떤 결과물이 없다고 해서 아무 소용이 없는 것은 아니라는 것이다. 실패는 실패한 대로, 성공은 성공한 대로 의미 있게 내 삶에서 흘러간다는 것이다.

영화 '건축학 개론'을 보면 삶을 건축에 비유한다. 건물에는 사는 사람들의 추억이 있듯이, 우리 마음속에도 스쳐 지나가는 사람들의 흔적이 남는다고 영화는 말한다. 그래서 영화에서는 과거는 사라지지 않고 계속 현재의 삶과 같이 살고 있음을 보여준다. 신축을 해달라는 집의 기본 뼈대를 유지한 채 리모델링하는 건축가, 시멘트에 남아 있는 딸아이

교사, 삶에서 나를 만나다

의 발자국을 그대로 남겨두는 아빠, 옛 남자 친구가 그려준 건축 도면을 간직하고 있는 여자, 집이 노후되었는데도 이사 가지 않는 엄마 등 우리 삶이 그대로 사라지는 것이 아니라 계속 현재에 도움을 주고, 그것으로 우리가 성장해가고 있음을 영화는 보여준다. 그렇다. 무기력은 무기력대로 의미가 있다. 삶이 늘 열정적일 수는 없다. 올라가는 날이 있으면 내려가는 날이 있고, 내려가는 날이 있으면 올라가는 날이 있다.

그런데 우리는 올라가는 것만 연습하며 살아와서, 괜히 무기력에 빠져 있으면 빨리 빠져나와야 한다고 생각했다. 나는 실패한 것이고, 다시는 일어설 수 없다고 생각했다. 그러나 우리 삶은 절대 그렇지 않다. 무기력이 있기 때문에 열정이 다시 생기는 것이고, 열정이 있었기 때문에 다시 무기력해지는 것이다. 삶이란 돌고 도는 것이고 과거는 사라지는 것이 아니라 현재의 위치에서 계속 쌓여가는 것이다. 실패와 성공, 절망과 희망, 빛과 어둠, 무기력과 열정의 삶이 역설적으로 연결되어 현재의 나를 일으켜 세우기도 하고 다시 낙담시키기도 한다.

무기력에 빠져 아무것도 할 수 없다고 생각하는 그것이 오히려 살아 있다는 방증이다. 어쩌면 우리는 지금보다 더 심각한 무기력에 빠져들 수 있다. 그러나 그런 무기력이 있었기에 살아있음을 깨닫고, 천천히 무기력하고 부패한 삶에서 일어날 수 있다. 어쩌면 무기력이라는 것은 내가 무엇인가를 해보려고 했기 때문에 느끼는 감정이다. 그 속에서 상처받고 패배했기 때문에 느끼는 감정이다. 오히려 더 큰 부패는 부패했다는 것조차 느끼지 못하는 감정일 것이다.

생전에 딱 한 점의 그림만 팔았다고 알려진 고흐. 그는 늘 온 정성을 다해 그림을 그렸다. 그럼에도 사람들은 그의 낯선 그림에 돈을 지불하지 않았다. 오직 동생 테오만이 형의 그림을 인정하고 영원한 후견인이 되어준다. 이런 환경에서 고흐는 절망감을 느끼고 심한 무기력에 빠지기도 했다. 그러나 그는 다시 그림을 그린다. 스스로 살아있다는 것을 보여주기 위해 붓을 잡는다. 그토록 사랑했던 동생에게 아들이 생기자, 그는 비록 그림 하나도 제대로 팔지 못하는 화가이지만 봄에 제일 먼저 피는 아몬드 나무의 꽃[29]을 그려준다. 봄 하늘을 향해 조금씩 조금씩 약동하는 봄꽃의 움직임을 조카에게 선물한다. 동생에 대한 고마움, 조카에 대한 사랑을 담으면서도, 자신의 그림이 새로운 생명이 될 것을 기대하며 그렸을 것이다. 결국 그는 그림 그리기를 멈추지 않았고, 지금은 수많은 지친 영혼에게 새로운 희망을 주는, 영혼의 화가가 되었다.

『죽음의 수용소에서』를 쓴 빅터 프랭클은 유대인으로 홀로코스트에 붙잡혀서 강제로 노동을 해야 하는 신세가 되었다. 부인은 가스실로 들

29   고흐, Almond blossom (February 1890-1890)

교사, 삶에서 나를 만나다

어가 죽었는지 살았는지도 모르고, 언제 죽을지도 모르는 채 수년 동안 강제 노동을 해야 했다. 이런 끔찍한 상황에서도 몇몇 사람은 불굴의 정신력으로 버티고 또 버텼는데, 그렇게 할 수 있었던 것은 하루하루에 작은 의미를 부여했기 때문이라고 한다. 빅터 본인도 고된 삶이지만 자신의 존엄을 지키기 위해 식수로 나온 한 잔의 컵에서 일부러 반컵을 남겨 이빨을 닦고, 내가 지금 살아가야 할 작은 의미들, 작은 기쁨들을 찾았다고 한다. 결국 그는 끝까지 살아남았고, 이 경험을 바탕으로 삶에 대한 의미를 부여하는 것은 우리 자신이라면서, 무기력에 있는 많은 사람들을 회복시키는 삶을 살았다.

무기력에 빠져 있다는 것은 자신의 능력이 부족한 것이 아니라 상황에 이끌려 자신의 삶에 대한 미래를 잃어버린 것이다. 스스로 삶의 의미를 포기한 것이다. 무기력 속에서 살고 싶은 사람은 아무도 없다. 그럼에도 우리가 무기력에서 벗어날 수 없는 이유는 스스로 '나는 가치 없는 존재이다'라고 생각하는 그 마음에 있다. 하지만 우리는 깨달아야 한다. 심한 무기력을 느끼면 느낄수록 그것은 내 삶에 오히려 큰 뿌리를 만들고, 새로 일어설 힘이 된다는 것을 말이다.

삶은 작은 점의 연속이다. 우리의 모든 행동은 처음부터 선으로 보이지는 않는다. 어쩌면 교사 생활하는 내내, 우리의 행동은 실패와 아픔의 점으로 가득 찰 것이다. 하지만 그 실패의 점이 모여서 아름다운 선을 만든다. 초승달이 반달로, 다시 반달이 보름달이 되듯이 작은 실패의 점이 결국에는 삶의 보름달을 만든다. 그래서 우리는 지금 초승달이라고, 보름달이 되지 않았다고 슬퍼할 수 있지만, 그 자리에 머물러만 있을 수는 없다. 결국에는 그런 아픔이, 그런 무기력이 내 삶의 황금기를 만들어 주기 때문이다. 다시 한 번 힘을 내서, 내 안에 있는 무기력의 감정을 수용하고, 그렇게 흔들리면서 가야 한다. 무기력의 감정에 파묻혀 삶을 포기하고 회피해서는 안 된다. 우리는 늘 기억해야 한다. 교사는 학교라는 '빈 들'에서 늘 그렇게 흔들리면서 가는 존재임을, 그리고 무기력의 수업 속에서도 내 수업을 가치롭게 생각해주는 학생들이 있음을. 그래서 내가 먼저 나를 포기하지 않아야 함을.

사막에서도 저를 버리지 않는 풀들이 있고
모든 것이 불타버린 숲에서도
아직 끝나지 않았다고 믿는 나무가 있다
화산재에 덮이고 용암에 녹은 산기슭에도
살아서 재를 털며 돌아오는 벌레와 짐승이 있다
내가 나를 버리면 거기 아무도 없지만
내가 나를 먼저 포기하지 않으면
어느 곳에서나 함께 있는 것들이 있다
돌무더기에 덮여 메말라버린 골짜기에
다시 물이 고이고 물줄기를 만들어 흘러간다
내가 나를 먼저 포기하지 않는다면

- 도종환, '폐허 이후'

교사, 삶에서 나를 만나다

- 무엇인가를 열심히 했는데, 그에 대한 인정도 받지 못한 채, 비난만 받은 적은 없는가?

- 언제 무기력을 느끼는가? 그것은 어떻게 해서 시작되었는가?

- "무기력에 빠져 아무것도 할 수 없다고 생각하는 그것이 오히려 살아있다는 방증이 된다"는 말이 어떻게 다가오는가?

외로움과
만나다

　　프리드리히는 어려서부터 가족을 잃는 아픔을 겪었다. 형제 중 세 명이 어린 나이에 죽었다. 특히 눈앞에서 가장 친하게 놀던 동생이 얼음이 깨지면서 죽는 것을 보고 심한 충격을 받았다. 나이가 들수록 그의 내면은 더욱 황량해지고, 외로움을 느끼고 그 쓸쓸한 마음을 이기고자 그림을 그리기 시작했다. 그래서 그의 그림에는 자연 앞에서 홀로 외로움을 느끼는 사람들이 자주 등장한다. 다음 그림에도 뿌연 바닷가에 외롭게 홀로 서 있는 한 수도승이 있다.[30] 구도자의 자세로 서 있는 듯하지만, 뒷모습은 왜소하기만 하다. 그를 맞이하는 바다 역시 푸른 이상향은 아닌 듯하다. 길이 보이지 않고, 캄캄한 어둠 속에서 그를 맞이한다. 삶의 진리를 찾고자 수도승의 길에 들어섰지만, 여전히 미궁 속에 있는 삶의 길, 그 속에서 수도승은 고립감과 외로움을 느낀다. 우리도 학생들에게 의미 있는 배움을 주고자 교사의 자리에 서 있지만, 불현듯 찾아오는 외로움 속에서 혼자 가슴 아파할 때가 많다.

교사, 삶에서 나를 만나다

30 프리드리히, Monk by the Sea (1808 or 1810)

사실 교사들은 학교에 있을 때는 외로움을 잘 느끼지 못한다. 학생들과 같이 있고, 처리해야 할 일이 많이 있기 때문이다. 그런데 피곤한 몸을 이끌고 집으로 갈 때는 쓸쓸하다. 차창에 비친 모습이 왜 그렇게 불쌍해 보이는지. 무엇인가를 열심히 하고 있지만, 외롭고 쓸쓸하다. 늘 혼자 있는 느낌이다. 분명 좋은 공동체, 좋은 사람들 속에 있지만, 왜 이렇게 외롭고 쓸쓸한지, 순간순간 행복감에 젖어드는데도, 가끔 터져 나오는 외로움에 스스로 지쳐갈 때가 있다. 그래서 갈망한다. 누군가 나를 위로해주고 격려해주기를 말이다. 모든 사람은 자신의 감정을 이해받기를 원한다. 이렇게 힘들어하고 있음을, 혹은 누구보다 열심히 살고 있음을 말이다. 하지만 정말 누군가로부터 따뜻한 말 한마디를 듣고 싶을 때는 아무도 없는 것 같다. 남편도, 아내도, 이성 친구도, 동료 교사도, 친구들도 이상하게도 내가 외로움 속에 지쳐 있을 때, 주변에는 아무도 없다.

이런 외로움을 가장 잘 표현한 화가가 에드워드 호퍼다. 호퍼의 그림[31]

속 인물들을 보면 분명 사람들 속에 있는데, 그 속에서 알 수 없는 외로움에 사로잡혀 있다. 애인과 있어도, 극장에 있어도, 찻집에 있어도, 얼굴은 활기를 띠지 못하고 죽어 있다. 눈빛이 죽어 있고, 진한 외로움 속에서 또다시 무엇인가를 갈망하는 듯한 모습이다. 겉으로 볼 때는 아무 문제가 없는 듯하다. 정장을 입고 화려하다. 그리고 그를 둘러싼 배경은 늘 밝게 빛난다. 그런데 이상하게 마음은 어둡다. 혼자 멍하니 다른 곳을 보고 있거나 골똘히 무엇인가를 생각하고 있다. 호퍼는 이 세상이 자본주의 덕분에 물질의 풍요로움이 있지만, 그 속에서 더욱더 혼자가 되고, 외로워져 가는 현대인들의 소외와 외로움을 보았다. 마음은 한없이 빈곤한 현대인들의 아픔을 호퍼는 보았다.

언제부턴가 나도 이런 외로움을 부쩍 느끼기 시작했다. 물론 사람들 앞에서는 티를 내지 않는다. '나는 늘 바쁜 교사야, 할 일이 많은 사람이야'라는 것을 과시라도 하듯, 사람들이 보는 앞에서는 열심히 글을 쓰거나 수업 준비를 한다. 흐트러진 행동 없이 모범적인 교사처럼 보이려고 애쓴

31   호퍼, 밤을 지새우는 사람들 (1942)

교사, 삶에서 나를 만나다

다. 그러나 보는 이가 없을 때, 나는 한없이 약해진다. 그냥 울적해서 숲길을 걷기도 하고, 바닷가에 차를 세워두고 멍하니 바다를 보기도 한다.

몇 년 전에 나는 급등하는 전셋값을 벌어야 해서, 무리하게 외부 강의를 다닌 적이 있었다. 전남, 전북, 경북, 제주 등 전국을 돌아다녔다. 내 안에서는 '너 돈 벌려고 수업 운동 하고 있냐?' 라는 외침이 끝없이 터져 나오는데도 '전셋값을 벌려면 어쩔 수 없잖아!' 하면서 체력이 고갈된 상태에서도 강의를 했다. 목적이 왜곡되니 당연히 강의하는 것이 즐겁지 않았다. 청중 앞에서 억지로 연기를 해야 했고, 마치 무엇인가를 잘 아는 사람처럼 포장해야 했다. 과도한 몸짓과 표정으로, 내 안에서 '이러면 안 돼!' 하는 소리가 계속 들려와도, 가장으로서 돈을 벌어야 했기에 꾹 참았다. 그런데 어느 날 밤기차를 타고 올라오는 길에 차창에 비친 내 모습을 봤다. 퀭한 눈에 지쳐 있는, 얼굴은 푸석푸석하면서 의미 없이 돈을 벌려고 애쓰는 내가 보였다. 한때는 전국에 계신 선생님들의 마음을 만지겠다고 떵떵거렸는데, 강의를 돈벌이로 생각하는 초라한 모습에 순간 눈물이 나왔다. '무엇 때문에 이 밤까지 나는 전국을 돌아다니고 있나!' 라고 속으로 외치면서 나 자신이 불쌍히 여겨지면서 눈가에 눈물이 고였다. 화장실로 달려갔다. 무엇 때문에 눈물이 나는지도 모른 채, 차창에 비친 내 모습이 계속 스쳐 지나가면서 눈물이 났다. 나란 존재가 얼마나 나약하고, 초라하고 세속적인지, 그깟 전세값이 뭐라고 사람들 앞에서 연기를 하고 있는지, 나 자신이 한심해 보였다.

생각해보면 학생들 앞에서 성인군자인 척, 교과 전문가인 척 등 수많은 연기를 하느라 우리는 지쳐가고 있다. 어떤 날은 나를 교묘히 꾸며가면서 애들한테 인정을 갈구하고, 또 어떤 날은 가면을 쓰고 감정을 숨기고, 아픈데 아프지 않다고 강한 척을 했다. 그러다가 밤늦게 퇴근하다가 마주하는 거울에 혹은 창가에 비친 내 모습은 슬프다. 내가 아닌 모습으로 살다 보니 내 안은 까맣게 타들어 가고 있었다.

그런데 문제는 이런 나의 진짜 마음을 말할 사람이 없다. 이상하게도 나의 이런 속사정을 아내에게도, 친한 동료 교사에게도, 친구에게도 말하지 못한다. 너무나 부끄럽고 내가 속물처럼 느껴지기 때문이다. 나라는 존재가 진짜 하찮게 느껴지기 때문에 차마 말하지 못하는 것이 있다. 그래서 이런 쓸쓸하고 외로운 감정을 없애고자 분위기 좋은 카페에 들어가서 스스로 멋을 낸다.[32] 아메리카노를 시키고, 노트북을 켜고 무엇인가 글을 쓴다. 바쁘게 살아온 것을 자랑스럽게 여기면서, 스스로를 멋있게 생각한다. 뉴요커가 된 기분에 우쭐해한다. 그런데 부인할 수 없는 한 가지. 나는 여전히 혼자다.

32   호퍼, Automat (1927)

교사, 삶에서 나를 만나다

교사는 학교에 있으면 여러 사람 속에 있기 때문에 외로워 보이지 않는다. 내 수업을 들어주는 학생들, 내 상담을 받길 원하는 학생들, 나를 교사로 인정해주는 동료 등 학교라는 공적인 장소에서는 존재감이 한없이 부각된다. 하지만 학교를 떠나 집에 돌아오는 길은 외롭다. 에너지를 학교에서 다 소진하고 집에 돌아오는 길은 왜 이렇게 공허하기만 한지. 이런 외로움이 반복되다 보면 저절로 우울감을 느낀다. 늘 혼자인 것 같고, 내 마음을 알아주는 이 없이 공동체에서 고립된 것처럼 느껴진다. 사람들이 내 앞에서는 가면을 쓰고 피상적인 말만 주고받고, 뒤에서는 나를 비난하며 수군거리는 것만 같이 느껴진다. 이렇게 되면 적극적으로 나서서 일하는 것을 주저하게 된다. 사람들 앞에 나서는 것이 두렵고, 이유 없이 사람들과 가깝게 지내고 싶지 않아진다. 모든 것이 위선과 가식으로 가득 찬 것처럼 느껴진다. 그래서 점점 더 혼자 있고 싶어진다. 혼자 멋을 낸다고 우아하게 카페에서 차를 마시고, 갤러리에 가서 그림을 보면서 품격 있는 행세를 한다. 때로는 혼자 영화를 보면서 울기도 하고, 드라마의 주인공과 한없는 공상에 빠지기도 한다. 인터넷 검색으로 혼자 맛집을 다니기도 하고, 취미생활로 바쁘게 지내거나 한 분야에 전문적인 정보를 쌓으면서 스스로 '덕후', '마니아'라는 칭호를 받으려고 한다. 그러나 틈틈이 터져 나오는 외로움을 떨칠 수는 없다.

우리 안에 있는 외로움의 감정은 너무도 복잡한 것이어서 사람들과 같이 있어도, 혹은 혼자 재충전의 시간을 가져도 떨쳐버리기가 쉽지 않다. 뚜렷한 성과물이 있어서 사람들에게 인정을 받아도, 혹은 그렇지 않아도 외로움은 늘 우리 삶 속에 있다. 이것은 외로움의 감정이 나라는 존재가 약해서, 혹은 상처받아서 생기는 것이 아니기 때문이다. 원래부터 우리는 외로운 존재이다. 함민복 시인은 이것을 '선천적인 그리움'이라고 표현한다.

　　　사람 그리워 당신을 품에 안았더니

　　　당신의 심장은 나의 오른쪽 가슴에서 뛰고

　　　끝내 심장을 포갤 수 없는

　　　우리 선천성 그리움이여

　　　하늘과 땅 사이를

　　　날아오르는 새떼여

　　　내리치는 번개여

　　　- 함민복, '선천성 그리움', 『<모든 경계에는 꽃이 핀다>, 창비』

　무엇으로도 채워지지 않는 이 갈급함. 그래서 설사 수업이 잘 되더라도, 어떤 충만한 상태에 이르더라도 우리는 누군가를 그리워한다. 사랑하는 애인을 품에 안으면 서로 하나가 되는 듯하지만, 인간은 개별자로 존재한다. 그래서 결혼을 해도, 연애를 해도, 열정적으로 살아도 이 외로움의 감정에서 벗어날 수 없다.

　그런데 우리는 이것을 바쁘게 일을 하면서 떨쳐 버리려 했고, 많은 사람과 약속을 잡으면서 벗어나려고 했다. 혹은 스스로 외톨이가 되어 외로움의 늪으로 더 깊게 들어가려고 했다. 특히나 우리 교사들은 혼자 있으면 한없이 약해지고 늘 누군가를 그리워하는데, 많은 사람 앞에 서면 내가 언제 그렇게 연약했냐는 듯이 또 가면을 쓴다. 스스로 바쁜 척하면서 열심히 하는 교사, 노력하는 교사, 인정받는 교사가 되기 위해 애를 쓴다. 수업을 더욱 잘하기 위해 갖은 애를 쓴다. 내 안은 외로움의 감정

교사, 삶에서 나를 만나다

으로 병들고 아파하는데, 그것을 억지로 감추려 했다.

　머리로 납득이 되고 이해가 되어야지 행동하는 것이 우리의 기본 상식이다. 그러나 삶은 이성과 합리를 넘어선 신비의 집합체다. 머리로는 이해되지는 않는데, 납득이 되고 이해가 될 때가 있다. 내 안에 분명 무엇인가가 있는데 언어로는 설명이 되지 않을 때가 있다. 때로는 알 수 없는 그림들이 나를 더 잘 말해줄 때가 있다. 외로움도 마찬가지다. 외로움은 어떤 처방전으로 해결되는 것이 아니다. 인간 내면의 문제는 인지를 넘어서는 새로운 접근을 해야 한다.

　우리는 어떤 행동을 함에 있어서 진짜 나와 만나야 한다. 거듭되는 실패 속에서 눈물 흘리고, 사람의 말에 상처받아서 흐느끼고, 나라는 존재가 미워서 울고 있다. 이런 나를 만나야 한다. 바쁘게 살아간다고 이런 내가 바뀌는 것이 아니다. 어떤 높은 직함을 받는다고 해서 자아가 새로워지는 것이 아니다. 내가 말을 걸고, 나를 충분히 만나줘야 한다. '그래 너 외로웠구나. 많이 울고 있었구나!', '그동안 버티느라고 힘들었구나!', '혼자여서 힘들었지?' 라고 하면서 내 속의 외로움과 만나야 한다. 그리고 그 감정 속에 있는 욕구를 알아차리면서, 차츰차츰 내가 하고 싶은 것이 무엇인지를 찾아야 한다. 내가 지금 왜 이렇게 힘이 없고, 왜 이렇게 무너져 있는지를 이해하면, 슬픈 현실을 이해하는 여유가 생긴다. 그리고 이 현실을 또 견디면서 살아간다. 그래서 우리는 한없이 외로워하고 있는 나에게 편지를 써야 한다. 나에게 조용히 말을 걸면서 내 속 '외로운 자아' 에게 편지를 써야 한다.

　　울지마라
　　외로우니까 사람이다

살아간다는 것은 외로움을 견디는 일이다

공연히 울려오지 않는 전화를 기다리지 마라

눈이 오면 눈길을 걸어가고

비가 오면 빗길을 걸어가라

갈대 숲에서 가슴 검은 도요새는 너를 보고 있다

가끔은 하나님도 외로워서 눈물을 흘리신다

새들이 나뭇가지에 앉아 있는 것도 외로움 때문이고

네가 물가에 앉아 있는 것도 외로움 때문이다

산 그림자도 외로워서 하루에 한 번씩 마을로 내려온다

종소리도 외로워서 울려 퍼진다

- 정호승, '수선화에게', 『<외로우니까 사람이다>, 창비』

　더 이상 내 안에 있는 외로움을 숨기려고 하지 말자. 정호승 시인도 수
선화에게 편지를 쓰는 것이지만, 실상 '나'에게 말을 거는 것이다. 늘 외
로움을 견뎌야 했던 자기 자신에게 말을 거는 것이다. 잠시 마음의 창문
을 열고,[33] 내가 나에게 무슨 말을 하고 싶은지, 귀를 기울여야 한다.

　우리는 이번 2장에서 나에게 말을 거는 연습을 했다. 인지가 아닌 나
의 감정으로 나를 대면하려고 애를 썼다. 수업의 변화도 마찬가지다. 인
지적으로 어떤 특정 행위를 한다고 수업이 변화하는 것이 아니라, 그런
행위 속에 담긴 내 속 감정을 깊이 살펴야 지치지 않는다.

　수업에 관한 많은 지침이 있지만, 정작 그것을 시행하는 교사들의 삶
을 풍요롭게 하라는 말은 보이지 않는다. 모든 수업은 교사의 생각과 마
음에서 나오는데도 말이다. 어떻게 하라는 말은 많이 하고, 수업을 하는

33 카루스, Balcony Room with a View of the Bay of Naples

교사의 연약함에 대해서는 제대로 언급하지 않는다. 그냥 교사니까 참고 견디라고 한다. 무기력을 극복하고, 외로움을 참고 수업을 그냥 하라고 한다. 나라의 녹을 받는 교사니까, 아픈 것은 참고, 그냥 견디면서 버티라는 것이다. 그리고 검증받은 행동들을 알려 줄 테니 그대로만 해보라는 것이다. 이런 말들은 수업에 도움이 되지만, 내 삶에 도움이 되지 않는 경우가 많다. 내 삶, 내 감정, 내 마음과 연결되지 않는 수업 개선의 지침은 우리를 더 피곤하게 만든다.

수업의 변화는 내가 나를 바로 보는 것에서부터 시작한다. 수업을 변화시키기 이전에 내 삶부터 가꾸고 나를 사랑해야 한다. 내 삶에 뿌리를 잘 내리고 완벽주의, 무기력, 외로움의 감정을 잘 마주하고 있어야 수업을 변화시킬 수 있는 진정한 힘이 나올 것이다. 지금 문 앞에 서 있는 나, 진짜 나를 반갑게 맞이해 보자.

나를 성찰하는 질문

• 외로움, 완벽주의, 분노, 무기력 등 일상 속에서 당신이 자주 느끼는 감정은 무엇인가?

• 수업 변화를 모색함에 있어서 내 감정을 살피는 일이 중요하다고 생각하는가? 만약 그렇다면 왜 그렇다고 생각하는가?

• 나에게 편지를 써보자. 잠시 눈을 감고, 내 안에 있는 나에게 진지하게 편지를 써보자. 어떤 말로 나를 위로할 것인가?

교사, 삶에서 나를 만나다

3장
—
삶에서
내 신념과 만나기

주제의식을 찾다

      겨울나무가 봄 나무로 자라나는 과정은 참으로 드라마틱 하다. 겉으로 볼 때, 나무의 가지가 자연스럽게 갈라지고, 그냥 꽃이 피는 것 같지만, 나무의 입장에서는 뼈가 으스러지는 과정에서 꽃이 핀다. 그래서 나무 한 그루는 그냥 한 그루가 아니다. 고통의 아픔을 끝까지 버티고 서 있는 인내의 존재다. 추운 겨울의 바람을 이기고, 자신의 몸이 갈라지는 아픔을 견디고 또 견디는 의지의 존재다. 결국, 나무는 고통은 크지만 그 자리에서 가만히 버티고 서 있기만 하면, 사람들이 흠모하는 꽃들을 아름답게 피워낸다.[34]

  성장은 이렇듯, 오랜 시간의 고통을 잘 견뎌내면서 이뤄진다. 고통을 겪을 때 인간은 반드시 질문을 던진다. '고통을 감수하면서까지 이 일을 하는 이유는 무엇인가?' 이 행위에 대한 근본적인 질문을 던지고, 납득할만한 이유가 있으면, 그 고통의 길을 끝까지 버티며 간다. 많은 사람이 헬스장을 끊고 운동을 통해 건강을 지키려고 한다. 그런데 대다수는 중

34 로웰 버지 해리슨. Apple Blossoms

도에 그만둔다. 나도 그랬다. 군대 가기 전에 헬스장을 다녔다. 석 달 치를 한 번에 끊었지만 막연하게 체력이나 키워야지 하는 마음만 있었기에, 제대로 간 날이 다섯 번이 되지 않았다. 조금만 피곤하면 하숙방에서 바로 쉬었고 나 자신과 타협만 하다가 돈만 낭비했다. 분명한 목적의식이 없으니 피곤한 육체를 일으켜 세우는 의지가 부족했다.

다큐멘터리 사진가 이상엽은 "카메라가 발전하고, 사진 편집 기술이 뛰어나다 보니, 사진작가와 그냥 사진 찍는 사람의 차이가 어찌 보면 없을 수 있다"고 말했다. 그런데 "그 차이는 반드시 생기게 되어 있는데, 그것은 사진으로 무엇을 찍느냐, 즉 주제의식을 소유하고 있느냐"에 달렸다고 했다. 사진작가는, 사진을 막 찍는 것 같지만, 사진을 통해 표현하고 싶은 주제의식, 뚜렷한 목적의식이 있다는 것이다. 사진을 찍어야 할 의미가 생기면, 밤이고 낮이고 돌아다니며 사진을 찍는다고 한다. 설사 큰 돈벌이가 되지 않는다 할지라도, 말하고 싶은 메시지 때문에 만족할만

교사, 삶에서 나를 만나다

한 사진이 나올 때까지 찍고 또 찍는다. 그 속에는 치열함이 있고, 말하고 싶은 간절함이 있고, 때로는 비장함이 있다. 그래서 이상엽은 중심에서 밀려난 변경(邊境)의 사람들과 풍경을 열심히 찍는다. 백령도, DMZ, 제주 강정마을, 진도 팽목항, 밀양 송전탑 등을 일일이 찾아다니면서 주변부에 살고 있는 소외된 사람들과 풍경을 담는다. 그래서 그의 사진은 우리가 흔히 알고 있는 예쁜 사진과는 거리가 멀다. 변경에서 살아야 하는 이 시대의 슬픔과 불안, 안타까움이 담겨 있다.

『잘 찍은 사진 한 장』의 저자 윤광준은 말한다.

> 지금까지 한 번도 사람들에게 사진 잘 찍는 기술을 가르쳐준 적 없다. 기술을 비법이라 생각하는 건 착각이다. (중략) 기술적 관심에 빠지는 일은 잘못된 습관으로 이어질 가능성이 크다. 정작 찍어야 할 사진의 내용에는 둔감해지기 쉬운 탓이다. 자유로운 사진 표현의 가능성을 저 스스로 가로막는 일은 불필요하다. 정작 내가 들려주고 싶은 것은 지식의 행간을 메워줄 경험과 바라보아야 할 방향이다. 8년 동안 사람들에게 일관되게 해준 이야기는 싱겁다. 기술이 아니라 사진이다. 흉내 내지 말고 당신만의 이야기를 풀어내라. (윤광준, 『잘 찍은 사진 한 장』)

시인도 사진작가의 운명과 비슷하다. 시인들도 일상에서 마주하는 어떤 장면을 찍는다. 그런데 주제의식이 있는 사람은 같은 장면을 보면서도 깊은 생각으로 시를 표현하려고 한다. 일반 사람들이 보지 않는 다른 각도, 다른 시선으로 사물을 응시한다. 이런 시선은 버스 안에서 발견한 손잡이에서도 삶의 희망, 노력, 끈기를 찾게 한다.

겨울 늦은 밤, 텅텅 빈

17번 버스를 타고 귀가하는 길에

여럿 딸린 동그란 입의 식구들과

하루의 이야기들을 딸그락거리며

죽하니 가로로 서 있는

버스 손잡이를 언제나 그렇듯

무심코 바라보았습니다

온갖 삶의 부스러기, 버려진 입김들이

차창의 성에로 번져 가는 어둠의 버스 안

그 생명 없는 버스 손잡이를

한없이 바라보고 있으려니까

시큰 허리가 아파왔습니다

오만 잡동사니들의 억센 손아귀에

온 삭신 다 내주고도

묵묵히 딸린 동그란 식구들을

딸그락 딸그락 어르면서

삶의 종점으로 저물어 돌아가는 버스 손잡이

난 얼마나 삶의 까탈 부리며 살아왔던가요

버스 손잡이 같은 사람들이

버텨 주는 한세상

흔들거리는 이 땅에서 여태껏

난 그 누구의 손잡이도 되지 못하였습니다

교사, 삶에서 나를 만나다

- 유하, '막차의 손잡이를 바라보며'

　주제의식이 있는 교사는 '그 누구의 손잡이'가 되기 위해서, 교과서 내용을 보더라도 자기만의 해석을 한다. 어떤 부분을 더 강조하기도 하고, 또 어떤 부분은 과감하게 생략하기도 한다. 모든 정보를 그대로 전달하기보다는 자기 삶의 경험과 철학에 맞춰서 주제를 재구성한다.

　나는 늘 고민한다. '교사가 수업하는 것과 일반인이 수업하는 것의 차이', '입시 학원의 수업과 학교 수업의 질적인 차이', '앞으로 다가올 인공지능의 수업과 교사 수업의 차이'를 말이다. 사실 이 차이는 수업을 진행하는 기술과 방법으로 답할 수 없다. 오히려 그런 진행 기술은 학교가 아닌 곳이 더 나을 수 있다. 유명 학원 강사들의 카리스마나 흡입력은 대단하다. 적절한 유머, 핵심을 잡아내는 요약 능력, 정교한 질문 등 강의의 외적 기술은 오히려 학교가 더 뒤처질지도 모른다.

　나는 단박에 드러나는 말의 기교로는 학교 교사의 정체성을 제대로 표현할 수 없다고 생각한다. 수업은 말의 기교나 학생들의 시선을 사로잡는 카리스마에서 오는 것이 아니다. 오히려 이런 것이 학교 교육에 더 필요했다면 임용 고시에서 말하기 능력을 평가해야 했다. 학교 수업은 단순히 재미와 흥미를 주는 것 그 이상의 가치를 줘야 한다. 결국 그것은 학교 교사들이 가지는 주제의식이어야 한다. 교과서 내용을 기계적으로 잘 전달하는 것 이상의 가치, 일반인이 쉽게 흉내 낼 수 없는 수업의 고결한 가치를 교사 스스로 만들어내야 한다. 단순 복사나 모방에 그치는 수업은 일반인도 따라 할 수 있는 저차원의 행위이다.

　학교의 교사로서 수업의 기교보다 더 필요한 것은 각 수업에 맞는 주제의식이다. 오디션 프로그램을 보면, 기성 가수의 노래를 그대로 흉내

내는 사람과 노래가 삶으로 들어와서 부르는 사람 사이에는 큰 차이가 있다. 겉으로 볼 때는 흉내 내는 사람이 더 노래를 잘하는 것 같지만, 마음의 울림은 없다. 삶으로 노래를 부르는 사람은 설사 기교가 투박하고 촌스러워 보여도, 말하고자 하는 감정이 듣는 사람에게 그대로 전해져서 잔잔한 감동을 준다. 우리가 흔히 말하는 노래의 '소울(Soul)'이 삶으로 노래하는 사람들에게는 느껴진다.

피카소는 2차원의 평면에 3차원의 입체를 넣고 싶었다. 그래서 그가 그려내는 형태는 하나의 시선이 아닌 다각도의 시선으로 존재한다. 우리가 알고 있는 형태가 무너지고 기하학적인 형태가 복잡하게 그려져 있다. 일반인의 시선으로는 그의 형을 이해할 수 없다. 그만의 주제의식으로 표현하고 있기 때문이다. 주제의식이 있는 교사가 그려내는 수업도 마찬가지다. 학생들에게 말하고 싶은 것이 있는 교사는 교과 내용을 설명하는 방식, 학생에게 기대하는 마음, 수업을 대하는 방식 등 모든 것이 다르다. 수업은 한 차시만 하고 끝나는 것이 아니다. 일 년의 수업을 통해 학생들에게 끊임없이 무엇인가를 전달한다. 이때 학생들은 안다. 처음에는 수업을 진행하는 기술에 주목하지만, 결국에는 그런 기교를 넘어서서 '선생님이 주고자 하는 것이 정말 있는지 없는지'를 본능적으로 안다. 피카소의 그림을 한 번만 본다면 그의 복잡한 형태는 누군가가 장난으로 그림을 그린 것 같다. 그러나 사람들은 계속적으로 분할된 형태의 그림을 그리는 피카소의 모습을 통해, 그의 그림 속에 어떤 의미가 있는지를 고민한다. 계속되는 고민은 사물의 본질을 3차원으로 그려내려는 피카소의 주제의식과 만나게 된다.

수업도 겉으로는 좀 투박하고 진행 기술이 부족해 보여도, 교사 내면의 주제의식, 목적의식이 지속적으로 진행될 때, 학생들은 교사가 가지

교사, 삶에서 나를 만나다

고 있는 교육에 대한 진정성과 학생들에게 기대하는 푸른 꿈과 만나게 된다. 그렇지 않고 뚜렷한 목적의식이 없으면 계속 갈팡질팡하는 수업을 하게 된다. 하루는 재미를 추구하고, 하루는 시험을 준비하게 하고, 또 하루는 교과서를 그대로 전달하다가 또 하루는 학생 중심의 활동만 하는 갈팡질팡의 수업을 하면 교사도 혼란을 겪고, 학생들 또한 재미를 느끼지 못한다. 학교 수업을 온라인 강의, 학원 강의와 똑같은 것으로 생각한다. 교사에게 일 년의 수업을 끌고 갈 주제의식이 있느냐 없느냐, 결국 이것은 학생들이 수업을 대하는 기본자세와 긴밀하게 연결된다.

몇 해 전 나는 오랜만에 고등학교 1학년을 상대로 수업을 했다. 어색한 관계 속에서 학생들에게 질문하면, 학생들은 거의 대답하지 않는다. 일찍부터 사교육에 노출되어 남이 정리해준 요약물로 암기하는 것에 익숙해서, 질문을 하면 자기 생각을 말하는 것을 주저한다. 교실에는 침묵이 돈다. 하지만 나는 이런 불편한 시간을 견뎌야 한다. 내 안에는 이 수업을 하는 분명한 주제의식이 있기 때문이다. 그래서 학생들에게 "나는 너희를 스스로 생각하는 사람으로 기를 거야. 조금 힘들더라도 남의 생각이 아닌 내 생각을 말해야 돼. 네가 살아있음을 네 생각으로 표현해봐"라고 말한다. 한 달 동안 수업을 하면, 모든 학생이 다 적극적으로 참여하는 것은 아니지만, 조금씩 마음을 열고 수업으로 들어오는 학생들이 있다.

중학교 때 글을 분석하고 문법을 외우는 강의식 수업을 해온 내게 고등학교 첫 국어 수업은 이해가 되지 않는 것투성이였다. 무언가를 외우거나 읽고 분석하는 수업이 아닌 토론하고, 영상을 보고, 자기주장을 말하는 식의 수업이었는데, 나는 처음에는 내가 지금 하고 있는 것이 수업이라는 생각조차 하지 못했다. 이전의 틀에 박힌 공부 방식만 고집했기 때문일지도 모르겠다. 그냥 수업 초기에는 왜 공부를 안 할까, 기껏해야 책에서나 할 법한 사고력 이야기만 운운하고, 이상한 사진들이나 보여주고 이러다 시험 진도를 못 맞춰서 결국 벼락치기식으로 수업을 끝내고 시험을 망치는 게 아닐까 하는 등의 걱정을 하며 초조해했다. 그리고 마침내 선생님이 윤동주의 서시를 나누어주셨을 때 그때조차 나는 안심하지 못했다. 왜냐하면, 그것조차 선생님이 수업을 하는 것이 아닌 우리가 이야기하고 생각을 나누는 식이었기 때문이다. 왜 답을 안 알려주실까 잠시 선생님을 원망도 했다. 그런데 내가 이 수업의 의미를 깨닫게 된 것은 '서시'를 끝낸 다음이었다. 선생님은 우리가 해낸 시의 해석에 간단한 첨가 설명을 하셨고, 역시 간단한 총정리를 해주신 다음에 다음 소단원으로 넘어가셨다. 순간 내 머릿속에 '지금까지 우리가 했던 생각이 답이구나' 하는 마음이 들었다. 이제까지 내가 해왔던, 선생님이 답을 제시하고 우리가 외우는 식의 주입식 수업이 아니라 우리가 선생님이 만들어준 길을 따라서 직접 숨겨진 답들을 찾아낸 것이다. 그 후에 수업 시간에 재미있는 영상을 보고, 다른 시를 읽고 수업을 해도 그 해석은 잊히지 않았다. (2016년 백영고 1학년 명인하 '서시를 배우고 난 소감문'에서)

내 주제의식에 따라서 스스로 생각하기 시작한 학생의 모습을 보니 마음이 뭉클하다. 사실 수업을 어떻게 해야 한다는 틀은 중요하지 않다. 어디로 가겠다는 목적의식이 있고, 멈추지 않고, 그 길로 끝까지 걸어간다면, 내 수업은 어떤 형태로든 변화할 것이다. 그러므로 단순히 재미있는 수업, 소통이 있는 수업, 감동이 있는 수업, 이렇게 모호하게 목적을 설정하지 말고, 더 깊이 내적으로 질문을 던져야 한다. 내가 생각하는

'재미'가 무엇인지, '소통'은 무엇인지 그리고 '감동'은 무엇인지를 자신의 언어로, 내 가슴 속의 언어로 설명할 수 있어야 한다. 그리고 이를 바탕으로 실제 수업에서 구현해내야 한다.

어머니는 그륵이라 쓰고 읽으신다

그륵이 아니라 그릇이 바른 말이지만

어머니에게 그릇은 그륵이다

물을 담아 오신 어머니의 그륵을 앞에 두고

그륵, 그륵 중얼거려보면

그륵에 담긴 물이 편안한 수평을 찾고

어머니의 그륵에 담겨졌던 모든 것들이

사람의 체온처럼 따뜻했다는 것을 깨닫는다

나는 학교에서 그릇이라 배웠지만

어머니는 인생을 통해 그륵이라 배웠다

그래서 내가 담는 한 그릇의 물과

어머니가 담는 한 그륵의 물은 다르다

말 하나가 살아남아 빛나기 위해서는

말과 하나가 되는 사랑이 있어야 하는데

어머니는 어머니의 삶을 통해 말을 만드셨고

나는 사전을 통해 쉽게 말을 찾았다

무릇 시인이라면 하찮은 것들의 이름이라도

뜨겁게 살아있도록 불러 주어야 하는데

두툼한 개정판 국어사전을 자랑처럼 옆에 두고

서정시를 쓰는 내가 부끄러워진다

교사로서 내가 하고 싶은 수업이 무엇인가? 시인이 말했던 것처럼 '사전을 통해 쉽게 말을 찾을 것'이 아니라, 삶을 통해 말을 해야 한다. 내 속에 있는 진짜 생각을 내 안에 있는 사랑과 체온을 통해 말해야 한다. 2장에서 나의 감정을 깊게 성찰했다면, 이제는 내 생각을 살펴야 할 때다. 내 생각 속에서 수업을 통해 말하고 싶은 것을 찾으면서, 진짜 내 수업을 찾아야 한다.

피카소의 닭[35]은 현실보다 목이 더 길고, 눈동자도 더 크게 표현되었다. 이런 닭은 존재하지 않는다. 그럼에도 이것은 닭이다. 오히려 사실적

35 피카소, 닭 스케치

교사, 삶에서 나를 만나다

으로 표현한 것보다 더 닭처럼 보인다. 현실과 다르게 재구성되었음에도, 이것을 더 닭처럼 느끼는 이유는 피카소의 분명한 주제의식 속에서 재구성되었기 때문이다. 이 닭은 금방이라도 '꼬끼오'를 외쳐대면서 나에게 달려올 것만 같다. 피카소는 의도적으로 부리를 키우고, 날개를 펼쳐 들고, 다리를 길게 하면서, 닭의 느낌을 더 생생하게 전달한다. 삶에서 피카소가 수백 번 닭을 관찰하고 표현하면서 닭의 진짜 모습을 우리에게 보여주려고 한 열정이 그림에서 느껴진다.

　수업을 통해 말하고자 하는 주제의식이 있을 때, 그것이 하나의 기준점이 되어 교과서를 재구성하고 나만의 메시지가 전달된다. 내 수업의 진짜 변화는 남의 수업을 흉내 내는 것에 있지 않고, 내가 무슨 생각으로 수업을 하느냐에 달려 있다. 나만의 수업 속 주제의식을 찾아야 할 때다.

나를 성찰하는 질문

• 공교육의 교사와 사교육의 강사의 가장 큰 차이점은 무엇이라고 생각하는가?

• 수업의 주제의식, 수업의 목적의식이라는 말이 어떻게 다가오는가?

• 수업의 주제의식, 목적의식을 갖기 위해서는 어떻게 해야 한다고 생각하는가?

기억에
말을 걸다

겉모습이 예쁘고 세련된 건물들은 사람들에게 특별한 감성을 주는데, 스페인의 가우디 성당, 프랑스의 베르사유 궁전, 우리나라의 경복궁 같은 것들이 그렇다. 그래서 많은 건축가가 건물을 지을 때, 외형적으로 아름다운 건물을 만들어내려고 애를 쓴다. 그런데 이것과는 좀 다른 관점에서 공간을 만드는 건축가가 있었다. 그의 이름은 정기용이다. 기적의 도서관 건축가, 감응(感應)의 건축가, 공공 건축의 대가 등 수많은 닉네임이 있는 그는 2000년 무주에서 여러 공공 건축물을 만들었다. 그중 하나가, 목욕탕이 있는 동사무소다. 사실 그의 건축물은 일반 건축물과 다른 것이 하나도 없다. 어찌 보면 일반적인 건축물에 비해서 지나치게 평범하다. 우리가 생각하는 유명 건축가의 건물과는 확연히 다르다. 눈에 띄는 것이 하나도 없다. 또 다른 대표작은 무주 공설운동장이다. 기존 운동장에다가 등나무 하나만 심었다. 그럼에도 정기용 건축가의 가장 대표적인 건축물이라고 한다. 그리고 스스로도 이 건축물을 디자인한 것을 매우 자랑스러워한다. 왜 그럴까? 그것은 동사무소와 공설운동장에 건축가 정기용의 주제의식이 가장 잘 드러나 있기 때문이다.

> 건축가는 '내가 그린 대로 살아라'라고 주인들에게 명령하는 것이 아니라 건축가가 불확정하게 만든 것이 있다면 주민들 자신이 원하는 삶으로 재조직할 수 있도록 바탕을 만들어주는 역할을 할 수 있어야 한다. 이것이 쌍방향적 건축이다.(정기용, 『감응의 건축』)

그래서 그는 공간을 통해서 의미 있는 메시지를 말하려고 하지, 외양을 화려하게 꾸미는 데 신경을 많이 기울이지 않는다. 보통 시청 건물들을 보면, 화려하고 거대한 모습으로 자신들의 능력이 크다는 것을 뽐내려고 한다. 그러다가 재정 악화의 길을 걷는 지방자치 단체가 많았다. 하지만 그는 그것이 행정가의 바른 모습이 아니라고 생각했다. 국가의 행정은 그 지역에 사는 사람들을 향해야 한다고 생각했다. 그래서 무주 공공 건축물을 의뢰받고 사람들에게 정말 필요한 건축물을 짓는 데 애를 썼다.

그의 또 다른 대표작 버스 정류장[36]을 감상해보자. 무엇이 다른가? 일반 정류장과는 달리 승객들이 앉아서 이야기를 나눌 수 있도록 좌석이 배치되어 있다. 그리고 뒷면을 창처럼 뚫어서 경치를 감상할 수 있도록 했다. 일반 버스 정류장은 기다리고 앉아 있는 것에만 충실하다. 사람과 사람 사이의 소통이 없고, 사람과 풍경 사이의 소통도 없다. 그러나 그가 만든 버스 정류장은 소통을 할 수 있다. 기역 자로 앉아서 무주의 경관을 매개로 대화할 수 있게 했다. 사람과 자연, 사람과 사람 간의 만남을 중요하게 여기는 그의 주제의식, 감응(感應)의 철학이 작은 건축물인 버스

36   정기용, 버스 정류장

정류장에도 고스란히 반영되어 있다.

고흐의 주제의식도 분명하다. 그는 일반 그림에서 보이는 낭만적인 감정, 이상향의 세계, 조화로운 감성을 표현하려고 하지 않았다. 오히려 사람들의 시선이 잘 닿지 않는 농민들의 거룩한 땀을 표현하려고 했다. 여기 참 볼품없는 구두가 있다.[37] 일을 끝마치고 급하게 벗어놓은 구두, 색도 곱지 않다. 흑색과 갈색으로만 칠해져서 애틋하고 우아한 느낌이 없다. 아무렇게나 풀어놓은 구두끈, 투박하게 접힌 구두 목, 어찌 보면 심한 발 냄새까지 나는 듯한 그런 고단한 그림이다. 그러나 고흐의 주제의식으로 그려진 구두는 말로는 설명할 수 없는 수고로움, 안타까움 그리고 숭고함까지 느껴진다. 구두의 주인이 오늘 하루 어떤 모습으로 버텼는지 말해주고 있다. 그림에 그려진 구두가 오늘도 힘겹게 살면서 하루하루를 버티는 사람들에게 위로를 준다.

언제부턴가 우리 교사들에게도, 정기용의 건축물과 고흐의 그림처럼,

교사, 삶에서 나를 만나다

37   고흐, A Pair of Shoes (1886)

수업을 의미 있는 내용으로 재구성하라는 요구가 거세졌다. 그래서 수업 디자인, 수업 재구성, 주제융합 수업 등 새롭게 디자인하는 수업을 요구하고 있다. 그런데 수업 내용을 교육과정에 맞춰서 재구성한다는 것은, 교과서를 새로 만드는 일과 같아서 교사 개인이 이를 시행하기가 쉽지 않다. 그러다 보니, 남이 했던 수업 내용을 받아서, 자기 입맛에 맞게 부분적으로 수정해서 사용하게 된다. 이런 상황이 지속되다 보면 내가 말하고 싶은 내용은 사라지고, 학생들의 흥미나 재미만을 좇는 수업을 찾고 그 수업을 흉내 내는 데만 익숙해진다. 자기만의 수업을 교육과정에 맞게 재구성해야 하는데, 정작 수업으로 이끌어갈 콘텐츠가 없다. 어떤 수업을 하고 싶은지, 어떤 배움을 만들고 싶은지 목적의식이 없었기 때문이다.

그러나 막상 '내가 왜 수업을 하는지', '수업에 대한 나의 주제의식을 찾으라'고 하면 이것 역시 만만치 않다. 우리는 교육과정에 정해진 대로 임무를 수행하는 '행정인'이었기 때문이다. 창의력을 발휘하지 않아도 교과서에 있는 내용을 잘 정리해서 전달하면 평균 이상의 수업은 할 수 있었다. 이렇게 되면 수업도 행정 문서를 처리하는 것과 같은 행위가 된다. 행정 절차대로 기안하고 결재를 올리는 것처럼 수업도 교육과정대로 설명하고 평가하고 점수를 서열화하는 행정일과 같게 된다. 이런 편안한 절차는 오히려 수업에 대한 열정을 식게 한다. 변화를 불편하게 생각하고 그냥 이대로 안정적으로 주욱 나가고 싶게 한다. 하루하루 수업의 내용은 달라져도 수업을 대하는 마음은 똑같다. 설렘을 가지고 수업했던 마음은 온데간데없고, 생명력이 없는 수업만을 어쩔 수 없이 늘 하게 된다. 수업은 복사의 연속이다.

나는
오늘도 교과서를 들고 먼지의 교실로 간다.
나는 오늘도
교과서를 들고 먼지의 교실로 간다.
나는 오늘도 교과서를
들고 먼지의 교실로 간다
나는 오늘도 교과서를 들고
먼지의 교실로 간다
나는 오늘도 교과서를 들고 먼지의
교실로 간다.
나는 오늘도 교과서를 들고 먼지의 교실로

간다

나는 오늘도 교과서를 들고 먼지의 교실로 간다.

- 김태현, '오랑캐꽃7' 패러디

주제의식이 없다면, 우리는 매일 매일의 삶을 똑같이 무기력하게 갈 수 밖에 없다. 패러디한 시처럼 무기력하게 먼지의 교실로 터덜터덜 들어갈 뿐이다. 일주일의 일곱 날 동안 같은 행위를 반복할 뿐이다. 어떻게든 내 생각을 새롭게 하여 수업을 하는 주제의식을 찾아야 한다. 그러나 우리가 주제의식을 말한다고 했을 때, 교사에게는 다소 어렵게 느껴진다. 주제의식이 스스로 득도(得道)를 해서 다른 사람에게 전달할 수 있는 큰 깨달음이 있어야 하는 것으로 비치기 때문이다. 건축가도 아니고, 미술가도 아닌, 우리가 수업을 통해 주제의식을 말하는 것은 버거운 일처럼 보인다. 그러나 의외로 내 안의 주제의식을 찾는 것은 간단하다. 그것은 직접 내가 내 삶에 말을 거는 것이다.

정기용은 동사무소 건축을 의뢰받았을 때, 머릿속에서 뚝딱 하고 만들려고 하지 않았다. 사람들을 일일이 찾아다니면서 동사무소를 지으려고 하는데, 어떻게 하면 좋은지를 물어봤다. 그런데 사람들은 하나같이 동사무소를 새로 짓지 말고 차라리 목욕탕이나 하나 지어달라고 했다. 여기서 그는 사람들이 원하는 것은 작은 행정 건물이고, 정작 필요한 것은 목욕탕이라는 것을 알고, 목욕탕이 있는 동사무소를 지었다. 운동장도 마찬가지다. 군청에서 주관하는 각종 체육 행사에 사람들이 참여하지 않는다고 한다. 그래서 사람들에게 물어봤다고 한다. 그랬더니 "뙤약볕이 쏟아지는 곳에 사람들이 가겠나?", "누구를 위한 체육 행사냐?"며 볼

멘소리를 했다고 한다. 여기서 영감을 얻은 정기용은 운동장에 등나무가 있는 것을 보고, 지지대를 만들어서 등나무 그늘을 만들어 운동장을 재건축했다. 정기용은 공간을 만들기 이전에, 그것을 향유할 사람들에게 진지하게 말을 걸면서, 그들에게 필요한 것이 무엇인지를 찾으려고 했다.

고흐도 마찬가지였다. 그는 열심히 일하는 농부의 모습 속에서 숭고한 그 무엇인가를 느꼈다. 그리고 그는 농부들의 삶에 말을 걸면서, 그들과 같이 식사를 했다. 그들의 애환과 이야기를 들으면서 농부의 삶을 그려냈다. 돈과 물질, 향락에 찌든 도시 사람들이 볼 때는 어색하고 촌스럽겠지만, 고흐는 그 속에 삶의 따뜻함, 노동의 아름다움이 있다고 생각하여 차분하게 농부들의 모습을 그림으로 표현해냈다.[38]

38 고흐, The Siesta (after Millet) (1890)

교사, 삶에서 나를 만나다

농부의 삶을 담은 그림을 전통적인 방식으로 세련되게 그리는 것은 잘못이다. 농촌 그림이 베이컨, 연기, 찐 감자 냄새를 풍긴다고 해서 비정상적인 게 아니다. 마구간 간이 거름 대문에 악취를 풍긴다면 훌륭하다고 해야겠지. 바로 그게 마구간이니까. 밭에서 잘 익은 옥수수나 감자냄새, 비료냄새, 거름냄새가 난다면 지극히 건강한 것이지. 특히 도시에 사는 사람들한테는 더욱 그렇다. 그런 그림이 그들에게 도움이 될지도 모른다. 그러나 어떤 일이 있어도 농촌생활을 다룬 그림에서 향수냄새가 나서는 안 된다.(빈센트 반 고흐, 『반 고흐, 영혼의 편지』)

우리도 내 삶에 말을 걸면서, 내적인 질문을 던져야 한다. 내가 수업을 통해서 말하고 싶은 것이 과연 있는가? '보여주는' 수업이 아니라 '말하는' 수업이 되도록 내가 내 수업에 말을 걸어야 한다. 혹은 수업을 받는 학생들에게 '너희에게 필요한 수업이 무엇이냐'고 질문해야 한다.

결국 수업은 삶에서 필요를 찾아야 한다. 삶과 격리된 수업은 아무 소용이 없다. 학생들이 몰입하는 수업은 학생들의 현재 삶에 대해서 가치와 의미를 말해주는 특징이 있다. 그렇지 않은 수업은 차가운 정보만을 외우는 고통의 장소가 되고, 무의미한 놀이만 계속하게 되는 이벤트 장소가 된다.

삶으로 연결된 수학 수업은 삶의 질서를 이야기한다. 일차 그래프 함수를 통해 삶이 일정한 법칙을 통해서 이뤄지고 있음을 말한다. 복소수의 세계를 통해 우리 눈에 보이지 않는 무한의 세계가 있음을 말한다. 수학이 단순히 문제를 푸는 고된 행위가 아니라, 진리를 찾아가는 과정이라는 것을, 삶의 문제를 푸는 것과 같다는 것을 말한다. 삶으로 연결된 역사 수업은 단순히 왕 이름과 연도를 외우는 것이 아니라, 역사를 통해서 현재를 이해하고, 우리 미래가 어떻게 될 것인지를 판단하는, 숭고한 행위임을 말한다. 삶을 노래하는 음악 수업은 음악이 단순히 노래 가사와 계이름을 외우는 것이 아니라, 나의 감정을 표현하는 도구라는 것을, 음악이 사람을 하나로 만드는 고귀한 선물임을 말한다.

영화 '굿 윌 헌팅'을 보면, 천재 소년 윌 헌팅이 나온다. 그는 책을 한 번 읽으면 모든 정보를 기억해낸다. 하지만 그의 천재성은 제대로 발휘되지 못한다. 스스로 어떤 삶을 살아야 하는지, 목적의식이 없기 때문이다. 그래서 그는 자신의 잘난 머리로 상대방을 깔보기나 하고, 자신을 무시하면 폭력을 행사해서 경찰서를 자주 왔다 갔다 한다. 숀 교수는 친구의 부탁으로 이런 윌 헌팅을 상담해야 했다. 그도 역시, 윌 헌팅으로부터 아내의 죽음을 애도하는 그림을 가지고 이런저런 모욕적인 언사를 들어야 했다. 숀은 머리만 똑똑한 윌 헌팅을 내치려 하지만, 삶의 목적의식을 잃고 어떻게 살아야 하는지를 모르는 그의 두려움을 본다. 그리고 다음과 같이 말하며 치유의 손길을 보낸다.

내 눈에 네가 지적이고 자신감 있기보다 오만에 가득한 겁쟁이 어린애로만 보여. 하지만 넌 천재야 그건 누구도 부정 못해. 그 누구도 네 지적 능력의 한계를 측정하지도 못해. 근데 그림 한 장 달랑 보곤 내 인생을 다 안다는 듯 내 아픈 삶을 잔인하게 난도질했어. 너 고아지. 네가 얼마나 힘들게 살았고 네가 뭘 느끼고 어떤 앤지 올리버 트위스트만 읽어보면 다 알 수 있을까? 그게 널 다 설명할 수 있어? 솔직히 나는 그따위 알 바 없어. 어차피 너한테 들은 게 없으니까. 책 따위에서 뭐라든 필요 없어. 우선 너 스스로에 대해 말해야 돼. 자신이 누군지 말이야. 그렇다면 나도 관심을 갖고 대해주마. 하지만 그렇게 하고 싶지 않지? 자신이 어떤 말을 할까 겁내고

교사, 삶에서 나를 만나다

있으니까 네가 선택해 줘.

숀은 자기 삶을 진실하게 대면하지 못하는 윌에게 일침을 가한다. 남이 쓴 책에 대해서는 자신 있게 이야기하지만, 정작 자기 삶에 대해서 이야기하지 못하는, 그의 연약함을 숀은 보고 있었다. 그래서 말하라는 것이다. 네가 어떤 삶을 살아왔는지를. 삶을 말하고 그것을 이해하는 것에서부터 사람과 사람의 진정한 만남이 이뤄지기 때문이다. 결국 윌 헌팅은 숀의 말에 용기를 얻고 조금씩 자신의 삶을 이야기하고, 의붓아버지로부터 받은 폭력, 친구에게 받은 상처와 슬픔을 이야기하면서 숀과 가까워진다. 그리고 자신이 진짜 원하는 삶을 찾게 된다.

교사는 지적인 정보를 이야기하고 구조화시키는 것은 매우 능숙하다. 그런데 정작 내 생각을 말하는 것에는 서툴다. 윌 헌팅처럼 객관화된 지식을 말하는 것은 매우 잘하지만, 수업에 대한 나만의 주제의식을 말하기는 무척 어렵다. '내가 왜 수업을 하는지', '내 수업으로 일 년 동안 학생들에게 어떤 배움을 주고 싶은지' 말하라고 하면, 무척 당황스럽다. 그리고 그 질문으로부터 회피하고 싶어진다.

하지만 이럴수록 우리는 내 삶에 말을 걸어야 한다. 내 삶으로 들어가 내 행위에 말을 걸어야 한다. 외부의 사건이 아닌 내면으로 들어가 내가 교사의 삶을 선택했던, 그 이유를 들어야 한다. 내가 지금 가르치는 행위에 대해 어떤 생각을 가지고 있는지, 내 과거의 경험으로 들어가 설명할 수 있어야 한다. 뉴스에 나오는 스포츠 스타의 경기 결과, 연예인들의 사생활, 혹은 명품 가방의 가격에 대해서는 잘 알지만, 정작 나 자신이 누구인지, 나는 어떤 모습으로 수업을 하려고 하는지에 대한 답이 없다면, 우리는 살아있는 존재로 세워질 수 없다. 살아있다는 것은 내가 걷는 현재의 위치와 앞으로 걸어갈 길을 인지하고 있다는 것을 의미한다. 그런데 내가 남의 지식에만 능통하다면, 나는 현실에 있되 존재하지 않는 것이다. 교실에 수도 없이 들어가면서 내가 아닌 외부의 세계에 대해서 기계적으로 옮기기만 한다면, 늘 공허해진다. 그리고 수업에서 지쳐간다. 이런 악순환의 고리를 끊으려면 내가 걸어왔던 삶을 정직하게 대면해야 한다. 이것은 어떤 고상한 철학자들만이 하는 행위가 아니다. 누군가에게 의미 있는 스승이 되고자 하는 교사라면, 내 삶에 대해서 정직하게 대면하고, 내 가르침의 행위에 대한 분명한 의미와 가치를 말할 수 있어야 한다.

나는 왜 교사가 되었는가? 나는 왜 그 교과를 선택했는가? 교사를 하면서 가장 보람을 느낀 적은 언제인가? 끊임없이 수업을 하면서 삶에 말을 걸어야 한다. 객관식 문제처럼 답이 정해져 있는 것이 아니다. 하지만 삶에 질문을 던지고 그것이 수업을 하는 나와 계속 만나게 될 때, 내 안에 수업을 하는 이유와 그 가치에 대한 생각이 시작될 것이다.

교사가 되기까지 얼마나 많은 아픔과 슬픔 그리고 기쁨이 있었는가! 그런데 우리는 내 삶으로 더 깊이 들어가 수업을 보지 않고, 남의 이야기만을 따라가려고 한다. 사실 우리 안에는 학생들을 향한 주제의식이 있었다. 다만 너무 바쁘고 지친 삶 때문에, 잠시 그것을 잃어버렸을 뿐이다. 조용히 내 삶의 기억으로 들어가서, 나는 왜 수업을 하는지, 나는 무엇을 가르치고 싶은지를, 내 삶에 말을 걸어야 한다. 내 삶이 가장 훌륭한 교과서이자 교육과정이다.

- 내 수업의 주제의식이 무엇이라고 생각하는가?

- 내 삶, 그 자체가 수업의 주제의식이라는 말이 어떻게 다가오는가?

- 주제의식을 찾기 위해 내 삶에 말을 걸어야 한다는 것이 어떻게 다가오는가?

아픔과
만나다

두 남녀가 있다. 입을 맞추며 사랑을 나누는 듯하다. 하지만 이상하다. 입맞춤은 눈빛으로 먼저 서로 따뜻한 온기를 나눠야 하는데, 두 남녀는 그런 모습이 보이지 않는다. 얼굴이 두건에 가려 있기 때문이다. 그렇다면 이 남녀는 서로 사랑하는 것일까? 아니라면 왜 입맞춤을 하는 것일까? 이 그림은 르네 마그리트의 대표작 '연인'[39]이다. 사람들은 이 그림을 현대인들의 영혼 없는 사랑, 인격적인 만남이 없는 사랑을 비판하는 것이라고 평한다.

인위적인 사랑, 사랑하지 않는데 키스만을 위해서 서로 얼굴을 가린 채 입맞춤하는 연인. 나는 이 모습이 주제의식 없이, 교과서 내용을 그대로 전달하는 교사의 모습처럼 보인다. 교과서에 있는 인지적인 정보를 잘 정리해서, 온갖 개인기를 부리면서 수업을 해야 하는 교사의 슬픔, 그 슬픔이 영혼이 없는 입맞춤처럼 느껴진다. 교과 지식을 억지로라도 입맞춤해야 하는 교사들의 슬픈 운명으로 읽힌다. 이것은 학생들에게도

교사, 삶에서 나를 만나다

39　마그리트, The Lovers (1928)

그대로 전수된다. 학생들 또한 배움의 기쁨 없이 출세를 위해서, 억지로 지식과 입맞춤해야 한다. 시를 정서적으로 이해하지 않고 인지적으로 외우고, 수학 문제를 의미 없이 공식에 맞춰 푼다. 역사 수업에서는 습관적으로 사건의 순서를 외워야 한다. 교사나 학생이나 눈을 가리고 교과 지식과 입맞춤하려니 교실에는 늘 쓸쓸함이 맴돈다.

그런데 사실 이 그림은 마그리트의 아픔과 관련이 있다. 어린 시절 마그리트의 엄마는 바닷가에서 자살을 했는데, 얼굴이 수건에 가린 채 발견되었다고 한다. 어린 마그리트에게는 엄마의 모습을 그렇게 봐야 한다는 것이 크나큰 충격이었다. 그래서 그의 작품에는 얼굴을 가린 사람들의 모습이 종종 등장한다. 소위 '트라우마'라고 하는 것, 그것은 우리 삶을 내내 짓누른다. 잊은 것 같지만, 때가 되면 스멀스멀 기어올라서 우리를 어둠으로 끌고 간다.

3장. 삶에서 내 신념과 만나기

큰 고통과 아픔을 겪으면 삶에 멍이 생긴다. 콜비츠도 그랬다. 콜비츠는 독일에서 세계대전을 두 번이나 경험했다. 1차 세계대전 때 아들 페터가 죽는 것을 지켜봐야 했고, 유일하게 남은 아들 한스가 동생 페터를 기억하려고 자기 아들 이름을 페터로 지었는데, 손자도 2차 세계대전 때 죽었다. 콜비츠는 두 명의 페터를 전쟁으로 잃어야 했다. 그녀의 가슴에는 사랑하는 가족 두 명을 잃어버린 큰 멍이 생겨버렸다. 그의 석판화 '어머니들'[40]에서 그의 슬픔이 어느 정도인지 잘 알 수 있다.

살다 보면 우리는 수많은 고통을 당한다. 개인적인 슬픔, 공동체적인 아픔. 그런데 그 슬픔이 그냥 슬픔으로 지나치지 않고, 그 고통을 해결해야겠다는 생각을 갖게 되는데, 그럴 때 고통은 그 사람의 주제의식이 된다. 영성가 헨리 나우웬은 이렇게 자신의 고통을 바탕으로 다른 사람의

40   콜비츠, 어머니들 (1919)

교사, 삶에서 나를 만나다

아픔을 도우려는 자를 '상처 입은 치유자'라고 말한다.

> 사역자의 부르심은 자신의 시대가 처한 고통을 그 마음으로 깨닫는 것이며, 그 깨달음으로부터 그의 사역이 시작되기 때문입니다. 그의 사역이 진실한 것으로 여겨지는 길은 자신의 마음으로 직접 경험한 고통을 말하는 것입니다. 고통을 통해 얻은 상처가 다른 사람을 치유하는 원천으로 이용되는 방법을 사역자가 깊이 이해하지 못한다면, 진정한 사역은 이루어질 수 없을 것입니다. (헨리 나우웬, 『상처 입은 치유자』)

'상처 입은 치유자', 말은 그럴듯하지만, 삶으로 실천해내기란 쉽지 않다. 고통의 경험은 마음속에 깊이 숨겨두기 때문이다. 고통의 경험을 꺼내봤자 해결도 되지 않고 현재의 즐거움도 빼앗기기 때문이다. 그래서 나는 마음속의 슬픔을 잘 꺼내지 않는다. 슬픔이 예견되는 드라마나 영화는 보지도 않는다. 하지만 헨리 나우웬은 교사와 같이 사람을 도우려는 사역자는 자신의 고통을 정확한 언어로 표현하는 것이 중요하다고 말한다. 이런 작업을 한 사역자만이 다른 사람의 고통을 정확하게 이해하고 추상적인 언어나 말의 기교로 타인의 아픔을 위로하지 않는다고 한다. 이 말은 수업으로 학생들의 삶을 새롭게 성장시키려는 교사들에게는 매우 의미가 있다. 교사가 자신이 경험한 수업 속의 아픔을 구체적으로 기억해야, 그 아픔을 학생들에게 다시 주지 않기 때문이다.

어머니는 내가 초등학교 3학년 때부터 공부를 열심히 했다고 한다. 집에 오면 저녁 일곱 시 이후가 넘어서는 TV를 안 보고 자진해서 책을 읽고 숙제를 하는 등 공부를 참 열심히 했다고 한다. 집에 보관된 생활기록부를 꺼내보니 전체적으로 수업 시간에 선생님 말씀을 잘 듣고, 질문도 많이 하는 학생으로 적혀 있다. 학기 말에 성적이 우수한 학생에게 주는 학력상도 제법 많이 받았다.

　그런데 교사가 되기 위해 사립학교 면접시험을 볼 때, 가장 난감했던 질문이 있었는데, 그것은 바로 '초중고 시절에 가장 기억나는 수업은 무엇이냐?'였다. 수업에 충실히 참여했던 학생이었는데, 이 질문에는 거짓말을 할 수밖에 없었다. 아무리 생각해도 인상적인 수업이 떠오르지 않았기 때문이다. 제자들을 헌신적으로 도왔던 선생님들은 기억이 난다. 초등학교 때 아이들과 함께 점심을 먹으면서 자기 반찬을 나눠주던 김익수 선생님, 중학교 때 자신의 하숙방에 아이들을 초대해서 떡볶이를 해주던 송인순 선생님, 고등학교 때 야간 자율학습 감독을 하루도 안 빠지고 우리를 보러 오셨던 이현호 선생님 등 마음에 남은 담임선생님들은 있는데, 이상하게도 인상 깊은 수업은 잘 기억이 나지 않는다. 지금 글을 쓰면서도 기억나는 수업을 다시 한 번 떠올리자니 잘 생각이 나지 않는다. 초등학교 1학년 때부터 고등학교 3학년 때까지 거의 수천 번의 수업을 받았을 텐데, 기억이 나는 수업이 없다니! 이것은 정말 비극이다. 내가 봤던 선생님들은 대체로 열정적으로 판서를 하시면서, 학생들에게 다가섰던 것으로 기억이 나는데, 수업 내용에서 기억나는 것은 없다.

　반 친구들과 함께 책을 읽었던 느낌, 책과 공책에 빨간 펜으로 반듯하게 줄을 그었던 느낌은 있는데, 구체적으로 내 머릿속에 저장되어 있는 수업 장면은 없다. 나는 교사를 하면서 이것이 참 슬펐다. 초중고를 거치면서 12년 동안 수많은 선생님을 만났는데, 기억나는 수업 하나가 없다니! 내 수업도 이렇게 학생들에게 잊혀질 거라고 생각하니, 나는 어떻게 수업을 해야 하나 하는 깊은 고민에 빠진다.

　춤[41]과 같은 예술 교육은 주로 도제식으로 이뤄진다. 멋진 댄서를 꿈꾸는 소녀들은 어려서부터 탁월한 전문가로부터 혹독한 교육을 받으면서 하나씩 하나씩 기초를 밟아간다. 이때 스승이 경험한 선지식은 매우 중요하다. 스승의 오랜 경험에서 나온 지식은 제자들이 손쉽게 기술을 연마하는 데 큰 도움을 주기 때문이다. 그런데 대부분의 교사에게 이런 롤모델이 없다. 대체로 나처럼 인상 깊은 수업 하나 기억나지 않는 상황이기 때문이다. 학창시절에 마음에 와 닿은 수업을 많이 경험했다면, 그것을 바탕으로 더 발전된 수업을 할 수 있을 텐데, 그런 수업을 경험하지 못했기 때문에 무에서 유를 창조하는 어려움을 겪는다. 바쁜 시간에, 경험해보지 않은 수업을 디자인한다는 것은 너무 힘든 일이다.

특히 국어 교사로서, 한국의 고전을 생생하게 가르치는 것은 그리 쉽지만은 않다. 현대시, 현대소설은 학생들의 삶으로 연결하기가 수월한데, 고전 산문은 현대적으로 적용하기가 쉽지 않기 때문이다. 홍길동전,

41   윈슬로 호머, Summer Night (1890)

춘향전, 장끼전과 같은 고전 소설은 내용적으로 세련미가 없는데다, 한자어가 많이 섞여 있어서 학생들과 재미있게 소통하기가 쉽지 않다.

그러던 중에 재벌 2세 남자와 가난한 스턴트우먼의 사랑을 다룬 한 TV 드라마를 보게 되었다. 이야기는 뻔했다. 돈 많은 남자와 가난한 여자가 우연히 만나게 되고, 옥신각신 갈등을 겪다가 사랑을 맺는 그런 이야기였다. 그런데 이상한 것은 뻔한 이야기인데도 계속 시선이 가고, 이 드라마를 본다는 것이었다. 나뿐만이 아니었다. 대다수 사람들도 상투적인 사랑 이야기임에도 그 드라마를 봤다.

그런데 나는 고전 소설을 가르쳐야 하는 이유를, 이 유치한 드라마를 보다가 찾게 되었다. 고전 소설에 나오는 이야기나 지금의 드라마나 별반 다르지 않았다. 소재나 등장인물이 조금 다를 뿐 전체적인 줄거리는 같았다. 영웅이 나타나서 나라를 구하는 이야기, 신분 격차를 뛰어넘는 사랑 이야기, 현실을 노골적으로 비판하기가 어려우니까 동물을 등장시켜 풍자하는 이야기 등 요즘의 TV 드라마와 크게 다르지 않았다. 이렇게 내용은 뻔한데, 예전이나 지금이나 이야기에 빠져드는 이유가 무엇일까 생각해보니, 결국 우리 안에 있는 보편적인 욕망을 고전 소설과 현대 드라마가 자극하고 있다는 것을 알게 되었다. 사람들 앞에서 영웅이 되어 출세하고자 하는 욕망이 '최척전', '박씨전'을 탄생시켰고, 그것이 현대의 아이언맨, 배트맨, 스파이더맨 등 수많은 영웅이 존재하는 이유와 같고, 아름답고 설레는 사랑의 욕망이 '춘향전', '운영전'으로 이어져서 온갖 사랑 드라마가 나오게 되었다. 이런 깨달음에 이르자 이에 맞춰서 수업 내용을 디자인하게 되었고, 고전 소설과 현대 드라마, 현대 영화를 넘나들면서 내가 생각하고 기대한 것보다 훨씬 의미 있는 수업을 하게 되었다.

교사, 삶에서 나를 만나다

나는 늘 이렇게 수업을 고민했던 것 같다. 학생들이 좋아하는 대중가요와 고전 시가를 결합했고, 인기 있는 영화를 현대소설과 연결했다. 현대시를 가지고 공부법과 내면 성찰에 관한 수업을 했다. 매번 교과서 밖의 내용을 끌어다가 교과서 작품과 연결지었다. 이렇게 수업하려면 교사에게 참 많은 부담이 온다. 특히 인문계 고등학교에서는 교과서 외의 내용으로 가르치면 학생들이 "왜 교과서 밖의 내용을 배우냐"며 항의하기도 한다. 이런 상황에서 교과서보다 질 높은 내용을 제공하기 위해 수업을 준비하려면, 그 부담감은 이루 말할 수 없다. 그런데 나는 여전히 그 부담감을 끌어안고 교과서 밖 내용을 가지고 수업을 하려고 한다. 스스로 물어본다. 왜 그럴까? 그냥 조금 더 쉽게 교과서에 있는 활동과 내용대로 하면 되는데, 왜 굳이 힘든 길을 가려고 하는가?

결론은 간단하다. 내가 경험했던 수업의 고통, 아픔, 상처를 학생들에게 주기 싫었기 때문이다. 난 아직도 학창시절 밑줄만 긋다가 끝난 수업의 무의미함을 기억한다. 수업을 통해 나는 성장하지 못했다. 세속적 성공을 위해서 문제지만 풀면서 대학을 가야 했다. 이런 황폐한 삶 속에서 우리는 경쟁해야 했다. 부끄러운 이야기이지만, 나는 여전히 고등학교 친구들을 만나지 않는다. 경쟁해야 했던 그 시절이 떠오르는 것이 싫어서다. 고등학교 때 내 마음을 제대로 표현하는 수업이 있었다면, 내가 어떤 사람이고 어떻게 살아야 하는지를 알려주는 수업이 있었다면, 아니 내 생각을 조금이라도 표현할 수 있는 수업이 있었다면, 나는 시행착오를 덜 겪으면서 지금까지 올 수 있었을 것이다.

나는 내 수업에서 메마른 '몇 개의 낱말'과 '눈먼 문법'으로 무의미한 수업을 하기가 싫었다. 삶의 비본질이 아닌 진짜 본질을 어떻게든 알려주고 싶었다. 내 수업을 받는 학생들에게 내가 겪어야 했던 그 황폐함을 주고 싶지 않았다. 그래서 가능한 한 내 언어로, 내 관점으로 교과 내용을 재구성해서 전달하려고 한다. 교과서만으로는 내가 주고 싶은 가치를 학생들에게 주기가 힘들어서 동료 교사와 협의해서 교과서 작품을 빼고 다른 작품을 넣고, 주제를 새롭게 구성한다. 힘이 많이 부쳤지만, 계속해서 나만의 수업 활동지를 만들어서 수업했다. 중간중간 나의 게으름으로 수업 재구성을 하지 않았던 적도 많았지만, 가능하면 어설프더라도 수업 활동지를 만들어서 학생들과 호흡하려고 노력했다. 그리고 내 수업을 통해서 학생들이 '나'를 깊이 만나고, '너'를 이해하는, 성장의 과정을 구현하고 싶었다. 성인이 되었을 때, 적어도 자신을 옹졸하게 보지 않고 자신만의 춤[42]을 웃으며 추는 사람으로 기르고 싶었다.

　나는 아직도 기억이 난다. 예상보다 낮게 나온 성적표를 보면서, 말없이 집 옥상에 올라가서 수없이 울었던 나를 말이다. 그런데 어느 누구도 이런 나를 만져주지 못했다. 나는 성적이 곧 나의 가치를 평가하는 것으로 생각했고, 이 낮은 점수로는 패배자의 길을 걷게 될 거라 확신했다. 이런 자의식은 대학교 1학년 생활을 너무 피폐하게 만들었다. 동기들과 잘 어울리지 못하게 했고, 스스로 학대하면서 새로운 도전을 할 용기조차 갖지 못하게 했다. 늘 패배자라고 생각했고, 무엇을 해도 안 될 거라고 생각했다. 도전하기보다는 피해 다니고 회피하기만 했다. 이런 감정을 안겨준 고등학교 생활은 그 자체가 고통이었다. 늘 무의미한 수업에 짜증이 났고, 시험 점수로 고통받던 기억밖에 없다. 그러나 다행히도 교사 생활을 하면서는 이런 고통스러운 경험은, 내 수업에서는 학생들에게 내가 경험했던 아픔과 슬픔을 주지 않겠다는 주제의식을 만들게 했다.

　콜비츠도 아픔을 그대로 두지 않았다. 전쟁으로 가족을 잃는 고통을

교사, 삶에서 나를 만나다

42   드가, 그린색의 댄서 (1879)

43　콜비츠, 씨앗들이 짓이겨져서는 안 된다

경험했지만, 고통을 그대로 직시하고 자신이 경험했던 그 아픔을 주지
않겠다면서 '씨앗들이 짓이겨져서는 안 된다'[43]는 제목으로 석판화를
만들어냈다.

> 망아지처럼 바깥구경을 하고 싶어 하는 베를린의 소년들을 한 여인이 저
> 지한다. 이 늙은 여인은 자신의 외투 속에 이 소년들을 숨기고서 그 위로
> 팔을 힘 있게 뻗치고 있다. 씨앗들이 짓이겨져서는 안 된다. 이 요구는 '전
> 쟁은 이제 그만!'에서처럼 막연한 소원이 아니라 명령이다. 요구다.(케테
> 콜비츠,『케테 콜비츠』)

삶에서 경험하는 고통은 무수히 많다. 사랑하는 사람과의 이별, 가난

교사, 삶에서 나를 만나다

에서 오는 고통, 사람들에게 존중받지 못하는 고통, 일하지 못하는 아픔 등 무수히 많은 고통을 경험한다. 그런데 우리는 이 고통을 다시 기억하려고 하지 않는다. 고통을 기억하는 일 자체가 고통이기 때문이다. 그러나 교사는 이 고통의 경험을 다시금 깊게 봐야 한다. 특히 학창시절에 경험한 공부의 고통을 한 번쯤 살펴봐야 한다. 그 고통을 다시 학생들에게 남겨줘서는 안 되기 때문이다.

돌이켜보면 학창시절을 어떻게 살았는지 모르겠다. 늘 외로웠던 거 같다. 하지만 나는 그 외로움을 어떻게 처리해야 하는지 알지 못했다. 누군가를 사랑하고 질투하는데, 이 감정을 어떻게 처리해야 할지를 몰랐다. 자의식은 점점 더 확장되는데, 어떻게 살아야 할지를 몰랐다. 그냥 공부만 했다. 그리고 가슴 속의 멍을 키워가며 이 사람 저 사람과 싸우면서 여기까지 왔다. 지금 우리 학생들도 마찬가지다. 그들도 고통 속에 있다. 관계 맺기가 서툴러서 온라인으로 들어가 자기만의 성을 쌓고 있다. 게임 안에서는 주인공이지만, 자기 삶에서는 시간 관리도 제대로 할 줄 모르고, 자기 행동에 책임지지 못하는 사람이 되어 버렸다. 자신들이 내뱉은 욕이 어떤 의미인지도 모른 채, 장난삼아 다른 사람을 학대한다.

우리가 경험한 고통 그 이상으로 우리 학생들도 괴로워하고 있다. 고통을 아는 자만이 남의 고통에 대한 연민을 가질 수 있다. 수업에 대한 주제의식을 가지려고 할 때, 자신의 고통에 대면했다면, 조금 더 학생의 삶으로 들어가야 한다. 그들의 고통을 공감할 수 있어야 한다. 수업의 변화는 교사의 외적인 카리스마나 말솜씨로 이뤄지는 것이 아니다. 우리 학생들에게 내가 경험한 고통을 다시 주지 않겠다는 결심 그리고 그들의 삶을 조금이라도 성장시켜주겠다는 작은 소망에서 시작한다. 조용히 눈을 감고, 내가 경험했던 고통을 다시금 떠올려보고, 학생들이 겪는 고통에 귀를 기울여야 한다. 그리고 내 수업에서 이 고통에 어떻게 응답할 것인지를 조용히 생각해보아야 한다. 그럴 때, 수업 환경이 힘들고 학생들이 모질게 굴어도, 내 안에 자리 잡은 수업에 대한 주제의식 때문에 조용히 나의 길을 걸어갈 수 있을 것이다.

나를 성찰하는 질문

- 학창시절에 경험한 고통은 무엇인가? 특히 수업을 들을 때, 공부할 때의 고통은 무엇이었는가?
- 학생들이 학교에서 공부로 고통당하는 모습을 보게 되면 어떤 느낌이 드는가?
- '나의 고통스런 경험 속에서 주제의식이 만들어진다'는 말이 어떻게 다가오는가?

교사, 삶에서 나를 만나다

기쁨과
만나다

　　몇 년 전에 학생들 테마학습 장소를 선정하는 문제로 골머리를 앓은 적이 있었다. 학생들은 놀이 공원이나 서바이벌 게임장 같은 곳을 원했다. 웬만하면 학생들의 의견을 수용하려 했으나, 아무리 생각해도 적절치 않은 것 같아서, 학생들에게 내가 임의로 장소를 정할 테니 아무 소리 없이 따라오라고 했다. 살짝 으름장을 놨지만, 뾰족한 수가 있는 것은 아니었다. 여러 선생님에게 의견을 구했으나 학생들의 욕구와 테마학습의 교육적 의도를 동시에 충족할만한 장소가 딱히 나오지 않았다. 그런데 생각해보니 장소보다 먼저 결정해야 할 것은 '테마학습을 통해서 내가 학생들에게 주고 싶은 경험'이었다. 고3을 앞두고, 친구들과 마지막 여행을 준비하는 우리 학생들에게 '나는 어떤 경험을 주는 것이 좋겠는가'를 먼저 결정해야 했다. 오랜 고민 끝에 '고독의 길'을 걸으면서 자기 내면을 깊이 만나게 하기로 했다. 그래서 예전에 내가 홀로 걸었던 충남 태안의 나무길을 테마학습 장소로 정했다.

수년 전에 나는 이 길을 홀로 걸으면서 40대 이후의 삶을 진지하게 고민했다. 길을 고요히 걸으면서 사람들에게 인정받고 싶은 마음을 내려놓고 '빨리' 가기보다는 '천천히' 그러나 '오래' 갈 수 있는 삶의 길을 진지하게 모색했다. 격한 감정을 느낀 것은 아니지만, 내면에서부터 천천히 울리는 묵직한 느낌이 '이제는 조금 천천히 가도 된다' 라는 마음의 여유를 얻었다.

나는 이런 내면 성숙의 기쁨을 학생들에게 주고 싶었다. 당연히 학생들은 반발이 심했다. 놀이기구를 타면서 짜릿한 경험을 하고 싶었는데, 천천히 걷는 고독의 길이라니! 하지만 나는 강행했다. 고등학교 2학년 학생들에게 길을 걸으면서 자기 삶을 깊이 생각해보는 것이 놀이기구 타는 것보다 훨씬 아름답고 가치 있는 경험이라 생각했기 때문이다. 결과는 대성공이었다. 해지는 노을을 보면서 혼자 길을 걷는 느낌은 정말 뭐라고 표현하기가 힘들다. 학생들은 혼자 30분을 걸으면서, 다가오는 고3에 대한 두려움과 불안을 그대로 수용하면서, 다시 한 번 새 출발할 것을 다짐했다. 심지어 어떤 여학생은 맨발로 걸으면서 친구 관계에서 힘들어하는 자신의 마음을 스스로 만져주는 시간을 갖기도 했다. 학생들은 내가 경험했던 것보다 몇 곱절 더 깊게, 자신과 만나는 시간을 가졌다.

좋은 것을 경험하면 사랑하는 이들에게 나눠주고 싶다. 같이 그 기쁨을 나누고 싶다. 기쁨은 필연적으로 나눔을 수반한다. 그래서 나는 좋은 것을 느꼈던 여행지에 학생들을 데려갔고, 그 기쁨을 학생들에게 나눠주려고 했다. 좋은 맛집을 발견하면 동료 교사를 꼭 한 번은 데려간다. 그 맛의 기쁨을 동료 선생님과 같이 누리고 싶기 때문이다. 좋은 풍광을 보면 사진을 찍어서 사랑하는 사람에게 보낸다. 좋은 음악을 들으면 같

교사, 삶에서 나를 만나다

이 나누고 싶고, 좋은 소식을 들으면 빨리 전하고 싶다. 이처럼 기쁨은 필연적으로 나눔을 수반한다.

카유보트는 배를 타는 기쁨을 그림으로 그렸다. 그는 경제적인 여유가 있었다. 그래서 돈 있는 사람들이 즐긴다는 보트 타기를 자주 했던 것 같다. 그의 그림에는 보트 타는 모습이 자주 등장한다.[44] 아마도 삶에서는 이런저런 제약으로 앞으로 나아가지 못했을 텐데, 보트를 타면서는 자신이 직접 노를 저어서 길을 만들어가는 묘한 희열을 느꼈을 것이다. 카유보트는 이런 기쁨을 고스란히 그림에 표현해낸다. 나는 삶의 주도권을 찾지 못해서 마음이 울적하고 지칠 때면, 종종 이 그림을 보면서 새로

44   카유보트, The Canoes (1878)

운 활력을 얻는다. 노를 젓는 내 모습을 상상하면서, 삶의 고난 길을 다시 헤쳐 가는 힘을 얻는다.

르누아르도 삶의 기쁨을 그림으로 많이 표현했다. 르누아르는 특유의 색감으로 홍조를 띤 여성을 잘 그린 것으로 유명하다. 그의 그림들을 보면 삶의 걱정이 없어 보인다. 사람들은 즐겁게 대화하고 햇살은 눈부시게 아름답다. 그래서 그의 그림을 보면 행복감이 그대로 흘러들어 보는 이에게 새로운 힘과 기쁨을 준다. 그가 이렇게 삶을 아름답게 묘사한 이유는 그의 부인, 알린 샤리고 때문이다. 르누아르는 파리 몽마르트르에서 재봉사로 일하다가 만난 알린에게 모델이 되어줄 것을 요청한다. 그리고 둘은 곧 사랑에 빠지고 동거를 시작한다. 이때 알린의 나이는 20살, 마흔의 나이에 연애를 시작한 르누아르에게 스무 살의 애인이 얼마나 사랑스러웠을까? 그림[45] 속에서 환하게 춤을 추는 여성이 바로 알린이다. 이후 르누아르는 알린과 평생 함께한다. 보통 화가들은 가정생활에 굴곡이 있는데, 르누아르는 일편단심으로 알린과 사랑을 나누며 참 행복한 가정을 꾸렸다고 한다. 각종 행정업무와 수업으로 지쳐있을 때, 춤을 추며 웃고 있는 알린의 모습을 보고 있으면, 르누아르가 표현한 행복감이 내 삶에도 고스란히 전해져 온다.

수업에서도 우리가 경험했던 기쁨이 고스란히 전달된다. 내가 국어 교사가 된 이유는 고등학교 2학년 때 「독서평설」이라는 잡지를 보기 시작한 것과 관련이 있다. 이때 나는 처음으로 시를 감상하기 시작했다. 잡지에 시가 실리고 그 해설이 나오는데, 문제지처럼 요약 정리해서 나오는 것이 아니라, 대학교수가 시에 대한 느낌을 이야기 형식으로 풀어냈다. 이때 처음으로 시가 따뜻하다는 것을 알게 되었다. 교과서로는 알지 못했던 시인들의 삶과 글을 읽으면서 마음의 평안을 얻었다. 복잡한 수학

교사, 삶에서 나를 만나다

45   르누아르, Dance in the Country (1883)

문제를 풀고, 딱딱한 영어 구문을 해석할 때는 누릴 수 없었던 배움의 기쁨을 조금은 알게 되었다. 그래서 나는 경영학과와 경제학과를 가라던 담임선생님의 권유를 물리치고, 국어교육학과에 지원했다. 내게 배우는 기쁨을 알려준 시와 소설을 더 깊이 배우고 싶었기 때문이다. 대학교에 가면 저명한 교수님들과 문학 작품에 대해 토의하면서 더 깊은 배움을 경험할 거라 생각했다.

하지만 대학은 내 기대와는 완전히 다른 곳이었다. 대학의 강의는 고등학교 수업보다 지루했고, 사랑과 낭만으로 가득 찰 거라 생각했던 대학생활은 지루함의 연속이었다. 촌놈이 서울에 올라왔지만, 늘 돈에 쪼들렸고 남는 시간을 어떻게 즐겨야 할지를 몰랐다. 여러 사람을 만났지만, 나 스스로 마음 문을 열지 못했다. 여러 사람의 호의는 다 가식으로 느껴졌을 뿐, 나는 나만의 성을 만들고 그 속에 들어가려고 했다. 하지만 속으로는 사람들이 정말 그리웠고 그래서 사랑을 했지만 돌아오는 것은 상처뿐이었다. 대학생이 되어서 마음은 더 아팠다. 성인이 된 듯했지만, 여전히 내 속은 사춘기였고, 사랑을 갈구하는 여리고 여린 소년이었다. 이런 서툰 청춘에게 위로를 안겨다 준 것은 윤동주의 시였다.

계절이 지나가는 하늘에는
가을로 가득 차 있습니다.

나는 아무 걱정도 없이
가을 속의 별들을 다 헤일 듯합니다.

가슴 속에 하나 둘 새겨지는 별을

교사, 삶에서 나를 만나다

이제 다 못 헤는 것은

쉬이 아침이 오는 까닭이요,

내일 밤이 남은 까닭이요,

아직 나의 청춘이 다하지 않은 까닭입니다.

별 하나에 추억과

별 하나에 사랑과

별 하나에 쓸쓸함과

별 하나에 동경(憧憬)과

별 하나에 시와

별 하나에 어머니, 어머니

어머님, 나는 별 하나에 아름다운 말 한 마디씩 불러봅니다.

- 윤동주, '별 헤는 밤' 중에서

국어교육학과에 왔지만 교사를 하겠다는 뚜렷한 목표 없이 여기 기웃, 저기 기웃거렸다. 고등학교 시절 자아정체성을 확립하지 못한 나는 대학 시절에 '나'를 찾기 위해 더 큰 방황을 해야 했다. 이렇게 삶의 길을 잃어버리고 나 자신이 한심하게 느껴질 때는 소설 〈오발탄〉이 큰 위로를 주었다. 삶의 큰 실패감을 맛보고 목적지도 모른 채, 택시를 타고 있는 주인공의 모습이 내 모습처럼 느껴졌기 때문이다.

"어쩌다 오발탄같은 소년이 걸렸어. 자기 갈 곳도 모르게."

운전사는 기어를 넣으며 중얼거렸다. 철호는 까무룩히 잠이 들어가는 것 같은 속에서 운전사가 중얼거리는 소리를 멀리 듣고 있었다. 그리고 마음 속으로 혼자 생각하는 것이었다. ─아들 구실, 남편 구실, 애비 구실, 형 구실, 오빠 구실, 또 계리사 사무실 서기구실, 해야 할 구실이 너무 많구나. 너무 많구나. 그래 난 네 말대로 아마도 조물주의 오발탄인지도 모른다. 정말 갈 곳을 알 수가 없다. 그런데 지금 나는 어디건 가긴 가야 한다─.

철호는 점점 더 졸려왔다. 저린 것처럼 머리의 감각이 차츰 없어져 갔다.

(이범선, '오발탄' 중에서)

교사가 된 후로, 대학생활을 통해 만났던 문학의 기쁨이 너무 소중해서, 우리 학생들에게도 그 기쁨을 주고 싶었다. 그래서 수업 시간에 문학 작품을 배우고 나서 내가 정리해주기보다는 어떻게든 학생들 스스로 그 의미를 찾는 과정을 가지려 했다. 진도가 늦어져서 강의식 수업을 해야만 하는 상황에도 꼭 시와 소설을 학생들이 먼저 감상할 시간을 준다. 어떤 문학 작품을 만나더라도 스스로 감상하는 능력을 주고 싶었기 때문이다. 그것만 갖추면 우리 학생들이 삶의 밑바닥에 있어도 문학을 통해 다시 일어설 수 있다는 확신이 있었기 때문이다.

김 선생님도 마찬가지였다. 김 선생님은 20년 동안 체육을 가르치고 계시는데, 선생님의 수업은 굉장히 체계적이고 힘든 것으로 유명하다. 내가 본 것은 배구 수업인데, 보통의 체육 수업과 달랐다. 공만 던져주는 수업이 아니었다. 마치 배구선수들이 훈련하는 것처럼 체계적이었다. 받기 연습, 스파이크 연습 등 일일이 선생님께서 공을 쳐주고 학생들에게 공을 받게 하는 모습은 선수들을 훈련시키는 감독의 모습 같았다. 그래서 물어봤다. "선생님, 감독처럼 일일이 학생들에게 공을 쳐주면서 받게 하

교사, 삶에서 나를 만나다

는 이유가 있나요?" 그랬더니 선생님은 성취감이라고 말했다. 사실 배구가 쉽지 않다고 한다. 공을 받으면 두 손목이 발갛게 달아오르면서, 배구공을 받아서 넘기기가 쉽지 않다는 것이다. 그러나 그 고통의 순간을 조금만 참으면, 배구가 아주 쉬워지고 공을 치는 기쁨이 든다고 한다. 본인도 그렇게 기초적인 훈련을 쌓으면서 운동을 배웠고, 그것 때문에 지금 나이에도 건강을 관리하게 되었다면서, 그 기쁨을 학생들에게 주고 싶다는 것이다. 실제로 학생 중에 여학생이 많이 있었는데, 처음에는 선생님이 던져주는 공을 제대로 받지도 못했는데, 계속되는 훈련으로 정확하게 공을 받게 되었다. 그러자 여학생들이 신나서 팔짝팔짝 뛰었다. 김 선생님이 경험한 성취감의 기쁨이 고스란히 학생들에게 전해지고 있었다.

수업은 내 삶의 기쁨을 반영한다. 사랑과 기쁨의 화가로 불리는 샤갈도 자신의 사랑 벨라와의 애틋한 관계를 그림으로 표현했다. 그림[46] 속의 남녀는 하늘을 붕붕 떠다닌다. 색도 불긋불긋, 파릇파릇해서 보는 이에게 행복감을 준다. 수업은 교사의 고통스러운 삶에 대한 응답이기도 하지만, 기쁨이 가득 찬 삶의 나눔이기도 하다. 내가 경험했던 배움의 기쁨과 깨달음이 수업과 연결되는 것이다. 그래서 우리는 조용히 또다시 물어야 한다. 내가 경험한 기쁨은 무엇인가? 그 기쁨을 내 수업으로 학생들에게 어떻게 전달하고 싶은가?

기쁨은 가만히 앉아서 얻어지는 감정이 아니다. 진짜 기쁨은 계속되는 실패에도 도전하는 자만이 맛볼 수 있다. 연인과 사랑을 하는 것도 그렇다. 거절이 두려워 좋아하는 사람에게 수줍은 고백 한마디 하지 않는다면, 절대로 사랑을 얻을 수가 없다. 고백의 도전을 해야지만 사랑을 시작할 수 있다. 그런 실패의 두려움 속에서도 승낙을 얻어낸 자의 기쁨은 무척 클 것이다.

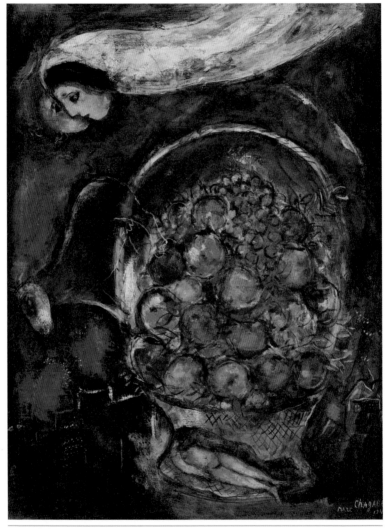

46   샤갈, Dreamer (1945)

교사, 삶에서 나를 만나다

그런데 우리는 배움 중심 수업을 이야기하지만, 의외로 교사 스스로가 배움의 기쁨을 경험하는 경우가 드물다. 내 삶을 두드리면서 기쁨의 경험을 찾아 수업의 의미를 찾아야 하는데, 최신의 교수 기술과 재미난 영상 자료로 이것을 극복하려고 한다. 수업 시간에 우리가 학생들에게 주려는 기쁨은 한순간에 시선을 끄는 몰입감이 아니다. 교과 지식을 통해서 나와 만나고, 너와 대화하고, 세계를 이해하는 지성과 감성이 통합되는 기쁨이다. 이것은 수업의 기술만으로는 도저히 만들어낼 수 없는, 일 년의 수업을 통해 천천히 오는 기쁨이다. 교사가 계속해서 그런 기쁨의 삶을 도전하려고 할 때, 그 속에서 학생들을 향한 수업의 주제의식이 생기고 이를 통해 우리는 학생들을 배움의 장으로 초대할 수 있다. 우리 자신에게 물어야 한다. 내가 경험했던 혹은 경험하고 있는 기쁨이 무엇이냐고, 그리고 그 기쁨을 학생들에게 잘 전해주기 위해서 나는 어떤 노력을 하고 있는지를 말이다. 배움으로 학생들을 초대하기에 앞서서, 조용히 내 삶으로 나를 초대해보자. 내가 먼저 기쁨을 경험하는 학생이 되어야 한다. 주제의식은 내 기쁨의 삶 속에 있다.

나를 성찰하는 질문

• 당신이 경험한 배움의 기쁨은 무엇인가? 이 기쁨이 주제의식이 된다는 말이 어떻게 들리는가?

• 당신의 수업에서 기쁨으로 전하고 싶은 것이 있는가?

• 당신은 현재 배움의 기쁨을 경험하고 있는가? 만약 그렇지 않다면 그 이유는 무엇인가?

사람과
만나다

　　로트레크에게 가장 큰 위로를 준 사람은 어머니[47]였다. 백작의 아들로 태어났지만 불의의 사고로 난쟁이로 살아야 했던 그는 세상의 조롱과 비난 속에서도 그림을 그리며 삶을 낙천적으로 즐겼다. 물론 기구한 운명의 사슬을 완전히 지워낼 수는 없어서 37살의 젊은 나이에 죽지만, 생전에는 운명과 맞서면서 열심히 그림을 그려냈다. 그가 이렇게 그림을 그릴 수 있던 것은 그의 어머니 아델 때문이었다. '작은 보석'이라고 부르면서 따뜻하게 맞이해줬던 어머니의 사랑 덕분에 로트레크는 그림을 그려가면서 자신의 운명과 제대로 싸울 수 있었다. 하지만 어머니의 삶도 그리 평탄하지 못했다. 물질적인 부는 많았지만 남편의 사랑을 제대로 받지 못했고, 로트레크가 자신의 부주의로 난쟁이가 된 것같아 늘 우울했다. 로트레크는 흰색 드레스와 찻잔으로 어머니의 우아함을 담아냈고, 자기 때문에 생긴 어머니의 그늘까지도 미안한 마음으로 그려내고 있다.

47   로트레크, 아델 여사의 초상화 (1883)

    고흐도 외로웠다. 불같이 화를 내는 성질과 특유의 깊은 고뇌, 상식을
뛰어넘는 기이한 행동 때문에 가족조차도 그와 어울리기를 꺼렸다. 오
직 동생 테오만이 따뜻함을 베풀어 지금의 고흐를 있게 했다. 두 형제는
끊임없는 서신 교환으로 형제애를 굳건히 다졌는데, 이때 그들의 편지
를 가져다주었던 우체부가 바로 조셉 룰랭이다.

48   고흐, 조셉 롤랭의 초상 (1889)

　롤랭은 고흐에게 단순히 편지만 전달해준 사람만은 아닌 듯하다. 고흐
의 작품에 롤랭부터 그의 부인, 아들, 딸 등 모든 가족이 등장하기 때문
이다. 들리는 말에 의하면 고갱과 싸워 귀를 잘랐을 때도, 정성스럽게 고
흐를 돌봐준 사람이 롤랭의 부인이었다고 한다. 이런 인연이 그림에도
잘 나타나 있다.[48] 롤랭의 수염과 초록색 꽃 배경이 만나면서, 약간 취기
가 오른 롤랭의 모습이 참 따뜻하게 그려져 있다. 아무런 연고가 없는데
도 자신을 잘 도와준 롤랭에 대한 감사의 마음이 잘 드러나 있다. 이렇게

교사, 삶에서 나를 만나다

나를 도와주는 '그 사람'은 예상치 않은 인연으로 나타나 절망의 삶을 희망으로 바꿔주는데, 영화 '자전거를 탄 소년'에서도 이것이 잘 나타난다.

시릴이라는 아이가 애타게 전화번호를 누른다. 그러나 그럴 때마다 "결번입니다"라는 소리만 반복해서 나온다. 아빠는 생활고로 아이를 보육원에 맡기고, 일방적으로 연락을 끊어버렸다. 하지만 시릴은 포기하지 않는다. 보육원에서 도망 나와 아빠와 살던 집으로 찾아가, 아빠의 행방을 찾는다. 아빠가 사준 추억의 자전거를 타고 다니면서 아빠의 흔적을 찾는다. 마침내 애타게 찾던 아빠의 행방을 알게 되고, 아빠를 만나러 간다. 문은 굳게 닫혀 있었지만, 창문 너머로 아빠의 모습이 보인다. 시릴은 창문을 마구 두드리고 일에 열중하던 아빠와 눈이 마주친다. 큰 설렘을 안고 시릴은 아빠와 조우한다. 그런데 아빠는 말한다. "더 이상 나를 찾아오지 마!"

다르덴 형제의 '자전거 탄 소년'은 2011년 칸 영화제 심사위원 대상을 받은 작품이다. 영화 초반부에는 무정한 아빠에 대한 시릴의 아픔이 너무 섬세하게 표현되어 있어서 보는 내내 가슴이 아팠다. 시릴이 원하는 건 아빠와 같이 살자는 것도 아니고 주말에 얼굴 한 번 보는 것인데도, 아빠는 시릴의 그 소박한 소망마저도 들어주지 않는다. 일주일에 한 번 시릴의 연약한 마음을 위로해주면 될 것인데, 아빠는 그것마저도 힘에 부친다며 시릴을 억지로 보육원으로 보낸다.

이 영화를 보면서 나는 교사 새내기 시절이 자연스럽게 떠올랐다. 20년 전 나는 떨리는 마음으로 교사가 되었다. 처음 임용될 때의 설렘은 무엇으로도 표현할 수가 없다. 나도 영화 '죽은 시인의 사회'의 키팅 선생님처럼 '학생들에게 참된 배움과 바른길을 제시하는 교사가 되겠노라!'

고 외치고 또 외쳤다. 과장된 표현인지는 몰라도. 내 뛰는 심장을 우리 학생들에게 나눠주고 싶은 마음이 가득했다. 이 뜨거운 마음을 가지고 학교에 왔다. 그리고 드디어 떨리는 첫 수업을 들어갔다.

그러나 나는, 거기서부터 냉혹한 교육 현실과 마주했다. 눈을 번쩍이고 나를 쳐다볼 줄 알았던 학생들은 퀭한 눈을 하고, 총기 있는 빛이라고는 찾기가 힘들었다. 질문을 해도 눈만 껌벅껌벅, 각종 개인기를 부리며 학생들을 웃겨보려 하지만, 학생들은 흥미가 없다며 이내 졸기 일쑤였다. 수업을 통해 학생들과 소통하고 이들에게 가치로운 지식을 주려는 내 계획은 처음부터 빗나갔다. 나는 뜨거웠지만, 학생들은 차가웠다. 학생들은 소통을 버거워했고, 내 선의를 자신들의 이익만을 위해 교묘하게 이용하려 했다.

나름 여러 가지 원칙을 세워가며 학생들과 소통하려 했지만, 학생들은 원칙을 깨기 일쑤였다. 학생들의 일탈을 마냥 받아줄 수 없어서 화를 내기 시작했다. 소리도 지르고 위협하기도 했다. 군대 시절을 제외하고 사람에게 분노가 생긴 적이 없었는데, 교사를 하고 나서는 사람에 대한 분노가 부쩍 늘었다. '내가 이런 사람이었는가?' 하는 자괴감이 들었지만, 딱히 이 난국을 헤쳐나갈 방법이 없었다.

이런 무너짐 속에서 나는 누군가의 손길이 필요했다. 적절하게 조언을 해주며 멘토가 되어줄 선배 교사가 필요했다. 그런데 이상하게도 학교라는 구조 속에서 이런 도움의 손길을 찾기가 쉽지 않았다. 모두 각자의 삶 속에서 버둥거리며 살기에도 버거웠다. 교사들은 주위를 둘러볼 여유가 없었다. 자신도 생존해 내기가 힘들었기 때문이다. 절망스러웠다. 학교는 교육기관으로 '희망'과 '기쁨'의 실체를 알려주는 곳인데, 교사나 학생에게 '희망'이 아닌 '절망'을, '기쁨'이 아닌 '고통'을 보여주고

교사, 삶에서 나를 만나다

있으니 말이다.

이 상황은 시릴이 아빠를 만나는 상황과 유사하다. 험난한 삶의 유일한 피난처이자 희망이 되어야 할 아빠가 오히려 시릴에게 다른 어떤 사람보다도 고통과 절망을 주었기 때문이다. 빛이 어둠이 되어 나타난 것이 영화와 학교의 현실이 비슷했다. 영화 속의 순수하기만 한 철부지 소년은 내게 현실을 모르는 새내기 교사의 모습과 너무도 유사하게 다가왔다.

그러나 삶은 삶이다. 고통이 있지만 어떻게든 버티면 그곳을 찾아오는 작은 빛들이 있었다. 아빠로부터 버림받은 시릴에게 사만다라는 미용사가 구원의 손길을 내민다. 아빠를 찾으러 갔다가 그를 말리러 온 보육원 교사들과 승강이를 벌이던 중, 시릴은 한 여자를 그냥 부둥켜안으며 보육원에 가기 싫다고 외친다. 그 여자가 사만다. 사만다는 알 수 없는 연민에 휩싸이며 시릴을 사랑으로 부둥켜안는다. 주말마다 시릴을 미장원에 오게 해서 잔심부름도 시키고, 함께 자전거를 타면서 서서히 시릴의 삶을 빛으로 안내한다.

사실 사만다가 한 일은 나이팅게일이나 테레사 수녀의 거룩한 사랑에 비하면 한없이 작다. 그러나 그 소소하고 작은 사랑에도 위대함이 있다. 시릴은 사만다의 이런 보살핌 속에서 자신만의 페달을 밟으며 삶을 헤엄쳐나가기 때문이다.

영화 속에서 아빠의 냉대로 울던 시릴이 이렇게 말한다.

시릴 : 따뜻해요.

사만다 : 뭐가?

시릴 : 아줌마의 입김요.

시릴이 원한 것은 자기를 향한 따뜻한 입김이었다. 그러나 현실은 사만다를 제외하고는 그러한 입김조차 불어주는 사람이 없었던 것이다. 나에게도 '따뜻한 입김'으로 다가온 선배 교사들이 있었다. 먼저 김재균 선생님이다. 2004년 우연히 만나서, 김재균 선생님을 통해서 행복한 수업 만들기 국어 모임을 알게 되었고, 여기서 자신의 생각을 수업으로 재구성하는 원리를 배웠다. 정말 수업의 '수' 자도 모르는 내게 자신의 모든 자료를 보내주었고, 한 단원 한 단원을 어떤 마음으로 설계하고 디자인해야 하는지를 직접 알려주었다.

다음으로는 이규철 선생님이다. 이규철 선생님은 2006년에 처음 만나 같이 논술 교재를 만들고, 학생들을 참여시키는 프로젝트 학습, 협동학습, 미디어 활용 수업, 색채 수업 등 그 당시에는 생소했던 여러 수업을 보여주며, 나를 수업의 정도(正道)로 이끄셨다. 김재균 선생님과 마찬가지로 학생들의 삶과 호흡하면서, 교과 지식을 자신의 수업 속에서 어떻게 녹여 내야 하는지를 차근차근 알려주셨다. 결국 나는 이 두 분의 선생님을 통해, 수업이 단순히 교과 내용을 잘 전달하는 것에만 그치는 것이 아니라 학생들의 아픔과 학생들에 대한 꿈, 소망, 기대를 수업 속에 교사 스스로 녹여야 함을 잘 알게 되었다. 어찌 보면 이 책에서 말하고 있는 핵심 이야기가 우리 두 선생님을 통해 왔다고 해도 과언이 아니다.

그리고 마지막으로는 김성천 선생님이다. 선생님을 통해서는 교사가 수업만 하는 존재가 아니라, 수업을 이루는 학교 문화를 개혁해야 한다는 것을 깨닫게 되었다. "브라더~!"라고 부르면서 부족한 나를 늘 격려해주었고, 교육의 본질을 보는 시야를 길러주셨다. 그리고 항상 실천하는 지식인으로 살았던 그의 모습을 본받아서, 부족한 능력이지만 나는 책을 쓰는 데 내 힘을 집중하려고 했다.

교사, 삶에서 나를 만나다

나는 이 세 분을 통해서, 무너져가는 내 마음을 다시 일으켜서, 내가 어떤 길로 걸어가야 할지를 잘 알 수 있었다. 이들은 내게 먼저 다가와 따뜻한 온기를 불어 넣어주었다. 내 아픔에 공감해주고, 적절한 해결책을 나눠주었다. 그렇다고 그들이 내게 완벽한 교사의 모습을 보여준 것은 아니었다. 그들도 내 앞에서 무너진 교육 현실에 절망했고, 때로는 나보다 더욱 슬퍼했다. 하지만 그럼에도 내가 그들에게 위로받을 수 있었던 것은, 어떤 상황에서도 웃는 그들의 '넉넉함' 때문이었다. 이상하게도 이 세 분은 많은 후배 교사 앞에서 많이 웃어주었다.

사만다가 시릴에게 '따뜻한 입김'을 불어주었다면, 이들은 부족한 후배 교사에게 '넉넉한 웃음'을 보내주었다. 그 웃음에는 이상한 힘이 있었다. 원래 현실이 그렇게 아프다는 '공감'의 힘, 그러나 그럼에도 잘 버텨야 한다는 '위로'의 힘, 어떤 상황에서도 꿈을 잃지 말라는 '희망'의 힘 그리고 무엇보다 언제나 내가 너의 곁에 있어 주겠다는 '사랑'의 힘을 느낄 수 있었다. 그리고 그들이 나에게 보여준 수업을 보면서, 학생들이 중심이 되는 수업을 할 수가 있었다. 학생들을 지식을 뽐내는 자가 아니라 지식으로 삶의 문제를 적극적으로 해결해가는 지성인으로, 삶을 주체적으로 선택하는 실존인으로 이끄는 수업을 할 수 있게 되었다.

교사 생활을 하다 보면 이렇게 소중한 인연으로 맺어진 사람들이 있다. 화려한 삶은 아니지만 자기 자리에서 어둠을 희망으로 바꾸는 작은 영웅들, 우리에게도 이미 꽃으로 피어 있는 동료 교사가 있다. 대부분은 남들이 알아주지 않아도 묵묵히 맡은 바 책임을 다했던 사람들이다. 시험 전날 학생들에게 용기를 준다고 시험 알약을 준비하던 최 선생님, 학기 초 학생들의 가정 형편을 살핀다면서 일일이 가정방문하시던 정 선생님, 지역의 소중함을 알려주겠다며 학생들을 이끌고 지역답사를 하시던 조 선생님, 근심에 싸여 있는 학생들의 마음과 감정을 소중히 읽어주시는 윤 선생님, 모둠 활동에 적극적으로 참여했다고 비빔밥을 만들어주시는 홍 선생님, 학생들에게 '토지'를 읽혀야 한다면서 토지반을 만들고 토지 답사를 기획하는 김 선생님, 정년을 2년 앞두고 학생들과 마지막 불꽃을 불태우고 싶다는 김 선생님, 퇴직하고 마음에 상처 입은 교사들을 돕고 싶다면서 여전히 열정적으로 교사들을 상담하는 최 선생님 등 우리 주변에는 자신을 희생하고 학생들과 교사들의 삶에 깊이 다가서는 선생님들이 있었다.

주제의식은 거창한 것이 아니다. 꼭 책 속에 나오는 저명한 교육학자나 철학자에게서만 나오는 것이 아니다. 내 삶에 각자의 노력으로 최선을 다하는 사람 한 명 한 명이 우리의 주제의식이다. 그들의 '입김과 숨결'에서 교사 생활을 하는 주제의식을 찾을 수 있다.

길이 끝나는 곳에서도
길이 있다
길이 끝나는 곳에서도
길이 되는 사람이 있다
스스로 봄길이 되어
끝없이 걸어가는 사람이 있다
강물은 흐르다가 멈추고
새들은 날아가 돌아오지 않고
하늘과 땅 사이의 모든 꽃잎은 흩어져도
보라
사랑이 끝난 곳에서도

교사, 삶에서 나를 만나다

사랑으로 남아 있는 사람이 있다

스스로 사랑이 되어

한없이 봄길을 걸어가는 사람이 있다

– 정호승, '봄길', 『<사랑하다가 죽어버려라>, 창비』

    교사가 수업의 주제의식을 설정함에 있어서, 자신의 고통과 기쁨의 경험도 큰 자리를 차지하지만, 삶에서 만난 봄길과 같은 교사들도 큰 영향을 미친다. 내 삶에서 만난 훌륭한 교사들을 떠올리며 내가 닮고 싶은 그들의 모습을 찾아야 한다. 그것들이 모이고 모이다 보면, 내가 말하고 싶은 주제의식이 보일 것이다. 처음부터 나만의 주제의식이 만들어지는 것이 아니다. 먼저 봄길을 만들고 걸어가는 선배 교사의 모습을 본받고 흉내 내면서 나의 주제의식은 만들어진다. 그러면 나도 누군가의 봄길이 되어 있을 것이다.

나를 성찰하는 질문

- 교사 생활을 함에 있어서 수업의 방향성을 제시해준 교사는 없었는가?

- 나는 지금 어떤 교사에게 봄길과 같은 사람이 되고 있는가?

- 내가 만난 사람들을 통해서 주제의식이 만들어진다는 것이 어떻게 들리는가?

신념을
세우다

소 그림으로 유명한 이중섭[49]은 소 외에도 아이들 그림을 유독 많이 그렸다. 그의 그림에는 꽃게와 물고기를 가지고 노는 아이가 많이 등장한다. 이중섭의 그림에 이렇게 아이가 자주 등장하게 된 것은, 그의 첫아들이 죽고 난 이후부터라고 한다. 이중섭은 일본인 부인 마사코와 어렵게 결혼을 했고 정말 귀하게 첫째 아들을 얻었다. 하지만 그런 소중한 아들을 병으로 보내고 나니, 허탈할 수밖에 없었다. 슬픔을 온몸으로 끌어안고 이중섭은 아들과 행복하게 지내는 모습을 상상하며 행복한 아이들의 모습, 일명 군동화(群童畵)를 그린다. 아들을 잃은 슬픔이 이중섭 그림 속 주제의식으로 승화되어 그의 군동화를 보고 있으면 순수한 행복에 기쁨을 느끼지만, 한편으로 짠한 그 무엇인가가 나타난다.

3장의 핵심도 바로 이것이다. 수업을 잘하기 위해서 수업 형식, 수업 기술에만 너무 매달리지 말고, 이것보다 더 우선으로 삶에 집중하라는 것이다. 이중섭이 자기 삶에서 주제의식을 찾았던 것처럼 교사들도 자

교사, 삶에서 나를 만나다

49 이중섭, Children Holding a String Together (1956)

신의 삶에 말을 걸며, 기쁨의 경험, 슬픔의 경험 그리고 사람과의 만남을 떠올리며 주제의식을 찾으라는 것이다.

우리는 수업에 실제적인 지침을 받아서, 당장에라도 내 수업에 적용하고 싶어 한다. 그래서 내 삶의 기억 속에 머무르라는 말은 추상적으로 느껴진다. 하지만 가르친다는 것은 영적인 행위이다. 이 말은 수업이라는 것이 도장을 찍고 기안문을 작성하는 행정업무와는 성격이 다르다는 의미이다. 수업은 교사의 생각과 신념이 학생들의 마음속으로 연결되어서 학생들이 자기 존재를 확인하고 세상과 대화하는 신비로운 작업이다. 수업에서 이뤄지는 교사와 학생, 학생과 학생, 교과 지식과 학생의 일체감은 설명하기 힘든 영적인 행위이다.

이것은 비단 교사에게만 해당하는 일은 아니다. 사람을 가르치고 돌보는 일을 하는 목사, 상담가, 의사들도 끊임없이 자신의 영혼을 돌보는 영적인 작업을 해야 한다. 그래서 미국의 유명 목회자 고든 맥도날드는 사람을 돌보는 일을 하는 사람들에게 이렇게 조언한다.

> 우리는 두 개의 아주 다른 세계 속에서 살고 있다는 사실을 알아야 한다. 우리의 외부 세계 혹은 공적인 세계는 다루기가 더 쉽다. 그것은 측정할 수 있고 눈에 보이며 더 늘려갈 수 있는 세계다. 외부 세계는 일, 놀이, 소유 그리고 사회적 연계망을 구성하는 수많은 친분 관계로 이루어져 있다. 그 것은 성공, 인기, 부, 미모 등으로 쉽게 평가할 수 있는 우리 삶의 한 부분이다. 그러나 우리의 내면세계는 본질적으로 더 영적인 영역이다. 이 세계는 선택과 가치가 결정되는 중심부이며 고독과 성찰이 추구되는 곳이다. 하지만 우리 대부분은 자신의 공적인 세계를 잘 관리하는 법을 배웠다. 우리 대부분은 명령을 받고 일정을 짜고 지시하는 법을 배워왔다.(고든 맥도날드, 『내면 세계의 질서와 영적 성장』)

공적인 세계를 관리하는 데만 능숙하다는 고든의 말은 우리에게 뼈아프다. 사실 공적 세계의 대부분은 우리의 외적 세계다. 나라는 존재가 맺고 있는 관계망 속에서 내가 해야 할 일을 하는 세계다. 이런 외적 세계는 구상(具象)의 세계다, 별다른 사유를 하지 않아도 눈에 들어오는 세계다. 우리는 행정 기안을 어떻게 해야 하는지, 어제 프로야구 경기의 결과가 어떻게 되는지, 인기 가요 1위는 누구인지, 연예인 커플이 어떻게 만나고 헤어졌는지, 최신 인기 영화는 무엇인지 등의 정보를 편안한 마음으로 접수한다. 그래서 우리는 이런 것에 관심이 많다.

하지만 내적 세계는 추상(抽象)의 세계다. 보이지 않는다. 구상의 세계와는 다른, 사유의 시간이 필요하다. 조용한 곳에 홀로 앉아서[50] '왜 사는지', '어디로 가야 하는지', '무엇이 학교인지', '무엇이 수업인지', '무엇이 교사인지'를 깊이 생각해야 하는 세계다. 그런데 우리는 이 사적 세계를 깊이 성찰하며 관리하고 싶지만, 그럴 시간이 없다. 내 한 몸 바르게 지탱하기도 힘든, 그런 바쁜 세계에 살고 있기 때문이다.

아침에 졸린 눈을 뜨고 일어나면, 오늘 하루를 받은 것에 대한 감사함이나 살아있다는 것에 대한 경외감을 느끼지 못한다. 당장 자녀를 깨워야 하고, 시간을 확인한다. 늦었다는 생각에 허둥대고, 아침도 먹지 못하고, 자녀들 옷을 입히고, 얼굴도 보는 둥 마는 둥, 다시 학교로 향한다. 학교에 무사히 도착했다는 안도감도 잠시, 업무 메시지를 확인하고, 급하게 학생들의 출결을 확인하러 간다. 지각을 왜 했느냐로 승강이를 벌이다가 다시 책상에 앉으면, 각종 행정업무가 기다리고 있다. 종이 울린다. 수업에 들어가 학생들하고 한바탕 전쟁을 벌이고 나면, 다시 업무, 다시 수업, 점심시간이 된다.

우리의 외적 세계는 쉴 틈을 주지 않는다. 잠시라도 시간을 내면 혼자만의 시간 속에서 자신의 내적 세계로 들어갈 수 있는데, 녹초가 된 몸을 이끌고 이것을 하기란 쉽지 않다. 가볍게 TV를 보거나 인터넷으로 동영상을 보는 것이 삶의 낙이 된다. 그래서 지금 이 장에서 말하고 있는 수업의 주제의식이라는 것은 불가능한 이야기처럼 들린다. 하지만 그럼에도, 외적 세계를 관리하고 치장하느라 내면세계를 잃어버릴 수는 없다. 시간이 더 지나가고 점차 세월의 고단함을 느낄 때, 하락하는 내 인생의 지점 속에서 나의 내면은 여지없이 무너지고 말 것이다. 고든 목사 또한 공적 세계를 관리하느라고 자아를 잃어버린 현대인들에게 다음과 같이 경고한다.

50 앤드루 와이어스, Christina Olson (1947)

교사, 삶에서 나를 만나다

공적 세계는 우리에게 시간과 충성, 물질과 에너지를 한없이 요구한다. 그런데 우리는 바쁘면 바쁠수록 그만큼 더 중요한 인물인 양 스스로 생각하고 남들에게도 그렇게 비칠 것이라고 추측한다. 친구와 가족을 위한 시간이 없는 삶, 황혼을 음미할 시간이 없는 혹은 해가 이미 진 것조차 알지 못하는 삶, 한 번 심호흡을 할 시간조차 없이 정신없이 일에 쫓기는 삶, 이런 모습이 성공한 인생의 모델이 되어 버렸다. 내면 세계를 희생해서라도 공적 세계에 관심을 기울이는, 불균형적인 삶의 유혹을 받는 것이다. 더 많은 프로그램, 더 많은 모임, 더 높은 학력, 더 넓은 대인관계, 더 바쁜 일정 등, 삶의 표피를 이루는 이 모든 것이 너무 무거워져 도무지 감당할 수 없게 되면, 결국 삶 전체가 무너져 내린다.

젊을 때는 체력과 열정으로 버텼다지만, 나이가 들어가면서는 이런 체력과 열정만으로는 버티기가 쉽지 않다. 그래서 교사의 삶은 시간이 지날수록 버겁다. 내가 의지해온 것들이 하나둘씩 사라지면, 초라하고 앙상한 나만 남게 되는데, 내적 세계가 단단하게 서 있지 않으면, 삶은 갈수록 공허해지고 초라해진다. 공적 세계는 시간이 흐르면서 내리막이지만, 내적 세계는 시간이 흘러도 더 단단해지고 깊어질 수 있다. 그래서 우리는 남에게 인정받기 위해 꾸몄던 삶의 화장을 지우고, 민낯으로 내 삶 앞에 조용히 서야 한다.

교사는 하얀 눈앞에 서야 한다.[51] 온 세상을 적막하고 평화롭게 만드는 설경의 가장자리에 서야 한다. 그럴 때, 내리는 눈 사이로 대지의 고백이 들리고, 내 마음의 소리를 듣는 귀를 갖게 된다. 이런 내면의 탐색은 어둠에서 이뤄진다. 이 어둠은 절망의 어둠이 아니다. 홀로 나를 대면하는 고독의 장소이다. 외적 세계의 시끄러움 속에 잠시 귀를 막고, 내

51 헨리 오사와 태너, Sand Dunes at Sunset, Atlantic City (1885)

안으로 들어가 '내가 왜 교사가 되었는지', '교사로서 나는 어디로 가고 있고, 내가 지금 어디에 있는지'를 살펴봐야 한다.

> 자신의 삶에서 훈련에 힘쓰는 이들 혹은 의도성을 가지고 노력하는 이들은 장기적으로 열매 맺는 인생을 살 가능성이 높다. 또한 그들 인생의 황금기는 그런 훈련과 깊이의 보상을 받는 인생 후반기가 될 것이다. 그리고 나처럼 천부적인 재능에 크게 의존하는 이들은 인생 초기에는 어느 정도 높은 지점에 도달했다가 후반기에는 평균 수준으로 떨어질 확률이 높으리라. 전자의 경우는 풍부한 영적 자질을 지닌 사람으로 일컬어질 것이다.

고든 목사는 결국 훈련을 해야 한다고 말한다. 자신의 재능만 믿고 이 작업을 하지 않으면 인생 말년이 힘들어질 수 있다고 말한다. 교사들도 자신의 삶에서 훈련을 해야 한다. 교사 초년 차 때는 젊음이 주는 활력으로 학생들에게 수업의 기쁨을 줄 수 있었다. 하지만 점차 경력이 쌓여 가면 이상하게도 학생들은 말을 걸어오지 않는다. 그리고 스스로도 매력

교사, 삶에서 나를 만나다

이 없다고 느껴진다. 고단한 삶 속에서 늘어가는 한숨이다. 이럴 때, 의도적으로 자신의 영혼과 자신의 생각을 성찰하면서 나의 내적 세계가 건강하게 있는지를 신경 써야 한다. 수업의 주제의식도 마찬가지다. 수업을 향한 진지한 탐색을 멈추면, 어느새 형식적인 정보만을 전달하는 앵무새가 된다. 가르치는 한 순간, 한 순간을 성찰하지 않으면, 교과서에 있는 정보만을 전달하는 편안한 수업만을 하게 된다. 그래서 내 주제의식을 잘 구현하기 위한 신념을 세워야 한다. 주제의식은 머리에서 출발하는 거지만, 신념은 마음을 움직여 몸을 움직이게 하는 근원이다.

수업을 통해 말하고 싶은 가치와 의미가 주제의식이라면, 그 주제의식을 잘 구현하기 위해 교사가 실천해야 할 구체적인 것들이 신념이다. 주제의식이 머릿속의 관념이라면, 신념은 삶으로 드러나는 구체적인 실천이다. 주제의식은 내가 말하고 싶은 것이라면, 신념은 내가 직접 행동해야 하는 것이다. 수업의 주제의식을 찾은 교사는 그 주제를 구현하기 위한 자신의 신념을 잘 세울 필요가 있다. 자칫 주제의식만 잘 세워놓고 구체적인 행동을 하지 않으면, 입만 번지르르한 교사가 될 수 있다. 생각과 행동이 일치되도록 주제의식을 잘 구현하기 위한 자신의 신념을 구체적으로 찾아야 한다.

김수영 시인은 그의 시 '눈'에서 생각과 행동이 불일치한 당대의 지식인을 비난한다. 자신을 포함해서 말만 번지르르하게 하면서 시대의 정의에 대해서 제대로 된 행동을 하지 못하는 허약한 지식인들에게 기침을 하라고 한다. 구체적인 행동을 하라는 것이다. 가슴의 가래라도 내뱉으면서 일상생활에서 누적된 더러운 것을 토해 버리고, 눈과 같은 순결함과 고결함을 회복하자는 것이다. 특히 젊은 시인들에게 눈을 바라보며 기침이라도 하자고 외친다. 여기에는 교사도 포함된다. 학생들에게 참된 의미, 배움의 기쁨을 주겠다고 머리로만 말로만 외치지 말고, 기침이라도 하면서 작은 행동을 해보라고 김수영은 말하고 있다.

그래서 교사들은 글을 써야 한다. 내 안에 있는 주제의식이 무엇이고, 그것을 구현하기 위한 신념이 무엇인지를 구체적으로 적어야 한다. 글로 적어서 세상 밖으로 내 생각을 표현해야지만, 그것을 실천할 수 있고, 어디로 가야 하는지를 정확히 알 수 있다. 글을 끄집어내지 않고 의식 수준에 머물러 있으면, 또다시 내 생각은 희미해지고, 바쁜 외적 세계로 인해서 나의 내적 세계는 사라지게 된다.

나도 개략적으로 내 주제의식과 수업 속 신념을 적어본다. 이를 통해 수업은 주제의식 속에서 방향을 잡고, 그 토대 아래 나의 신념이 구체화될 때, 내 수업은 학생들의 삶에 더 깊이 다가설 수 있다.

[수업 속 주제의식]

1. 나는 수업을 통해 언어를 배우는 기쁨을 알려주고 싶다. 언어가 우리 삶에 얼마나 유용한 도구인지, 그리고 언어를 통해 나와 만나고, 너와 만나고, 세계와 소통하면서, 언어가 우리 삶에 꼭 필요한 선물임을 말하고 싶다.

2. 또한 나는 이 언어를 사용하면서, 나라는 존재가 얼마나 대화하고 싶은지를 알려주고 싶다. 먼저는 나와 대화하고 싶고, 너와 대화하고 싶고, 세계와 대화해야하는 존재임을 말하고 싶다. 결국 우리는 만남의 존재이며, 이 만남을 통해 행복을 알아가고 느끼는 존재임을 알려주고 싶다. 우리가 일상적으로 경험하는 외로움도, 이런 만남이 없었기 때문이라는 것을 말하고 싶다.

교사, 삶에서 나를 만나다

3. 나는 무엇보다 문학이 우리 삶에 얼마나 필요한지를 말하고 싶다. 문학을 통해 우리는 또 다른 세계를 경험하고, 그 경험을 통해 내가 잘 성장할 수 있다는 것을 말하고 싶다.

[나의 수업 속 신념]

1. 내가 먼저 배움의 기쁨을 경험한다.

2. 학생들이 스스로 질문하게 한다. 그리고 서로 협력하게 한다.

3. 학생들이 글을 쓰면서 자신을 성찰하게 한다.

4. 학생들에게 많은 생각을 표현하게 한다.

5. 학생들에게 협력적인 토의를 많이 시킨다.

6. 학생들이 스스로 생각하게 한다.

7. 학생들에게 다양한 텍스트를 제공한다.

8. 수업 내용에서 학생들에게 어떤 형태로든 의미를 찾게 한다.

9. 입시를 준비하되 입시가 수업의 우선순위가 되지 않도록 한다.

10. 학생들에게 배움의 기쁨을 주면서 그것으로 저절로 입시를 대비하게 한다.

사실 우리 앞에 놓여 있는 현실은 쉽지 않다. 학교는 갈수록 세속주의와 타협을 하고, 우리 학생들은 그 속에서 죽어가고 있다. 학생들을 살려야 할 우리는 비본질적인 일에 더욱 지쳐가고, 우리 삶 자체도 버거워진다. 그러나 이때, 우리 교사가 희망이다. 우리가 희망의 별빛이다. 주제의

52   그림쇼, Reflections On The Thames, Westminster (1880)

식을 가지고 우리의 신념을 수업 속에서 구현해낼 때, 그 속에서 배움의
기쁨으로 가득 찬, 작은 천국이 만들어진다. 포기하지 말고 내가 걸어온
삶에 말을 걸면서, 어둠에서도 내 수업을 밝게 비추는, 수업 속 주제의식,
내 수업의 신념을 찾아보자.[52]

교사, 삶에서 나를 만나다

4장
—

삶에서
내 창조성과 만나기

창조는
용기다

　　국어 교사들은 농담 삼아 말한다. 지식의 넓이는 있으나 깊이가 없다고 말이다. 비문학 독해 지문을 가르치다 보면, 남극의 물고기가 얼지 않는 이유, CD의 데이터 정보를 컴퓨터가 연산해내는 방법, 핸드폰으로 위치를 확인하는 과정 등 참 수만 가지의 지식이 나온다. 그러다 보면 내가 정말 교과 내용을 잘 알고 학생들을 가르치고 있는지 고민될 때가 있다. 이런 고민은 가끔 '내가 가르치는 내용의 본질은 무엇일까' 라는 깊은 생각으로 연결되기도 한다.

　　마그리트는 자신의 그림으로 본질의 문제를 고민하게 하면서 창의적인 발상을 일으키는 것으로 유명하다. 다음 그림도 캔버스 안 그림과 창문 밖 풍경을 배치해서 우리가 보는 것이 캔버스의 그림인지, 진짜 풍경인지 모호하게 그렸다.[53] 화가가 재현하는 풍경이 진짜인지, 아니면 자연 그대로의 풍경이 진짜인지 그림 한 장으로 철학적인 질문까지 던지고 있다. 마그리트의 작품 세계는 그렇다. 파이프를 그려놓고 '이것은 파

마그리트, 인간의 조건 (1933)

이프가 아니다' 라는 글을 적어놓는다든지, 겨울비가 내리는데 가만히 보면 비는 중절모를 쓴 남자들로 되어 있다. 마그리트는 이질적인 사물들을 배치해놓고 우리에게 관습을 깬 사고를 유도한다.

학교에서도 마그리트의 그림처럼 교과서의 관습을 깨고, 자기만의 콘텐츠로 새로운 수업을 시도하는 교사가 많다. 박 교사의 수업이 그렇다. 박 교사의 수업은 화려한 것 같지는 않지만, 교과서의 내용과 일상적인 삶의 맥락을 잘 결합해서 학생들과 재미있게 수업을 하고 있다. 그런데 학교에서 이런 박 교사를 만나면 참 멋있어 보이지만, 한편으로는 부담스럽다. 왜냐하면 우리의 수업에서는 이런 창의성이 나타나지 않기 때문이다. 김 교사는 평범한 교사다. 그런데 김 교사는 박 교사의 수업을 잠깐 보게 되면 늘 열등감에 사로잡힌다. 지나가다가 박 교사의 수업을 보면 학생들의 웃음소리가 들리고, 발표를 하기 위해 손이 올라와 있는 것을 본다. 그에 비해 김 교사의 수업 시간은 활력이 없다. 학생들은 차갑게 교사를 바라보고, 활동을 해도 적극적으로 참여하지 않는다. 슬쩍 박 교사에게 가서 어떻게 수업을 진행하는지를 물어본다. 식물의 광합성 작용을 가르치는데, 식물에 관한 노래를 부르고, 인간의 심장이 작동하는 모습과 식물의 기공이 열리는 모습을 비교한다고 한다. 그리고 나중에는 광합성 작용을 가지고 학생들에게 시 창작도 시킨다고 하는데, 김 교사는 이런 박 교사의 수업을 자신은 도저히 할 수 없다고 생각한다.

우리는 누구나 수업 내용이 풍부한 교사가 되고 싶어 한다. 기발한 생각으로 학생들에게 흥미를 끄는 수업을 누구나 다 하고 싶어 한다. 그러나 이것은 정말 쉽지 않다. 수업마다 제시할 자료를 구하기도 쉽지 않고, 자료가 있더라도 그것을 학생들의 활동으로 재미있게 조직하는 것도 쉽지 않다. 그런데 창의적인 수업을 잘하는 선생님을 보면 음악, 동영상, 게임 등 어디서 구했는지 수업 자료가 무궁무진하다. 그리고 그 자료를 가지고 학생들의 호기심을 자아내면서 참여시키는데, 어떻게 그런 활동을 만들었는지 신기하기만 하다. 그분들과 내가 쓰는 물리적 시간은 같은데, 창의적인 수업을 잘하는 교사는 언제 저렇게 많은 자료를 준비하고, 풍요롭게 수업 내용을 디자인하는 것일까? 이런 질문은 '나는 왜 재미나고 창의적인 수업을 할 수는 없는 걸까?', '수업 자료를 어디서 구해야 하는 것일까?', '나는 왜 창의성이 없는 걸까?' 라는 자책으로 연결된다.

많은 사람은 창의성을 또다시 기술적 요소 혹은 교사 개인의 능력으로 치환하려고 한다. 하지만 수업의 창의성은 이런 기술과 능력보다는 삶의 방식이 달라서 그 차이가 발생한다. 즉 교사 개인이 스스로 창의적인 삶을 살지 않기 때문에 수업이 창의적이지 않은 것이다. 우리는 이미 잘 알고 있다. 창의성 연수를 듣고, 창의성에 관한 책을 읽어도 내 안에서 창의력이 새롭게 되지 않는다는 것을 말이다. 만약에 그것이 가능하다면, 주변에서 스티브 잡스와 같은 창의적 인물이 많이 나왔을 것이다. 창의력은 갑작스러운 훈련으로 이뤄지는 것이 아니다.

사실 창의성과 우리의 삶은 굉장히 멀게 느껴진다. 창의적인 삶은 교사와 같이 안정 지향적으로 사는 사람들은 가질 수 없고, 피카소나 모차르트와 같은 천재적인 사람들만이 가질 수 있다고 생각하기 때문이다. 하지만 이것은 오해다. 이미 우리는 창의적인 삶을 살고 있고, 인간이라면 누구나 창조적인 능력을 발휘할 수 있다. 다만 그 능력이 자기에게 없다고 느끼고 사용하지 않을 뿐, 누구나 다 기존 지식을 바탕으로 기발한 생각을 낼 수 있다. 사실 창의성의 시작은 새로운 것을 만들어내는 '참신성'에 있는 것이 아니라 자기만의 사고를 할 '주체성'에 있다. 창의적인 삶을 산다고 했을 때 가장 중요한 생각은 나라는 존재가 스스로 생각하고 표현할 수 있다는 확신이다.

미술사에서 흔히들 피카소는 형(形)을 해방시켰고, 마티스는 색(色)을 해방시켰다고 한다. 마티스 이전까지 많은 화가가 자연색에 기초해서 색칠을 했다. 하지만 마티스는 사물의 고유색을 부정하고 자기 주관대로 만든 색채로 기존 화풍에 반기를 들었다. 다음 그림[54]에서도 사실 방의 색은 푸른색이었다고 한다. 그런데 마티스는 바깥의 녹색 풍경과 방안 색이 잘 구분되지 않자, 초록색의 보색인 붉은색을 잔뜩 칠해서 안과 밖을 인위적으로 구분해버렸다. 그림의 공간은 비현실적인 곳으로 변해버렸지만, 보색의 배열로 안과 밖의 구분은 도드라지고, 색채가 주는 화

54 마티스, 붉은 방 (1908)

려함으로 붉은색의 열정과 생명력이 강하게 느껴진다. 마티스가 이렇게 색을 창의적으로 사용한 것은, 화가는 자연에 길들여지는 존재가 아니라, 오히려 자연을 정복할 수 있다는 자신감에서 발현된 행동이다. 곧 화가는 색을 자기 임의대로 칠할 수 있다는 확신이 '야수파'를 탄생하게 했다. 그래서 마티스는 화가에게는 모든 것을 마치 처음 보는 것처럼 보는 용기가 필요하다고 했다.

많은 교사가 '나는 창조적인 사람이 아니다'라고 생각한다. 교사라는 직업 자체가 안정적이고 보수적인 느낌이 있기 때문이다. 하지만 우리는 반복적이고 획일화된 삶을 살고 있지만, 어떤 측면에서는 늘 창조적인 삶을 살고 있다. 나만의 서명이 있고 나만의 옷이 있다. 나만의 방을 내 나름대로 정리하고, 나만의 필체로 글을 쓴다. 내가 쓰는 책상은 다른 사람과는 배열이 다르고, 밥을 먹을 때, 옷을 입을 때 나만의 방식이 있다. 우리는 의식하지 않지만, 삶에서 나만의 생각을 가지고 무엇을 선택한다. 지루한 삶이지만, 그 속에서는 창조적인 선택을 하고 있다. 주변 사람들과 대화를 해보면 나와 같은 삶을 산 사람은 아무도 없다. 나는 지금 이 세상에서 유일무이한, 나만의 삶을 살고 있다.

요즘 들어 캘리그라피를 비롯하여 향초, 지갑, 귀걸이, 비누 등 자기만의 감수성으로 무엇인가를 직접 만들어내는 것이 인기다. 아마 교사들도 여러 경로를 통해서 이런 작업을 한 번쯤 해봤을 것이다. 이런 것에 눈길이 가는 이유는 창조적 감성이 우리 안에 흐르기 때문이다. 사람이 동물과 다른 것은 이런 창조 능력이다. 동물은 본능대로 살아가지만, 인간은 근원적으로 창조적인 삶을 산다. 그리고 그런 창조적인 삶을 살 때 의미를 느끼고, 자신의 살아 있음을 확인하는 존재다. 반대로 창조적 삶을 살지 않을 때, 스스로 존재감을 확인하지 못하고 힘없이 낙담하는 것도 인간이 가지고 있는 근원적인 성격이다.

지친 하루에도 한 잔의 커피를 마시면 잠깐이라도 몸이 살아나는 느낌이 든다. 나는 수년 전에 핸드드립 커피에 눈을 뜨게 되었다. 처음에는 시간이 오래 걸리는 핸드드립 커피를 굳이 마시려고 하지 않았다. 한편으로는 핸드드립 커피를 마시려고 물의 온도를 조절하고, 비싼 원두를 사서 손수 로스팅하고 갈아 마시는 선생님들을 이해하지 못했다. '무슨 커피를 먹는데 이런 호들갑을 떠냐'고 '그 커피가 그 커피지 뭐 다른 것이 있겠냐'면서 그들을 함부로 판단했다. 그런데 핸드드립 커피를 조금 얻어 마시다 보니 인스턴트 커피에서는 느낄 수 없는 원두의 맛을 알게 되었다. 물의 온도, 원두, 날씨, 기분에 따라 달라지는 색다른 커피의 맛에 빠지니 매번 똑같은 맛을 내는 인스턴트 커피는 점차 마시지 않게 되

교사, 삶에서 나를 만나다

었다. 물론 핸드드립 커피를 마시는 일은 귀찮다. 원두를 사야 하고, 갈아야 하고, 물을 끓여야 하고, 천천히 물을 붓고, 물이 다 떨어지기를 기다리는 이 시간은 참으로 길다. 그러나 그 불편함을 감수하는 것은 나만의 커피, 내 입맛에 맞는 커피를 먹을 수 있다는 창조의 기쁨 때문이다. 자식을 특별하게 사랑하는 것, 내가 기른 화분에 애착을 갖는 것, 내가 만든 음식에 깊은 애정이 있는 것 등은 모두 인간이 근원적으로 가지는 창조의 본성과 관련이 깊다.

수업도 마찬가지다. 수업을 재구성해야 하는 근원적인 이유는 학생들에게 참된 배움을 주고자 하는 것도 있지만, 창조자로 태어난 우리가 수업 내용에서 나만의 창조적 감성을 발휘하지 않으면 스스로 갑갑함을 느끼기 때문이다. 내가 만든 것이 아닌, 남의 것으로 수업을 하기 때문에 늘 수업에서 나의 이야기가 아닌 남의 이야기를 하는 기분이 들고, 이것은 수업을 하는 내적 에너지가 떨어지는 것으로 연결된다. 손수 이해하고 창조한 내용이 아니면 우리는 스스로 힘을 발휘하기가 어렵다. 인간은 누군가에 지시를 받고 따르는 수동적인 존재가 아니라 스스로 나의 것을 만들고 창조하는 능동적인 존재이기 때문이다. 다시 한 번 말하지만, 창조의 능력은 이미 내재되어 있다. 스스로 창조능력이 없다고 느껴도 이미 우리 안에는 창조의 감성이 있다.

르브룅의 초상화[55]를 보면, 다른 초상화와는 차이점이 보인다. 대개의 인물화는 인물의 표정을 부각시켜 표현하는데, 이 그림은 인물이 가지고 있는 그림 도구가 눈에 먼저 들어온다. 사실 이 그림은 르브룅의 자화상이다. 여류 화가로서 그림을 그리는 자신의 모습이 너무 자랑스러워서 이 그림을 그렸다. 남성 화가들 속에서 궁정화가가 되어 왕족의 모습을 그리는 자신의 모습, 이것이 너무 사랑스럽고 예뻐서 르브룅은 초상화에 그림 도구를 넣었다. 표정에서 화가로서의 자부심과 긍지가 잔뜩 묻어져 나온다.

창조적인 수업을 하려는 교사의 모습도 마찬가지다. 내가 창조자라는 자부심. 정해진 교육과정을 가르치지만, 교과 내용에 대한 해석, 교과 내용을 통한 주제의식은 교사 개인에 따라서 얼마든지 재창조할 수 있다는 생각으로 교과서를 봐야 한다. 창조 의식이 우리 안에 있어야 한다. 이것은 기술의 문제가 아니라 마음의 문제다. 내 안에 이런 창조자의 자부심이 들어올 때, 우리는 새롭게 교과 내용을 창조할 수 있다는 용기를 가지게 된다.

55 르브룅, 자화상

교사, 삶에서 나를 만나다

처음에는 '내 능력에 무슨 수업 재구성이냐' 라는 두려움이 있기 마련이다. 하지만 시간을 두고 조금씩 조금씩 내 주제의식에 따라 수업 내용을 재구성하기 시작하면, 어느새 누군가가 정해준 수업을 하는 것보다, 나의 주제의식과 신념이 반영된 수업을 할 때 훨씬 자유롭고 행복해 하는 것을 느낄 것이다. 물론 수업 내용을 매번 재구성하고 창조하는 것은 귀찮은 일이다. 수업 내용을 미리 가공해야 하고, 그에 맞는 수업 방법을 선택해야 하는 등 핸드드립 커피를 마시는 수고로움이 여기에도 존재한다. 하지만 그 어려움을 능히 감수해내는 것은, 수업 내용 속에 내가 들어가 있는 기쁨 때문이다. 재구성한 내용이 투박해 보여도 내가 직접 디자인한 수업을 더 좋아하게 되어 있다. 그게 인간의 본능이다. 그런데 이런 창조적인 요소가 있음에도 스스로 표현하지 못하니 늘 답답했고, 내가 아닌 다른 것으로 채우려니 속상했을 것이다.

그런데 이런 창조의 본성을 가진 우리가 이렇게 위축된 이유는 무엇일까? 내 창조의 감성을 현재 내가 깊게 느끼지 못하는 이유는 어디에 있을까? 그것은 스스로 내 안에 있는 창조 욕망을, 창조적 감수성을 억압하는 문화 속에 계속 살았기 때문이다. 우리는 표준화된 틀을 통해 내 능력을 평가하고 비교하는 문화 속에 살아서, '나' 라는 존재로 살기보다는 '남이 좋아하는 나' 로 살다 보니 내 안의 창조성을 개발할 수 없었다.

우리 교사들은 당위적인 공부를 했다. 스스로 원해서 공부한 것이 아니라, 붙기 위한 공부를 했다. 표준화된 어떤 행동에 나를 맞춰야 했다. 몇 년 전에 임용고시 실기 시험을 평가하러 간 한 선생님이 말했다. 예비 교사들은 똑같은 복장, 어투, 헤어스타일로 실기 시험을 보러 왔다고 한다. 수업을 실연하는 것조차 거의 비슷해서 누가 수업을 잘하고 못 하고를 말할 수 없었다고 한다.

이런 획일화된 삶에서 우리는, 개성을 숨기고 생각을 자유롭게 표현하기를 두려워했다. 교사 생활의 시작부터 눈치를 봐야 했다. 나를 숨긴 채, 내 진짜 생각을 숨긴 채, 사회적 규약에 충실해야 했다. 생각을 표현하는 것은 권위자에 대한 반항이고, '튀는 행위'는 여러 사람을 불편하게 하므로 그냥 침묵했다. 그런데 문제는 수업 시간에서도 이 행위가 지속되었다. 충분히 내 생각을 표현할 수 있는데도 교육과정에 맞춰야 하고, 좋은 수업의 일반 법칙에 맞춰야 하고, 진도는 다 나가야 하는 등 머릿속을 지배하는 수업적 당위가 자유로움을 억압했다.

　나는 지금 모든 틀을 깨고 정말 마음대로 수업하자고 말하는 것이 아니다. 수업은 객관과 주관의 영역을 넘나들어야 한다. 중요한 것은 객관의 영역을 너무 강화한 나머지 교사의 주관이 상실되어 있다는 것이다. 그리고 이 주관의 상실로 우리가 그토록 이야기하는 교과내용 재구성, 창의인성교육, 미래교육을 실천하기가 너무 힘든 상황에 있다는 것을 말한다. 두려움은 우리의 창조적 감성을 막는다. 여러 사람의 평가와 시선, 사회적 통념을 너무 신경 쓰다 보면 학생들의 생각을 열어젖히는 수업 내용을 구성할 수 없다. 배움의 흥미라는 것은 기존의 것을 다르게 생각하고, 다른 각도에서 봐야 하는 시도가 있어야 하는데, 고정된 시선 속에 살아야 하는 교사는 그런 접근조차 쉽지 않다.

　인상파 화가들은 남의 시선을 의식하지 않았다. 기존의 그림과는 달리 평범하고, 일상적인 풍경을 자신만의 느낌으로 표현해내기 시작했다. 마네의 대표작 아스파라거스[56]에서도 이런 철학은 잘 드러난다. 한낱 식물에 불과한 아스파라거스에 마네는 새로운 생명을 불어넣는다. 전통적인 관점에서 보면 이 그림은 파격 그 자체다. 그림에는 성서, 신화, 아름다운 풍경이 담겨야 하는데, 고작 식재료로 사용하는 아스파라거스를 소재로

교사, 삶에서 나를 만나다

56 마네, Bunch of Asparagus (1880)

삼았다는 것은 당대의 기준으로는 큰 비난을 받아야 할 일이다. 그럼에도 마네가 이렇게 한낱 잎사귀에 불과한 아스파라거스에 새로운 생명을 불어넣은 것은 '나는 화가다. 나는 새로운 그림을 창조하는 사람'이라는 명백한 자기 인식이 있어서 가능했을 것이다.

어찌 보면 우리는 귀뚜라미 신세이다. 여름날에 있는 귀뚜라미. 화려한 매미 소리에 묻혀서, 나의 노랫소리가 남에게 들리지 않는 상황 속에 있다. 하지만 "나 여기 살아 있다"는 타전 소리를 계속 보내야 한다. 내 노래를 부르지 않고, 남의 노래만 부르다 보면, 나는 계속 죽어 있을 수밖에 없다. 창의력은 기술로 얻어지는 것이 아니라 내 삶에서 나의 노래를 부르고 싶은 열망에서 시작된다. 용기를 가지고 내 삶에 주인이 되어 보자.

• 창조가 용기라는 말이 어떻게 다가오는가?

• 우리 안에 창조 능력이 이미 내재되어 있다는 말이 어떻게 다가오는가?

• 창조는 참신성 이전에 주체성이 먼저 있어야 한다는 말이 어떻게 다가오는가?

교사, 삶에서 나를 만나다

창조는
시선이다

가난한 어머니는
항상 멀덕국을 끓이셨다

학교에서 돌아온 나를
손님처럼 마루에 앉히시고

흰 사기그릇이 앉아있는 밥상을
조심조심 받들고 부엌에서 나오셨다

국물 속에 떠 있던 별들

어떤 때는 숟가락에 달이 건져 올라와
배가 불렀다

숟가락과 별이 부딪히는

맑은 국그릇 소리가 가슴을 울렸는지

어머니의 눈에서

별빛 사리가 쏟아졌다

- 공광규, '별국'

멀덕국은 건더기 없이 국물만 있는 국을 말한다. 누군가는 그 국을 가난이라고 말하지만, 다른 누군가에게는 별국이다. 건더기 없이 숟가락과 국그릇이 만나 울리는 소리, 그 소리에 눈물 흘리는 어머니의 별빛 사리, 하나의 시에서 어떤 그림보다도 아름다운 풍광이 그려진다. 이 시를 읽고 있으면 늘 밥을 늦게 잡수시던 어머니 생각이 난다. 남편과 아들 둘이 다 먹고 나면, 그제야 남은 음식을 홀로 잡수시던 어머니!

시인이 가난 속에서도 이런 감동적인 시를 지을 수 있었던 것은 멀덕국의 가난을 본 것이 아니라, 멀덕국이라도 해주려는 어머니의 사랑 그리고 이를 안타까워하는 어머니의 마음을 봤기 때문이다. 우리의 시선이 어디에 머무르냐에 따라서 창의적인 발상이 시작된다. 창의적인 광고를 만든 박웅현 씨는 이것을 견문과 시청의 차이라고 말한다.

시이불견 청이불문(視而不見 聽而不聞). 제가 좋아하는 말입니다. 시청은 흘려 보고 듣는 것이고 견문은 깊이 보고 듣는 거죠. 비발디의 사계를 들으면서 그저 지겹다고 하는 것은 시청을 하는 것이고요, 사계의 한 대목에서 소름이 돋는 건 견문이 된 거죠.(박웅현, 『여덟 단어』)

교사, 삶에서 나를 만나다

창의적인 수업이라고 할 때, 교사들이 흔히 관심을 갖는 것은 수업 모형, 수업 기술, 혹은 참신한 수업 자료이다. 그러나 이보다 더 근본적인 것은 교사의 시선이다. 교과 지식을 '시청'하고 있는가? '견문'하고 있는가? 교과서를 펴고, 교육과정을 보면서 시선이 어디에 깊게 머무르고 있는가? 그것이 창의적인 수업의 핵심이 된다.

주어와 서술어만 있으면 문장은 성립되지만
그것은 위기와 절정이 빠져버린 플롯 같다.
'그는 우두커니 그녀를 바라보았다.'라는 문장에서
부사어 '우두커니'와 목적어 '그녀를' 제외해버려도
'그는 바라보았다.'는 문장은 이루어진다.
그러나 우리 삶에서 '그는 바라보았다.'는 행위가
뭐 그리 중요한가
우리 삶에서 중요한 것은
주어나 서술어가 아니라
차라리 부사어가 아닐까.
주어와 서술어만으로 이루어진 문장에는
눈물도 보이지 않고
가슴 설레임도 없고
한바탕 웃음도 없고
고뇌도 없다.
우리 삶은 그처럼
결말만 있는 플롯은 아니지 않은가.

'그는 힘없이 밥을 먹었다.'에서

중요한 것은 그가 밥을 먹은 사실이 아니라

'힘없이' 먹었다는 것이다.

역사는 주어와 서술어만으로도 이루어지지만

시는 부사어를 사랑한다.

– 박상천, '통사론'

"주어와 서술어만으로 이루어진 문장에는 눈물도 보이지 않고 가슴 설레임도 없고 한바탕 웃음도 없고 고뇌도 없다"라는 구절이 깊게 다가 온다. 우리가 가르치려는 내용도 그렇지 않은가? '왜 가르치는가'에 대 한 깊은 고민 없이, 교육과정에 기술되어 있으니 가르친다는 것은 주어 와 서술어만 가르치는 행위와도 같다. 교과 내용을 깊이 본다는 것은 교 과 지식의 가치와 의미를 깊이 있게 이해하는 것이다. 곧 창의성은 수업 기술이 아니라 수업 내용이다. 교과 지식 속의 숨은 의미를 교사가 깊은 시선으로 견문하면서 학생들에게 안내할 내용을 찾는 것이다. 주어와 서술어로 이뤄진 교과서에서 부사어를 찾아내는 것이 창의성의 핵심이 다. 그러므로 교사의 전문성은 차가운 교과 지식 속에서 따뜻한 감성, 바 른 의미, 가치를 복원하는 것에 있다.

다음 그림은 우리가 흔히 봐 왔던 예술작품의 아름다움과는 거리가 멀다. 하지만 이 그림을 '부사어'의 관점에서 보면, 이마의 주름, 움푹 들 어간 눈, 깡마른 얼굴, 굴곡진 목살이 눈에 들어온다. 그리고 이를 통해 이 여인의 삶의 무게, 삶의 고단함, 희생, 헌신을 견문할 수 있게 된다. 그 림의 제목 '어머니의 초상'[57]에서 화가 뒤러가 어떤 마음으로 이 그림을 그렸는지 금방 알아차릴 수 있다. 뒤러는 어머니의 삶을 시청하지 않고 견문했기 때문에, 우리네 어머니의 애달픈 삶을 그려낼 수 있었다.

　한때 나는 어머니의 사랑을 다룬 소설, '눈길'을 가르친 적이 있었다. 교육과정대로 가르친다면, '눈길'에 쓰인 표현 기법과 주제를 잘 전달하면 되는 것이었다. 그런데 내가 '눈길'의 주제를 잘 정리해주면 학생들은 그것을 기계적으로 외울 뿐이다. 이럴 때 나도 공허하다. 내가 눈길을 읽었을 때는, 중학교 때 나를 배웅해주던 어머니가 생각나 눈물을 많이 흘렸는데, 학생들은 '어머니가 걸어가는 고생의 길이 눈길이다'를 머릿속에 저장할 뿐이다. 그래서 나는 눈길 수업의 '부사어'가 무엇일까를 고민하며, 눈길을 가르쳐야 하는 나만의 의미를 찾아내기 시작했다. 소

57　뒤러, 어머니의 초상 (1514)

설 눈길을 다시 천천히 그리고 깊이 읽으면서 감명 깊었던 부분을 다시 찾고, 그것을 바탕으로 우리네 부모님의 마음을 이해하는 작업을 시도했다. 인터넷에서 부모님의 모습이 잘 나타난 노래, 시, 그림 등을 찾아봤다. 노래 자료는 무궁무진했다. 이런 자료와 소설 눈길과 부모님의 삶을 연결하니, 수업은 전과 다른 따뜻함 속에서 진행되었고, 학생들은 부모님께 편지 쓰고 부모님의 답장을 눈물로 같이 나누는 시간을 가졌다.

결국, 소설 눈길을 점수의 시선, 평가의 시선이 아닌 삶의 시선으로 다시 바라보니, 전에는 보이지 않던 부분들이 보였다. 사실 같은 과목을 오래 가르치다 보면, 이 단원에서는 이것, 저 단원에서는 저것, 하는 것이 정해지게 된다. 가르쳤던 관성대로 교과 지식을 바라본다. 이렇게 되면 가르치는 사람도 무료함에 빠지고 배우는 학생들도 같이 지루해진다. 대개 우리는 새로운 교수 방법으로 이것을 극복하려고 하는데, 일시적인 재미는 줄 수 있어도 학생들의 가슴에 닿는 울림을 주지는 못한다. 결국, 수업 내용이다. 수업 내용에 전과 다른 깊이 있는 시선이 전개될 때 창의적인 수업이 만들어진다.

하지만 이것은 불가능한 일이다. 나만의 시선으로 교과 지식을 깊게 볼 여유가 없기 때문이다. 지금 이 글을 쓰고 있는 나도 여유가 없다. 동료 교사들도 마찬가지다. 네이스로 생활기록부를 입력해야 할 시간이기 때문이다. 그런데 네이스가 먹통이다. 온라인으로 메시지는 계속 날아온다. 1학기 학업교육계획서를 수정하라고 하고, 동아리 활동 기록이 누락되었으니 입력하라고 한다. 출결 담당 선생님은 결석계를 내라 하고, 야간자율학습 담당 선생님은 야간자율학습 배정을 확정할 테니 요일별 자습 인원을 보내달라고 한다. 한 학생은 체험학습 한다고 서류를 들고 오고 학부모님은 갑작스럽게 전화해서 가정사로 인해 학생을 일찍 보내달라고 한다. 방과후 담당 선생님은 방과후 교재명, 금액, 출판사까지 적어서 보내달라고 한다. 정신없이 업무를 하고 있을 때, 집에서 전화가 온다. 오늘 애들 좀 맡아줄 수 있냐고. 그리고 그때 택배 기사로부터 문자 메시지가 날아온다. 택배 물건 있으니 지금 집에 계시냐고……. 한꺼번에 많은 일이 터지니 헛웃음이 난다.

이렇게 학교에서 파김치가 되어 집으로 돌아간다. 집에서도 온갖 일을 하다 보면, 조용히 교과서의 내용을 새롭게 볼 여유가 없다. 지식의 맥락과 의미를 연구하고 파헤쳐야 하는데, 피곤한 몸으로 그 시간을 확보하기가 쉽지 않다. 기존에 가르쳤던 대로, 차가운 정보만을 빨리 정리하려고 한다. 지식을 구조화하고, 개념을 구분하는 데만 신경을 쓰게 된다. 마음으로는 차분하게 교과 내용을 다시 보고, 창의적으로 재구성하고 싶지만, 삶이 가만히 내버려두지 않는다. 하지만 그럼에도 교과 지식을 자세히 그리고 오래 보아야 한다. 천천히 오랜 시간을 두고 한 부분 한 부분을 깊이 보는 연습을 해야 한다.

자세히 보아야 예쁘다
오래 보아야 사랑스럽다
너도 그렇다

– 나태주, '풀꽃'

아주 간단한 시이지만, 인간과 인간, 인간과 자연이 어떤 관계 맺음 속에서 인생살이를 해야 하는지를 잘 알려준다. 자세히 보아야 하고 오래 보아야 비로소 사물의 본질을 발견할 수 있음을 알려준다. 나태주 시인은 이 시를 짓기 전에 매우 아팠다. 그런데 어머니가 병문안 중에 가져다 준, 풀꽃을 보면서 마음의 위로를 얻었다. 그래서 산책을 하던 중에 평상 시에는 잘 보이지 않았던 풀꽃을 관찰하기 시작했다. 그랬더니 길가에 이름 모를 온갖 풀꽃이 힘겹게 피어 있는 것을 발견했다고 한다. 누가 봐 주지는 않지만, 아스팔트 틈 사이에서, 길가 돌 사이에서 강인하게 피어 오르는 풀꽃, 작가는 그 모습을 자세히 그리고 오래 관찰하기 시작하면 서, 우리 삶의 예쁨과 사랑스러움이 무엇인지를 깊이 성찰하게 되었다 고 한다.

우리가 가르치는 교과도 마찬가지다. 분명 그 속에 수많은 의미와 가 치, 목적이 있는데, 자세히 보지 않고 오래 보지 않기 때문에 진짜 의미 를 보지 못하는 것이다. 시간이 없고 바쁘지만, 긴 호흡을 가지고 봐야 한다. 예상외로 우리는 교과 지식에 대한 연구가 부족하다. 물론 교과서 의 내용 정도는 이미 능통하다. 그런데 진짜 중요한 것은 그 정보 속에 숨어 있는 맥락이다. 직유법과 은유법, 의인법을 구분하는 것이 중요한 것이 아니라, 이런 수사 기교가 생긴 이유가 중요하다. 의인법을 개념적 으로 정의하면 사람이 아닌 것을 사람처럼 표현하는 수사법이라 가르칠 것이다. '꽃이 우릴 보고 웃는다' 라고 예를 들면서 말이다. 하지만 이런 의인법을 정보적으로 아는 것보다 더 중요한 것은 '인간은 왜 의인법을 사용하면서 자신의 감정을 표현하냐' 이다. 그리고 '내 삶에서 이런 의 인법을 어떻게 적용할 것이냐' 이다. 이런 숨은 맥락은 교과서에 잘 나와 있지 않고, 교사가 스스로 탐구하고 연구할 때 얻어진다. 이것은 단박에 얻어지지 않는다. 교사가 서 있는 그 자리에서 오랜 시간을 두고 자세히 볼 때, 그리고 학생들의 삶에 끊임없이 관심을 가질 때, 교과 지식의 맥 락이 보인다.

교사, 삶에서 나를 만나다

히브리어로 무엇을 '안다'라는 말은 '야다'라는 말로 '사귄다'는 의미가 있다. '남녀가 영적으로 육체적으로 만나고 연합한다'는 것을 '안다'라는 의미로 사용한다. 즉 안다는 것은 정보를 기억하는 수준이 아니라 정서적인 만남과 교류가 이뤄진다는 것이다. 지식을 안다는 것도 마찬가지다. 지식을 둘러싼 맥락, 의미, 가치, 삶의 연결 지점 등을 알아야지만 그 지식이 온전히 나의 앎이 된다.

우리 어머니의 손은 참으로 거칠다. 스스로 손이 못생겼다고 생각하셔서 손에 어떤 장신구도 하지 않는다. 손끝이 갈라졌고, 어떤 마디마디는 새까맣다. 나는 이 손이 왜 이렇게 되었는지를 '안다.' 어릴 적 어머니도 돈을 벌어보시겠다고, 산으로 가서 담배 재료로 사용되던 떡갈잎을 따오기 시작했다. 떡갈잎을 따고, 그것을 정리할 때마다 어머니의 손은 까매지셨다. 파란 이파리에 안겨 있던 수많은 흙, 나무찌꺼기가 어머니의 손에 계속 스며들었다. 어머니가 떡갈잎을 따오시면 형과 나는 어머니의 일을 거들어야 했다. 내 기억으로 50장을 하나씩 묶어야 했는데, 어린 나에게 쉬운 일은 아니었다. 잎에서 나는 이상한 냄새, 잎을 먹고 있던 애벌레들이 방안에 나뒹굴면서, 집안을 어지럽혔다. 나는 참으로 싫었다. 하지만 어머니는 억척스럽게 이 일을 몇 년 하셨고, 그렇게 번 돈으로 형과 나에게 오리털 점퍼를 사 입히셨다. 어머니의 손을 잡으면, 그때 우리를 위해 고생하셨던 어머니의 사랑이 고스란히 전해져 온다. '안다'는 것은 이런 것이다.

제임스 휘슬러는 어머니를 제대로 알고 그린다.[58] 자신이 직접 모델이 되어 자녀가 성공하기 바라는 어머니, 그러나 그의 어머니는 온화하지 않다. 아들이 훌륭한 화가가 되기 위해서라면 학교도 자퇴시키고 사귀던 애인도 헤어지게 한다. 휘슬러는 어머니의 그런 모습이 못마땅하지

58 휘슬러, 어머니의 초상 (1871)

만, 아들만을 위해 억척스럽게 살아야만 했던 어머니의 인생을 검은색
과 회색을 써 가며 덤덤하게 그려낸다.

이런 앎으로 가기 위해서 교사가 먼저 신경을 써야 할 것은 교과 지식,
그 자체에 대한 탐구다. 교과 지식 그 자체의 맥락과 의미, 가치, 원리 등
을 삶의 시선으로 좀 더 깊게 파고들며 연구해야 한다. 물론 우리에게는
시간이 없다. 여유가 없다. 그러나 긴 시간을 가지고 천천히 교과 지식을
보면, 우리의 지식도 삶과 함께 천천히 쌓여갈 것이다.

처음부터 마그리트가 기발한 그림[59]을 그린 것이 아니다. 마그리트는
제1차 세계대전이 일어나자 인간 이성에 대한 근본적인 질문을 던지기
시작한다. '우리가 생각한 것들이 정말 맞는 것인가? 만약에 맞다면 전

교사, 삶에서 나를 만나다

마그리트, 삶의 기술 (1933)

쟁은 왜 일어나는 것인가?' 라는 깊은 통찰을 시작한다. 그리고 그는 기존 질서를 깨뜨리고 이질적인 사물의 조합으로 창의적인 그림을 그려낸다. 그림에 대한 마그리트의 생각은 자신의 삶과 통합되어 펼쳐진다. 교사들도 시간이 지날수록 내 안의 지식이 삶과 통합된다. 수학 교사는 확률이 우리의 인생이 확률 속에 있는 가변적이고, 확정적이지 않은 불안정성에서 발달한 학문이라는 것을 이해하게 될 것이고, 생물 교사는 태양을 향해 기공을 열고 닫고, 수많은 유기 화합물을 배출하는 식물의 광합성 작용을 통해 자연의 경이로움을 깊게 깨닫게 된다. 지구과학 교사는 암석의 종류를 배우면서 내가 보고 있는 이 산이 오랜 세월과 함께 만들어진 신기의 세계임을 알게 된다.

그렇다. 교과서 속의 어떤 내용도 그냥 있는 것이 없다. 모든 내용이 삶으로 향하고 있다. 평가를 위해 교과 지식이 존재하는 것이 아니다. 교과 지식은 우리가 세계를 더 깊게 풍요롭게 만나기 위해서 필요하다. 내가 내 어머니의 삶을 알기 때문에 어머니의 손을 보고도 울컥하듯이, 우리 학생들도 세상의 기본 구조와 원리를 이해하면 이 세상을 경이로움의 세계, 기대의 세계, 호기심의 세계로 보게 될 것이다. 지식에 대한 이런 깊이 있는 교사의 시선이 창의적인 수업을 만들어낸다.

교과 지식을 자세히 깊게 보려는 교사들에게는 연탄재 하나도 의미 있게 다가온다. 그냥 버려진 존재, 그래서 함부로 찰 수 있는 쓰레기가 아니다. 누군가의 방을 따뜻하게 덥히다가 숭고하게 희생한 천사다. 우리가 가르치는 교과 지식도 그렇다. 시험의 시선, 평가의 시선에서 교과 지식은 차가운 정보지만, 사실은 어떤 학자의 끊임없는 노력으로 밝혀진 창의적인 산물이다. 수업의 창의성은 다른 데 있지 않다. 교과 내용 그 자체를 삶의 맥락에서 깊게 바라보는 데서 시작한다. 진도를 빨리 나가기 위해 조급증을 갖기보다 자세히 오래 보면서, 내 교과 속에 있는 삶의 의미를 찾는 연습을 게을리하지 말아야 한다. 교사는 세계에 대한 비평가이다. 세계가 왜 이렇게 되었고 지금 어떤 방향으로 가고 있는지를 의미 있게 알려주는 자이다. 결국, 시선이다. 지금 내 교과서에서 무엇을 보고 있는가? 나는 지금 어디를 보고 있는가? 창의적인 수업을 위해 연탄 한 장도 따사롭게 바라봤던 시인의 안목이 필요한 때다.

교사, 삶에서 나를 만나다

- 교과 지식 속에서 교사가 먼저 의미를 발견해야 한다는 말이 어떻게 다가오는가?

- 수업 내용에 대한 깊이 있는 탐구가 창의적인 수업을 만든다는 것에 대해서 어떻게 생각하는가?

창조는
자연이다

　　인상파의 화가들이 자연 풍경을 제대로 묘사했다고 알고 있지만, 프랑스의 인상파 화가 이전에 자연 풍경을 자신만의 느낌으로 그린 영국 화가, 터너가 있었다.

　　영국 사람들이 가장 좋아한다는 그의 작품 '전함 테메레르'[60]를 보면 그가 자연을 얼마나 깊게 묵상하고 살폈는지를 알 수 있다. 이 그림의 흰 배, 전함 테메레르는 1805년 트라팔가 전투에서 나폴레옹의 영국 본토 침략을 저지했다. 이 전쟁으로 영국은 영토를 지킬 수 있었고, 나폴레옹은 전투에서 패배한 후 러시아를 다시 공격하다가 몰락하고 말았다. 영국인에게 자긍심으로 표현되는 배가 바로 테메레르다. 그런데 그 역사적인 배도 시간의 흐름에 따라 쇠락할 수밖에 없었다. 증기선이 보급되면서 테메레르는 쓸모가 없어졌다. 영국 해군은 테메레르를 운송업자에게 넘기기로 했다. 그래서 이 그림에서는 큰 테메레르가 작은 증기선에 쓸쓸하게 끌려온다. 그런데 이 그림이 정말 유명하게 된 이유는 역사적

60　터너, 전함 테메레르 (1839)

인 배 테메레르 때문만은 아니다. 그것은 테메레르의 삶을 저물어가는 석양에 그렸기 때문이다. 이제 사라져가는 전함이 석양에 지는 노을과 함께 표현되니 애잔함이 더욱 깊게 다가와서 영국인들은 안타까운 시선으로 이 그림을 바라봤다.

한편 프리드리히가 그리는 자연은 묵상의 세계다. 인간에게 깊은 고요를 알려주는 성찰의 장소다. 때로는 세상의 소리에 귀를 닫고, 조용히 내면의 소리를 들으라고 하는 침묵의 세계다. 프리드리히는 태양이 지는 것을 보면서 자신의 삶을 깊게 성찰한 경험이 있기에, 자연 앞에서 말없이 서 있는 두 사람의 모습을 그려냈을 것이다.[61]

교과 지식을 통해 교사들은 세계의 비평가가 되어야 한다. 교사의 본분은 터너와 프리드리히와 같다. 일상적으로 무의미하다고 느끼는 세계를 새로운 안목으로 봐주고, 그 안에 있는 경이로움의 세계, 가치로운 의

61 프리드리히, Sunset Brothers

미를 찾아가게 해주는 것이 교사의 의무이다. 국어 교사라면 언어의 세계를, 수학 교사는 수의 세계를, 지리 교사는 공간의 세계를, 생물 교사는 자연의 세계를 학생들에게 정서적인 감흥을 줘야 한다. 하지만 일상이 무미건조한 우리에게 무리한 요구일 수 있다. 교과 지식을 자세히 오랫동안 살펴보아도 여전히 차가운 정보로 다가올 때가 많다. 이때, 교사들은 세계의 비평가가 되기 위해서는 화가들처럼 결국 자연 앞에 서야 한다. 자연을 둘러싼 경이로운 세계를 직접 경험하고 그 속에서 느끼는 감정, 질문, 사유를 수업으로 녹여내야 한다.

요즘 좋은 수업을 위해서 질문이 있는 수업, 질문을 통한 수업 혁신 방법이 다시금 논의되고 있다. 분명 긍정적인 현상이다. 그러나 질문이 있는 수업 또한 기술과 기법만으로 이야기할 수 없다. 질문이 있는 수업 이

교사, 삶에서 나를 만나다

전에 질문이 있는 삶을 교사가 살아야 한다. 질문은 기술이 아니다. 질문을 던지고자 하는 대상에 대한 관심, 사랑, 탐구, 열정 같은 것이 발현되는 자연스러운 행위이다.

그런데 문제는 우리 안에 질문이 생기지 않는다는 것이다. 초등학교 수업과 달리 중·고등학교 수업의 가장 큰 특징은 학생들이 질문하지 않는다는 것이다. 초등학생들은 늘 질문이 많다. 호기심이 폭발하는 시기이기 때문에 궁금증이 생기면 그것을 해결해야 한다. 그들의 질문은 직관적이다. 세상에 대해서 알고 싶은 것이 너무 많다. 그러나 시간이 지나면 질문이 점차 사라진다. 알고 싶은 것이 사라지기 때문이다. 앎이라는 것이 세상에 대한 탐구, 세상에 대한 발견이 아니라, 출세를 위한 도구로 변질되기 때문이다.

교사도 마찬가지다. 대학 공부, 임용 공부 모든 곳에서 우리의 공부도 도구화, 수단화되어 있었다. 지적 호기심을 가지고 지속적으로 무엇인가를 연구한 경험이 많지 않다. 앎의 즐거움을 교사가 먼저 경험했어야 하는데, 우리 또한 생존의 공부를 해야 했기에 질문이 없는 공부를 해왔다. 시험에 합격하기 위해 정보를 잘 요약하고 암기해야 했기에, 질문하는 능력이 있었으나 그 능력을 상실해버렸다. 그래서 질문을 하려고 해도 질문이 생기지 않는다. 내가 가르치는 교과이지만 왠지 부담되고 차갑게 느껴진다. 앞서서 우리는 교과 지식을 자세히 오래 보자고 했지만, 이를 위해서는 반드시 교사 스스로 교과 지식에 질문을 던지는 훈련을 해야 한다. 이때 수업 시간에 써먹기 위해 인위적으로 질문을 만들지 말고, 자연과 대화하면서 직관적으로 질문을 던지는 연습을 해야 한다. 내가 살고 있는 이 자연을 깊게 살피면서, 내 호기심이 무엇인지를 스스로 살펴볼 필요가 있다.

숲에 가보니 나무들은

제가끔 서 있더군

제가끔 서 있어도 나무들은 숲이었어

광화문 지하도를 지나며

숱한 사람들이 만나지만

왜 그들은 숲이 아닌가?

이 메마른 땅을 외롭게 지나치며

낯선 그대와 만날 때

그대와 난 왜

숲이 아닌가

- 정희성, '숲'

　시인은 숲의 나무들을 보면서 서로 함께하는 공존의 모습을 배운다. 개인과 집단이 조화롭게 있는 숲을 보면서 삶의 지혜를 얻는다. 그런데 숲이 될 수 없는 인간의 모습에서 삭막함을 느낀다. 숲과 나무의 관계를 통해 단절되고 분리된 인간의 모습을 비판하고 있다. 숲속에서 시인은 삶에 새로운 통찰을 얻고 있다.

　자연과의 대화는 거창한 것이 아니다. 자연과 함께 거니는 것이다. 우리는 이것을 완상(玩賞)이라고 한다. 조용히 자연을 산책하고 즐기는 것을 말한다. 다행인 것은 자연은 그 속에 있으면 그 자체로 우리에게 즐거움을 준다. 굳이 자연과 대화하지 않으려 해도, 신록의 숲속에 있으면 영혼이 맑아지고 상쾌해진다. 머릿속에 있는 잡생각을 버리려 하지 않아도 자연스럽게 버리게 해준다. 그러므로 시간이 되는 대로 산책을 해야

교사, 삶에서 나를 만나다

한다. 등교하기 전에, 점심시간에, 퇴근을 하고 나서도 시간이 나는 대로 산책의 기쁨을 맛봐야 한다. 자연이 가지는 풍부한 상상력을 수혈받아야 한다. 거기서부터 내 신경 세포가 살아난다. 잃어버렸던 창조의 연결고리가 생기기 시작한다.

가만히 생각해보면 우리는 무엇인가를 외우고 쓰면서 머릿속에 채워 넣는 작업을 많이 했다. 생각은 무엇인가를 집어넣는 것에만 있지 않다. 때로는 휴식을 취할 수 있어야 한다. 그런데 우리는 휴식 속에서도 일을 한다. 게임을 하거나 TV를 보는 것이 그렇다. 계속 이런 영상 정보에 뇌를 노출하면 뇌가 쉬지 못한다. 시각적인 정보가 뇌를 계속 힘들게 하기 때문이다. 휴식은 뇌를 쉬게 하는 것이다. 우리 삶에 잠이 있다는 것은, 창조의 법칙이다. 일을 하면 쉼이 있듯이 뇌도 쉬어야 한다. 비워야 한다. 그런데 우리는 생각과 뇌를 비울 시간이 없다. 늘 무엇을 해야 한다는 조바심에 계속 스마트폰을 보고, 컴퓨터를 하고, 인터넷을 한다. 조용히 사색하고 사유하면서, 생각을 정리할 시간이 필요한데 그것이 없다. 잠시라도 자극이 없으면 불안을 느낀다. 그래서 잠자기 전에도 스마트폰으로 쇼핑을 하거나 게임을 한다. 조용히 침묵하면서 자연이 내게 하는 말을 들어야 하는데, 그것이 들어올 틈이 없다.

고흐는 삶이 비참하고 어렵지만, 생각을 비우고 자연 앞에 섰다. 밤의 별들을 보면서 삶에 대한 새로운 희망을 느끼고, 녹색 빛으로 하늘을 향해 올라가는 사이프러스 나무[62]를 통해 생의 의지를 느꼈다. 그래서 그는 '별'과 '사이프러스 나무'를 소재로 수많은 명작을 그려냈다.

자연에 대한 이런 감정은 고흐만 느끼는 것이 아니다. 자연은 창조의 보고이기에 생각을 비우고 그 앞에만 서면 얼마든지 느낄 수 있다. 해가 뜨고 해가 지고, 계절마다 바뀌는 나무, 애벌레에서 변태해서 날아가는

62　고흐, 사이프러스 나무가 있는 밀밭 (1889)

아름다운 나비, 같은 공간에서도 다양한 모습을 하는 새, 시시때때로 변화하는 구름, 눈을 돌려 자연을 보면 모든 것이 새로워진다. 아파트 건물을 보면서 삭막함을 느끼는 것은, 늘 각진 형태의 똑같은 모습으로 서 있기 때문이다. 그러나 자연은 그렇지 않다. 시간과 공간, 어떤 각도에서 어떤 마음으로 바라보느냐에 따라 달라진다.

　창조적인 수업을 위해 생각을 비워야 한다. 귓가에 울리는 온갖 소리를 조용히 잠재우고, 생각을 비우는 작업을 해야 한다. 이것은 그냥 이뤄지지 않는다. 스스로 시간을 만들어 자연 속으로 나가야 한다. 자기만의 산책로를 만들어서 초록의 자연과 만나야 한다. 이런 비움의 시간을 확보하는 것이 자연과 만나는 시작점이다. 자연과 대화한다고 해서 특별한 작업을 하는 것이 아니다. 그냥 걷는 것이다. 걸으면서 푸른 자연을

63　조지 클라우슨, 풀밭 위의 소녀

보는 것이다. 돌 틈에 피어 있는 작은 꽃을 보면 '수고했다'고 말해주고, 아무렇게 피어 있는 꽃을 보면서 '고생했네'라고 말해준다. 그러다 보면 저절로 내 생각이 사라지고 자연이 주는 은혜 속에서 내 머릿속은 새로움으로 가득 찬다.[63]

　물론 이것은 상상이다. 그러나 이런 재미난 상상을 하다 보면, 일상의 풍경에서도 새로운 생각, 감정, 느낌이 떠오른다. 그래서 복효근 시인은 안개꽃을 보면서 이린 시를 남겼다.

　　꽃이라면
　　안개꽃이고 싶다

　　장미의 한복판에

부서지는 햇빛이기보다는

그 아름다움을 거드는

안개이고 싶다

나로 하여

네가 아름다울 수 있다면

네 몫의 축복 뒤에서

나는 안개처럼 스러지는

다만 너의 배경이어도 좋다

마침내 너로 하여

나조차 향기로울 수 있다면

어쩌다 한 끈으로 묶여

시드는 목숨을 그렇게

너에게 조금은 빚지고 싶다

- 복효근, '안개꽃', 『<어느 대나무의 고백>, 시인동네』

　우리는 아무렇지도 않게 생각하는 안개꽃, 꽃이라고 하기에는 너무 작고, 빈약한 모습의 안개꽃, 하지만 꽃다발에서 빠지지 않는 안개꽃을 시인은 뛰어난 창조력으로, 배경이 되어주는 존재라는 말로 대치한다. 그리고 그런 배경을 자신이 사랑하는 사람으로 연결한다.

　이런 창조력은 인간의 힘으로 나오기 힘들다. 끊임없는 사색과 명상 속에서 태어난 참신한 생각이다. 수업의 창조력은 나와 자연의 친밀함

교사, 삶에서 나를 만나다

과 깊게 연결되어 있다. 자연의 소리에 귀를 기울이며 생각의 틀을 깨뜨려야 한다. 모네가 당대 화가들보다 창의적으로 색을 칠했던 것은, 눈에 비치는 자연의 아름다움을 그냥 넘기지 않았기 때문이다. 끊임없이 색을 변하게 하는 빛에 질문하고 답하면서 그림으로 표현했다.[64]

요즈음 들어서 나는 나무껍질이 좋아진다. 껍질을 보면서 나무가 어떻게 이 자리를 지켜왔는지를 본다. 껍질이 다 사라지고 속살을 내보이고 서 있는 나무를 보게 되면, 나도 몰래 울컥하는 느낌이 있다. 그러면서 나는 중년의 나이를 앞에 두고 어떤 삶을 살아가고 있는지, 내 삶의 껍질은 어떤 식으로 닳고 있는지를 생각하게 된다.

수업을 잘하겠다고 여러 책을 보는 것도 중요한데, 때로는 최고의 책

64   모네, 수련 (Water Lilies)

인 자연 앞에 그냥 서자. 자연을 깊게 만나면서 생각을 비우고 자연이 주는 이야기에 그냥 내 생각을 맡겨보자. 그리고 자연에 질문을 하며 말을 걸자. 그런 사색과 관찰, 질문의 삶 속에서 수업을 창의적으로 디자인하는 능력이 생긴다.

나를 성찰하는 질문

• 창조력의 회복을 위해 자연과 대화하라는 말이 어떻게 들리는가?

• 하루 혹은 일주일 중에 자연 속에서 거닐고 산책하는 시간이 얼마나 되는가?

• 자연과 대화한 적이 있는가? 자연을 통해 받았던 위로, 기쁨 등의 감정이 있다면 언제 그런 경험을 했는가?

교사, 삶에서 나를 만나다

창조는
예술이다

　　최근에 그림을 그리기 시작했다.[65] 생각하면 정말 우스운 일이다. 그렇게도 그림 그리기를 싫어했던 내가, 나이 마흔이 넘어서 그림을 그리기 시작하다니! 화가로서의 재주는 전혀 없다. 그러나 그럼에도

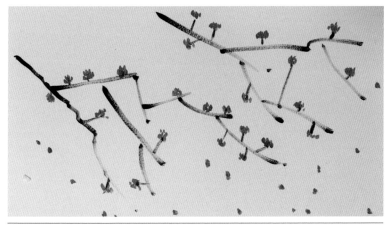

65　김태현, 봄꽃

그림을 그리기 시작한 것은, 자연에 대한 관심과 애정이 커지자 '이것을 그려보는 것은 어떨까?' 하는 생각이 들어서다. 서툴지만 그림을 그렸다. 실력이 실력인지라 썩 마음에 들지는 않지만 그림을 그리면서 나만의 느낌, 내가 좋아했던 풍경 등을 생각해서 그리니 내 마음에서 새로운 에너지가 싹트는 것을 느꼈다. 그래서 그림의 대상을 찾기 위해 봄꽃이 피는 어느 봄날, 나는 스마트폰으로 사진을 찍기 시작했다. 이쪽저쪽에 흐드러지게 핀 벚꽃은 너무 아름다웠다. 저마다의 모습을 뽐내면서, 나를 찍어달라고 외치는 꽃들, 나는 연신 사진을 찍어대며 봄꽃을 담았다.

그런데 사진을 찍다가 이런 생각이 들었다. 내가 찍는 이 사진과 다른 사람이 찍은 사진은 어떻게 다를까? 찍다 보니 누구나 다 찍을 수 있는 사진을 내가 찍고 있는 것은 아닐까 하는 생각이 들었다. 나만의 느낌이 있는 사진은 어떻게 찍을까? 하고 고민하다가 문득 저만치 호올로 피어 있는 민들레 하나가 눈에 들어왔다. 나는 그 꽃이 사람들은 화려한 벚꽃만 보고 있는데, 자신도 봐 달라고 소박하게 말하고 있는 것처럼 들렸다.

저만치 혼자서 피어 있는 민들레를 최대한 몸을 납작 엎드려서 찍어 보았다.[66] 그랬더니 이곳저곳에서 사진을 찍어달라고 말하는 꽃들이 보였다. 화려하게 피어 있는 것들이 아니라 작고 외로운 곳에서, 소외된 곳에서 조그맣게 있는 꽃들이었다. 그런데 이렇게 사람들의 시선이 가지 않는 곳에 피어 있는 꽃들을 계속 보니 서글픈 느낌이 들었다. 이름도 없이 빛도 없이 수고하는 우리 교사들의 모습과 흡사해 보였기 때문이다.

프로 사진작가는 아니지만, 나만의 느낌을 담은 사진을 뿌듯해하고 사람들에게도 연신 자랑하면서 다녔다. 나 같은 아마추어도 나만의 느낌을 담아내려고 노력했는데, 그림과 사진을 업으로 삼는 예술가들은 얼마나 많은 고뇌 속에서 자신만의 작품을 완성해낼까? 잃어버린 창조 세

교사, 삶에서 나를 만나다

66　김태현, 갈망

포를 다시 깨우기 위해서 필요한 것은, 자연을 완상하는 데도 있지만, 숱한 고민 속에서 창작된 예술작품을 감상하는 데도 있다.

예술작품을 본다는 것은 사치스러운 일처럼 느껴진다. 나도 예술을 감상하는 것은 시간이 많고 경제적인 부가 있는 사람들만의 것이라고 생각했다. 그런데 수업 재구성을 시작하면서는, 계속해서 나를 자극해줄 좋은 콘텐츠를 갈망하게 되었다. 수업 내용을 창의적으로 연결하기 위해서는 교과서 외에 또 다른 자료가 필요했는데, 나는 여기에 예술작품을 활용했다.

하지만 쉽지 않았다. 좋은 예술작품들은 사유의 산물이라서, 내가 그 사유를 따라 하지 않으면 작품의 의미를 찾기가 힘들기 때문이다. 앞서 언급했던 것처럼 자연은, 자연 속에 머물기만 해도 힘이 된다. 하지만 예술작품은 바라보기만 해도 좋은 것도 있지만, 작가의 생각을 이해해야 하는 약간의 수고로움이 필요하다. 머리가 아프기도 하지만 예술작품과 같이 사유하다 보면, 그에 맞는 의미가 발견되고 그것을 통해 작가들의 창의적 능력을 수혈받게 된다.

예술작품을 즐기는 데 역시 가장 중요한 것은 보는 것이다. 깊게 보면서 질문을 찾아야 한다. 질문 없이 그냥 느끼는 것만으로 그 의미를 찾아낼 수 없다. 명작에는 작가의 의도가 숨겨져 있어서 그것을 찾기 위해서는 질문을 좀 더 적극적으로 던져야 한다.

이형렬은 한국의 모습을 잘 나타낸 작품으로 유명하다. 이형렬 작가의 '우리 집'[67]이라는 사진을 감상해보자. 일단 같이 관찰해보면, 웃고 있는

67   이형렬, 우리 집

교사, 삶에서 나를 만나다

아이가 등장하고, 이 아이는 집안에 있다. 무엇을 보는지는 모르겠지만, 참 환하게 웃고 있다. 아이의 집은 유복하지 않다. 창문의 모양과 갈라진 벽이 이를 잘 알려준다. 그런데도 아이는 왜 웃고 있을까? 이런 질문에 이르다 보면, 어떤 상황에서도 웃는 아이의 모습은 '가난 속에서도 기쁠 수 있나?'라는 내 선입견과 충돌이 일어난다. 밖에서 안을 볼 때는 아이가 불행할 거라 단정하지만, 방안에서 아이가 바라보는 세계는 그야말로 별세계일 수 있다. 이 사진을 보고 다음과 같은 글을 남겼다.

> 남들은 뭐라 해도, 엄마와 아빠가 있는, 우리 집, 반지하이지만, 그래도 창을 열어서 밖을 볼 수 있는 우리 집이다. 이래서 우리라는 말이 좋다. 그런데 나는 여전히 내가 근무하는 학교가 우리 학교라는 친밀함이 없다. 여전히, 우리라는 말을 교육 현장에 붙이기가 쉽지 않다. 우리 학교, 우리 교육, 우리 수업…… 어쩌면 내가 늘 근심하며 학교에 다니는 것은, 이런 우리라는 의식이 없어서일까? 나는 학교라는 창으로 이 세상을 어떻게 보고 있을까? 아이처럼 해맑게 웃고 있을까?

전문가가 아닌 이상은 그 예술작품의 형식미까지 깊게 살피지 않아도 된다. 사진의 구도나 프레임 등을 말하는 것은 무리다. 다만 우리는 직관적으로 예술작품을 보고, 내 삶과의 연결고리를 찾으면 된다. 중요한 것은 남의 시선이 아닌 나의 시선으로 작품을 들여다보는 것이다. 그러다 보면 작가와 내 생각이 만나고 이를 통해 내 삶을 새롭게 조망하고 성찰하는 시선이 생긴다.

사실 우리에게는 이 작업이 버겁다. 정리된 지식을 접수하는 데 익숙하기 때문이다. 아마도 작가의 의도를 정확히 맞춰야 한다는 강박에 시달릴 수도 있다. 내가 맞게 해석했나? 옳게 해석한 건가? 그러나 창조적인 수업을 하려면 이런 틀에서 벗어나야 한다. 마음대로 감상하는 자유를 허락받았으니, 자기만의 시선으로 질문을 던지고 예술작품과 만나야 한다. 예술작품은 내가 그렇게 하라고 존재하는 것이지, 나를 억압하고 속박하는 것이 아니다. 예술작품을 통해 자유롭게 상상하고, 나만의 메시지를 작품 속에서 찾아야 한다.

사진과 그림이 힘들다면 좋은 음악이라도 찾아 들으면서 창조 감성을 일깨워야 한다. 음악[68]은 예술 장르 중에서 가장 직관적인 분야라 우리의 감성을 가장 손쉽게 자극한다. 컴퓨터에 자기가 좋아하는 노래가 한두 곡 정도는 있을 텐데, 개인적으로 나는 김광석의 음악을 좋아한다. 30세가 넘게 되면 김광석의 음악이 마음에 들어오기 시작한다. 세련된 기교는 없지만, 삶의 애달픔을 담은 그의 진정성이 우리의 감성을 자극한다. 나는 수업이 안 되거나 기분이 우울할 때면, 김광석의 '이등병의 편지'를 듣는다. 처음에 시작하는 하모니카 소리에 벌써 마음이 울컥한다. 그리고 후렴구에 나오는 가사 "이제 다시 시작이다. 젊은 날의 생이여"를 들으면, 군대를 제대한 지도 참 오래되었는데, 이등병 생활을 새롭게 시작하는 그 느낌으로 삶을 다시 시작해보자는 결의를 한다. 바쁜 시간 속에서도 마음을 진정시키고 위로하는 나만의 음악을 모아두는 것도 예술적 감성을 키우는 데 큰 도움이 된다. 이제는 인터넷을 통해 수많은 음악이 공유되고 유통되고 있으므로 마음만 먹으면 언제든지 원하는 음악을 찾아 들을 수 있다. 비가 올 때 듣는 음악, 달달한 사랑 음악, 마음을 차분히 가라앉히는 음악 등 온라인상에 자기만의 개성을 담은 노래들이 잘 모여 있다. 바쁘게 행정업무를 하다 보면 머리가 굳어지고 가슴이 메말라지는데, 이때 감성을 열어주는 좋은 노래 한 곡을 들으면, 내 안에

68   르누아르, 피아노 치는 소녀들 (1892)

새로운 느낌이 살아 움직인다. 스포츠 선수들은 체력을 관리하기 위해 몸에 좋은 음식을 많이 먹는데, 교사들은 수업에 필요한 감성과 지성을 개발하기 위해서 좋은 그림, 좋은 사진, 좋은 음악을 향유하면서 늘 창조성을 개발해야 한다. 자료 찾기에 힘쓰기보다 내 영혼을 돌보는 데 시간을 더 쏟아야 한다.

스스로 예술 행위를 하면서 내 안의 감성을 키울 수도 있다. 가장 손쉽게 할 수 있는 일은 사진을 찍는 것이다. 처음에는 '셀카'로 시작하자. 자신을 찍으면서 내가 어떤 존재인지, 나는 내 어떤 표정을 좋아하고 어떤 표정을 싫어하는지를 생각해보면서, 내 안에서 나라는 존재를 어떻게 인식하는지 성찰할 수 있다. 그리고 사진을 찍으면서 나를 나타내는 용기, 나도 살아있다는 자존감이 조금씩 올라간다. 셀카에서 풍경으로 시선을 돌리게 되면, 더욱 많은 것이 들어온다. 잘 찍겠다는 생각 없이 그냥 내 안에 들어오는 아름다움을 찍으면, 또다시 내가 세계를 어떻게 인식하는지, 내가 관심 있는 분야가 어떤 것인지 눈에 들어온다. 나는 사진을 찍으면서, 생명을 다했지만 소멸하면서도 아름다움을 버텨내는 것들에 내가 아름다움을 느끼는 것을 알게 되었다. 진흙탕 길을 잘 지나가게 하기 위해 깨진 연탄들, 바짝 말라져서 다시금 인간의 몸으로 들어가는 무시래기, 가지에서 떨어져서도 끝까지 나무 옆에 있으려는 단풍잎, 나는 이들의 모습에서 사멸(死滅)하는 것의 아름다움을 보았다.[69] 그리고 일기장에 이렇게 적었다.

69   그림쇼, Evening Glow (1884)

교사, 삶에서 나를 만나다

나는 오늘 단풍 길을 걸으며, 사멸하는 것의 아름다움을 보았다.

나무에 붙어 있는 단풍잎보다 떨어져 있는 단풍잎의 아름다움을 보았다.

단풍의 색깔보다 단풍이 떨어져 있는 모양이 아름다웠다.

모체로부터 떨어져서 나무 주변을 서성거리고 있는 낙엽들

한 잎 두 잎 떨어져서 생전의 터에 몰려드는 그들의 모습

죽어가면서도 사랑하는 사람들과 함께하고픈 그들의 마음이

그들은 참 아름답게 나무 아래에 흩어져 있었다.

그렇다. 이제 나는 풍성한 단풍잎보다 흐드러지게 핀 꽃들보다도

저만치, 홀로 피어 있는 꽃, 돌 틈에 힘없이 피어 있는 꽃

비에 맞으면서도 홀로 서 있는 단풍나무

이제는 모든 나뭇잎이 떨어져서 앙상하게 말라버린 나무

이상하다!

예전에는 볼품없는 것이라고 여겼던 것인데,

이제는 그 작은 것들에 대해, 미처 나의 눈이 가지 않았던 것에 대해 마음

이 간다.

성공한 사람들의 이야기보다

그냥 우리의 일상 속에서 평범하게 살아가고 있는

평범의 사람들에서 더 진한 감동을 받는다.

어느 할머니의 깊게 파인 주름살에서

닳아빠진 구두 수선공의 손토시에서

돌 틈에 피어 있는 작은 풀꽃에서

오래 사용해서 겉이 금이 가 있는 컵에서

쩍쩍 갈라진 나무의 등껍질에서
이제는 표식이 다 사라진 키보드에서
묘한 아름다움을 느낀다.
계속 나의 시선이 그곳에 머물러진다.

내 삶에는 어떤 아름다움이 새겨져 있는가?
성공하지 않고 실패하는
말하지 않고 듣는
나서지 않고 숨어 있는
주인이 아니라 종이 되는
군림하지 않고 섬기는
받으려 하지 않고 주려는
인정받으려 하지 않고 인정을 주는
이런 아름다움이 내게 새겨 있는가?

사멸하면서도 아름다움을 보이는, 이런 아름다움이 내게 있는가?

예전에 어린 시절 우리 고모들은 나뭇잎을 줍고, 거기에 시나 글귀를 적어서 책갈피로 썼다. 지금 생각하면, 참으로 유치한 행동일 수 있지만, 이제는 그런 낭만이 사라졌다. 모든 것을 전자기기로 소통하는 지금, 손글씨, 나뭇잎 책갈피, 우표, 이런 아날로그적인 감성이 사라졌다. 창조적 감성을 살리기 위해서는 이런 유치한 행동을 해보기도 해야 한다. 내가 좋아하는 그림 파일을 모으기도 하고, 좋아하는 시, 좋아하는 클래식, 멋진 사진, 감성 있는 일러스트 등을 모으면서 내가 스스로 살아있음을 증명해야 한다. 시간이 없다는 한계를 넘어서서 죽어가는 나를 살리기 위해서라도 이제는 내 시간을 만들어야 한다. 예술 속에 나를 밀어 넣으면서, 차가운 논리로만 가득 차 있는 내 머리에 쉼과 즐거움을 줘야 한다.

가난하다고 해서 외로움을 모르겠는가
너와 헤어져 돌아오는
눈 쌓인 골목길에 새파랗게 달빛이 쏟아지는데.
가난하다고 해서 두려움이 없겠는가
두 점을 치는 소리
방범대원의 호각소리 메밀묵 사려 소리에
눈을 뜨면 멀리 육중한 기계 굴러가는 소리.
가난하다고 해서 그리움을 버렸겠는가
어머님 보고 싶소 수없이 뇌어보지만
집 뒤 감나무에 까치밥으로 하나 남았을
새빨간 감 바람소리도 그려보지만.
내 볼에 와 닿던 네 입술의 뜨거움
사랑한다고 사랑한다고 속삭이던 네 숨결
돌아서는 내 등뒤에 터지던 네 울음.
가난하다고 해서 왜 모르겠는가
가난하기 때문에 이것들을
이 모든 것들을 버려야 한다는 것을.

- 신경림, '가난한 사랑 노래'

나는 이 시가 자꾸만 우리 교사들의 시로 들린다. 바쁜 생활에 지쳐서, 감성이 메말라 버린, 우리 교사들의 노래로 들린다. 지금은 비록 많이 지쳐서 감성이 다 사라졌지만, 우리도 한때는 달콤한 사랑 고백을 하거나 받았다. 우리도 로맨틱한 사람이었다. 그런데 삶의 무게를 견뎌내느라 예전의 그 따뜻한 감정을 잃어버렸다. 한때는 반찬으로 올려진 작은 멸치를 보면서 바다로 가고픈 멸치의 애달픔을, 바람에 흔들리는 나뭇잎에서 애잔한 그리움을 느꼈다. 빈 의자를 보면서 내가 누군가의 쉼터가 되기를 바랐고, 새벽에 반짝이는 별을 보면서 내가 저런 별이 되겠다고 외쳤다. 그런데 지금은 이런 감성이 어디에 있는지 모르겠다. 이런 메마른 상태에서 창의적인 수업은 절대 나오지 않는다. 수업 기술, 에듀테크를 익힌다고 해서 내 수업이 창의적으로 디자인되는 것이 아니다. 예술작품을 깊이 만나면서 삶의 관습을 넘어서는 새로운 시야가 열릴 때, 내 감성이 움직인다. 이런 감성이 살아 움직이기 시작할 때, 내 수업의 빛깔이 달라진다. 의도하지 않아도 수업에서 예술작품과 같은 특유의 감성이 생긴다. 누군가를 깊이 사랑하는 사람의 얼굴은 그 낯빛부터 다르다. 슬며시 터져 나오는 웃음, 깊고 순수한 눈망울 등 의도하지 않지만, 삶이 얼굴에서부터 자연스럽게 흘러나온다. 수업도 마찬가지다. 내가 예술작품을 바탕으로 스스로 질문하고 그 아름다움을 느끼는 삶을 살아갈 때, 그것이 내 수업에 자연스럽게 녹게 되어 있다. 예술을 느끼는 자만이 수업을 예술적으로 할 수 있다.

교사, 삶에서 나를 만나다

- 일상생활에서 예술작품을 감상한 적이 있는가? 가장 좋아하는 예술품이 있는가?

- 나만의 예술목록을 만들어서 스스로 나임을 증명해야 한다는 말이 어떻게 들리는가?

- 예술작품 속에 있는 창의성을 수혈받기 위해서 내 삶에서 달라져야 할 것은 무엇인가?

창조는
연결이다

광고인 이제석이 있다. 그는 과감하게 미국으로 건너가 자기 힘으로 국제 광고계에서 인정받는 사람이 되었다. 그의 광고는 일상의 소품들을 활용한 창의적인 연결이 눈에 띈다. 'For some, It's Mt. Everest'라는 카피를 보면, 계단을 오르기 힘든 장애인들을 위한 광고[70]라는 것을 알 수 있다. 산 그림과 간단한 카피만으로도 장애인들을 위해 무엇을 해야겠다는 마음을 준다. 금연 광고[71] 또한 창의적인 연결이 눈에 띈다. 성냥개비를 케이크 초에 연결하고 "담배를 많이 피울수록 생일 잔치는 줄어듭니다"라는 카피는 흡연이 생명을 줄어들게 한다는 것을 참 재치 있게 보여준다.

이런 창의적인 광고는 어떻게 나오는 것일까? 우리는 창의력 하면, 천재형 인물들만 갖는 것으로 생각해서, 능력이 특별한 사람이 이런 재주를 부릴 수 있다고 생각한다. 그러나 이제석은 조금 다르게 말한다.

교사, 삶에서 나를 만나다

70	이제석, 에베레스트	71	이제석, 금연광고
	출처 www.jeski.org		출처 www.jeski.org

내 작품 속에는 전혀 새로운 것들이 없다. 산, 권총, 케이크, 입술, … 이런 이미지들은 아기들이 보는 책에도 있는 흔해 빠진 것들이다. 나는 이런 식상하고 단조로운 이미지들이 새롭고 신선해 보이게 만들고, 그 속에서 새로운 메시지나 의미를 찾는 것에 관심이 있다. 나에게 있어 새로움의 정의는 지금껏 전혀 보지 못한 것을 보여주는 것이 아니다. 지금껏 흔히 보아왔던 것들을 낯설고 신선하게 마주하게 하는 것이다.

이것은 세상의 어떤 것들도 절대적인 가치가 없다는 나의 철학과 관련이 있다. 작품도 마찬가지고 사람도 마찬가지다. 세상에 날 때부터 천한 것도 없고, 날 때부터 아름다운 것도 없는 것이다. 보는 관점과 상황에 따라 대상의 가치는 얼마든지 달라질 수 있다는 것이다. 사람들이 가지고 있는 사물에 대한 해석과 인식을 바꿔 놓는 게 광고쟁이의 책임이다. 내 작품은 식상해 빠진 것들로 존재한다. 흔하고 식상한 것들이 새롭게 느껴지고, 추하고 못생긴 것들이 매력 있어 보일 때 작가로서 또한 광고쟁이로서의 희열을 느낀다. 결코 나는 스스로 내 작품이 그리 창의적이거나 새롭다고 생각해본 적이 없다. (이제석, 이제석광고연구소 홈페이지, www.jeski.org)

과연 그렇다. 그의 광고는 일반인이 도저히 생각 못 할 것은 아니었다. 알고 보면 우리도 충분히 생각할 수 있는 것인데, 그는 창의적인 연결을 한다. 창조라는 것은 전혀 새로운 것이 아니다. 있던 것을 잘 조합해서 또 다른 의미를 창출해내는 것이지 완전히 새로운 것이 아니다. 혁신의 물건이라고 불리는 아이폰도, 기존에 있던 인체 터치 기술을 핸드폰에 결합해서 새로운 환경을 만들어낸 것이지 기존에 없던 것을 만들어낸 것이 아니다. 스팀청소기도 마찬가지다. 기존에 있던 스팀다리미 기능을 청소기에 창의적으로 연결한 것이다.

수업으로 이것을 적용하면 시사하는 바가 크다. 수업이 단조로운 이유는, 학생들도 예상하는 순서대로 진행되기 때문이다. 어떤 개념의 정의, 분류 체계를 설명하고 그것을 잘 적용하는 문제를 풀어보는 형태로 수업이 진행된다. 즉 정보가 병렬로 나열될 뿐이다. 인간은 정보와 정보를 연결하여 새로운 의미를 창출하려고 하는데, 단순한 정보만을 나열하는 수업은 예측한 방향으로 흘러가서 지루하다. '동학농민운동'을 가지고 역사 수업을 한다고 할 때, 동학운동이 일어난 배경, 주요 인물, 흘러간 과정, 실패 원인, 우리나라에 미친 영향 등을 병렬로 나열한다. 우리 뇌는 복합적인 사유를 하고 싶은데, 학생들에게는 차가운 정보만이 순차적으로 저장될 뿐이다. 그러나 여기서 조금 더 창의적으로 수업을 연결한다면, 이런 식으로 수업이 진행될 수 있다.

교사, 삶에서 나를 만나다

- 동학농민운동과 반찬 투정과의 유사점과 차이점 찾아보기

- 모 회사 해직 노동자들의 투쟁과 동학농민운동과 유사점과 차이점 찾아보기

- 마틴 루터 킹과 전봉준의 유사점과 차이점 찾아보기

- 투표참여 격려 운동과 동학농민운동과의 유사점 차이점 찾아보기

위 활동에서 창의적인 지점은 학생들의 반찬 투정과 동학농민운동을, 다시 해직 노동자들의 투쟁과 동학농민운동을 연결 짓고 있다는 점이다. 이제석의 광고가 일상적인 사물의 이질적인 조합을 통해 창의적인 감성을 일깨웠다면, 위 수업도 일반적으로 잘 연결되지 않는 사건들, 반찬 투정, 해직 노동자들의 투쟁, 흑인인권운동, 투표참여 격려 운동과 동학농민운동을 연결하여 학생들의 흥미를 자극한다. 창의적인 수업은 이처럼 내용상으로 잘 연상되지 않는 것인데, 그것을 기발하게 연결하여 학생들의 흥미를 자극하는 예가 많았다.

- 축구공의 모양으로 입체도형의 성질 가르치기

- 각 통신사의 요금제를 일차함수 그래프로 그리면서 자기만의 요금제 정하기

- 청소 당번을 정하는 문제를 토의하면서 존 롤스의 정의론 설명하기

- 비료로 텃밭 가꾸기를 직접 하면서 식물의 삼투압 설명하기

- 자신의 호를 자신의 꿈과 성격을 담아 한자어로 지어보기

- 애장품을 경매로 판매하면서 경제이론 설명하기

- 왕따 현상과 냉전 체제의 세계 정황 설명하기

- 쿵쿵따 게임으로 시의 운율 설명하기

수업에서의 창의성은 기발한 연결 짓기다. 이야기의 창의적인 편집이

다. 교과서의 정보를 그대로 전달하는 것이 아니라, 과거의 이야기를 현재와 연결하고, 차가운 이론을 학생들의 삶으로 연결하는 창조적인 편집과정을 통해 이뤄진다. 이를 위해서 교과서에 설명한 흐름대로 수업을 진행하는 것이 아니라, 자신만의 주제의식을 가지고 수업 내용을 창조적으로 편집해야 한다. 이러려면 교사는 자연과 예술을 즐기며 수많은 이야기를 수집해야 한다. 자기만의 시간을 가지면서 교과 지식과 관련된 '나'의 이야기, '학생'들의 이야기를 찾으면서 지식의 맥락을 파악하고, 영화나 드라마, 노래, 사진 속에 그 지식과 관련된 '미디어'의 이야기가 있는지를 확인하면서, 위계 있게 내용을 배열하고 조직하면 나만의 창의적인 수업이 완성될 수 있다.

물론 처음에는 쉽지 않다. 교과 지식과 관련된 삶의 이야기, 미디어의 이야기를 찾는 것이 서툴고, 찾더라도 수업으로 위계 있게 배열하면서 학생들의 활동을 조직하는 것도 쉽지 않다. 하지만 중요한 것은 교사 스스로 이것을 계속해봐야 한다는 것이다. 스스로 자신의 수업 활동을 짜고 실패하고 조직하면서 학생들의 지적 관심과 흥미, 사고 수준에 맞춰서 수업 내용을 계속 변형하고 조직해야 한다. 물론 일반적인 틀이 있다. 쉬운 내용에서 어려운 내용으로, 개인 활동에서 집단 활동으로, 열린 질문에서 닫힌 질문으로 등 여러 책에서 말하는 수업 법칙이 있다. 그러나 어디까지나 일반적인 사항이고 내 수업에서는 이런 보편적인 법칙이 잘 적용되지 않는다. 수업은 너무도 변수가 많아서 그날 학생들의 분위기, 날씨, 교사의 상황 등에 따라서 천차만별이다. 그래서 교사 스스로 자신의 수업을 알아차리고 조정해가면서 학생들과 호흡해야 한다.

교사, 삶에서 나를 만나다

이제 어디를 가나 아리바바의 참깨

주문 없이도 저절로 열리는

자동문 세상이다.

언제나 문 앞에 서기만 하면

어디선가 전자 감응 장치의 음흉한 혀끝이

날름날름 우리의 몸을 핥는다 순간

스르르 문이 열리고 스르르 우리들은 들어간다.

스르르 열리고 스르르 들어가고

스르르 열리고 스르르 나오고

그때마다 우리의 손은 조금씩 퇴화되어 간다.

하늘을 멀뚱멀뚱 쳐다만 봐야 하는

날개 없는 키위새

머지 않아 우리들은 두 손을 잃고 말 것이다.

정작, 두 손으로 힘겹게 열어야 하는

그,

어떤,

문 앞에서는.

- 유하, '자동문 앞에서는'

　시인 유하는 자동문 앞에서 인간의 능력이 퇴화하는 것을 안타까워하고 있다. 스스로 문을 열 수 있는데도, 편리하다는 이유로 자동문을 사용하게 되면 머지않아 인간의 두 손을 잃고 만다고 한다. 그래서 날개 없는 키위 새와 같은 신세가 된다고 경고하고 있다. 그런데 이것을 수업 현장에 적용하면, 창의적인 편집 능력이 없는 교사가 키위 새가 된다. 스스로 생각하고 교과 내용을 창의적으로 잘 편집할 수 있음에도, 남의 자료 혹은 수업 방법에만 수업 내용을 맞추면서, 교사 개인의 수업 능력은 사라지게 된다. 지금 우리 교사의 신세가 그렇다. 창의적인 인재를 길러내는 미래형 수업을 하라고 하는데, 스스로 수업을 재구성한 경험이 없는 교사는 그야말로 난감하다. 바쁜 시간 속에 남의 수업 자료를 활용하다 보니 나의 수업 능력은 퇴화되고, 이야기의 창의적인 연결 능력은 사라져 버렸다.

내가 생각하는 가장 창조적인 작품의 하나는 백남준의 'TV 부처'다. 부처와 TV를 절묘하게 결합해서 동양과 서양의 만남, 정신과 물질의 만남, 소비와 명상 등 다양한 은유를 불러일으켜서 영상 미디어의 발달 속에서 어떻게 살아야

백남준,
TV 부처

하는지를 묻고 있다. 백남준은 미디어를 활용한 예술 표현 방식이 아무리 기발하고 참신해도, 그 속에 부처와 같은 깊은 묵상과 성찰이 없으면 소용없다는 것을 말한다. 형식이 아무리 새로워도 그것이 담고 있는 내용, 메시지가 중요하다고 백남준은 말한다. 미디어아트라는 장르를 처음 개척하며, 형식적인 새로움을 강조한 백남준이 내용의 중요성을 놓치지 않고 있다는 것은 교사들에게 많은 시사점을 준다.

우리가 그렇다. 어떤 수업 형식이 유행하면 그것을 다 따라간다. 그 외형을 쫓아서 수업을 창의적으로 만든다. 그러나 여기에서도 중요한 것은 교사가 직접 수업 내용을 디자인하고 만들어야 한다는 것이다. 새로운 수업 기술을 내 수업에 적용해도 그 속에 학생들의 삶에 와 닿고, 그들의 감성과 지성을 자극하는 의미 있는 내용이 없으면 그 수업은 공허해진다. 일순간의 수업 기술로 학생들의 시선을 사로잡는 것이 아니라,

교사, 삶에서 나를 만나다

내용과 내용의 참신한 연결로 의미 있는 주제로 향하고 있을 때, 학생들은 그때부터 깊은 사고를 시작한다. 백남준의 TV 부처는 이를 잘 보여준다. TV와 부처의 단순하면서 참 이질적인 결합인데, 수업의 본질에 대한 깊은 성찰을 우리에게 던져준다.

수업을 처음 시작할 때, 나는 정말 수업을 잘하고 싶었다. 그래서 소위 수업 내공자들의 수업 기술과 자료를 찾았고, 많은 연수를 통해 그들의 기술을 내 안에 이식하려고 노력했다. 새로운 교수 기법이라면, 바로 적용해서 시도해 봤다. 그런데 지금은 다르다. 남의 수업, 수업 기술에 몰두하면 몰두할수록 수업 내용에 더 신경 쓰지 못하는 것을 발견했기 때문이다. 협동학습을 적용하려고 노력했지, 내 수업에서 전달하고자 하는 내용에는 소홀했다. 질문이 있는 수업을 위해 어떻게 하면 질문을 잘할까를 고민했지, 정작 내 수업 내용에 어떤 의미와 가치를 담을 것인지 진지하게 질문하지 않았다. 수업 내용은 예전 그대로면서 좋다고 하는 수업 방법을 인위적으로 결합하려고 했다.

그래서 이제는 무작정 올라가려고만 노력하지 않는다. '이 방법으로 학생들을 재미있게 해야지', '학생들로부터 이 방법으로 수업 잘한다는 소리를 들어야지' 라는 생각보다 '내가 오늘 학생들에게 줄 메시지는 무엇이지?', '이 내용을 잘 전달하기 위해 어떤 내용으로 잘 연결할까?', '이 내용이 좋을까? 저 내용이 좋을까?' 수업 내용 간에 연결고리를 많이 생각한다. 그러면서 내가 봤던 영화나 드라마 혹은 운전하면서 보았던 풍경, 들었던 노래들이 자연스럽게 수업 시간에 나온다. 그리고 그런 삶의 경험이 학생들의 삶과 연결되고 교과 지식과 연결되면서 수업 내용이 천천히 풍성해지는 것을 느낀다.

물론 수업의 진행도 신경을 쓴다. 가능하면 학생들이 서로 토의하게 하고, 질문도 많이 하려고 한다. 그런데 그것은 언제부턴가 화려해지지 않았다. 그냥 똑같은 방법으로 일정해졌다. 매일 똑같은 패턴으로 학생들에게 어떤 글을 읽게 하고, 모둠별로 질문하게 하고, 다시 그 질문을 전체가 공유하면서, 핵심질문을 같이 찾는다. 그리고 다시 그 핵심질문을 모둠 안에서 토의하게 하고, 같이 공유한다. 이제 수업 진행은 거의 비슷하다. 그런데 수업마다 늘 변화하는 것은 교과와 관련된 내 삶의 이야기, 학생들의 이야기이다. 수업 들어가기 전에 어떤 시작으로 학생들의 삶을 건드릴까? 오늘 내가 의미 있게 본 글과 수업 내용이 어떻게 연결될까? 등 수업 내용에 대한 고민이 많아지기 시작했다.

마그리트의 그림은 인지적으로는 이해가 불가하다. 다음 그림도 해석이 불가능하다. 한 노인과 새장과의 만남이다.[72] 왜 새장이 인간의 몸통에 위치하는지 그 이유를 알 길이 없다. 그런데 그림 제목은 치유자다. '노인-새장-치유자'의 연결고리는 인과 관계를 찾기가 힘들다. 그런데 참 이상한 것은 이 그림을 자꾸 보게 된다는 것이다. 의미는 알 수 없는데, 그림을 보고 있으면 내 안에 새가 들어와 노래하는 것 같기도 하고, 인생을 오래 산 할아버지가 "이제는 좀 쉬어가라"고 말하는 것 같다. 볼 때마다 그림은 새로운 느낌으로 다가오고 새로운 삶의 이야기를 들려준다. 내용의 참신성은 이런 정보 간의 낯선 결합에서 온다. 이제 우리도 교과 내용의 편집자가 되어 학생들에게 새로운 영감을 불어 넣는 수업을 해보자.

72 마그리트, 치유자 (1937)

• 창조성이 정보 간의 이질적인 결합이라는 것에 대해서 어떻게 생각하는가?

• 창조적인 수업을 위해서 내가 앞으로 노력해야 할 것이 무엇이라고 생각하는가?

• 내가 했던 혹은 경험했던 창조적인 수업은 무엇인가?

교사, 삶에서 나를 만나다

창조는
고독이다

　　카유보트는 특이하게도 남성을 많이 그렸다. 그것도 발코니나 다리 위에서 깊이 사색하는 모습을 말이다. 다른 화가들은 여성을 주로 그리는데, 카유보트는 홀로 걷는 혹은 생각이 많은 남자를 그렸다. 그림에도 그런 특징이 잘 드러난다. 자기 방에서 홀로 무엇인가를 응시하고 있는 남자의 모습.[73] 이는 평생 독신으로 살아야 했던 자신의 삶과 무관하지 않을 것이다. 아마도 그는 외롭지만, 그 외로움의 시간을 고독으로 치환하면서 불우했던 자신의 인상과 친구들을 도왔을 것이다.

　　영성가 헨리 나우웬은 이렇게 홀로 있는 시간을 외로움에서 고독의 시간으로 바꾸면서, 자신만의 재충전의 시간을 가지라고 말한다.

　　주의 깊게 관찰하면서 살아가다 보면 우리는 외로움 가운데 있는 것과 고독 가운데 있는 것의 차이를 익힐 수 있습니다. 사무실이나 집, 인적 없는 대합실에 홀로 있을 때 여러분은 마음을 불안하게 하는 외로움으로 괴로

위하고 있을 수 있습니다. 교실에서 가르칠 때나 강의를 들을 때, 영화를 보거나 수다를 떨며 '행복한 시간'을 보낼 때, 여러분은 외로움에 울적한 감정을 느낄 수도 있습니다. 하지만 그때 자신의 고독의 고요한 중심으로부터 말하고 듣고 보는 사람이 누리는 깊은 만족을 느낄 수도 있습니다.(헨리 나우웬, 『영적 발돋움』)

교사 또한 고독의 시간을 통해서 '나'라는 존재를 망각하게 하는 여러 소리로부터 자신을 비우는 시간을 가져야 한다. 그리고 수업에서 학생들에게 어떤 의미를 줄 것인지를 깊이 생각하는 채움의 시간을 가져야

73　카유보트, 발코니의 남자 (1876)

교사, 삶에서 나를 만나다

한다. 이러려면 적어도 하루에 10분, 나만의 시간을 가져야 한다. 홀로 있으면서 잡념에 잠기기도 하면서 내 안에 생각, 감정, 느낌, 욕구 등을 조용히 알아차리는 시간이 필요하다. 나만의 음악과 그림을 감상하면서 감성을 키워도 되고, 때로는 독서를 하면서 지적 자양분을 쌓아도 된다. 나만의 산책길을 홀로 걸으면서 오늘의 삶을 성찰해도 좋다. 내가 살아 있음을 스스로 확인해야 한다. 그럴 때 스스로 생각하고 교과서를 자기 만의 관점에서 재해석할 수 있는 힘이 생긴다. 이런 채움의 시간 없이 내 것을 계속 끄집어내기만 하면, 내 삶에 진짜 나는 없고, 삶의 피로에 찌 들어 멍하니 살고 있는 나를 보게 된다.[74]

나는 영종도에서 살고 있다. 남들은 해외 여행할 때 오게 되는 인천대 교를 매일 탄다. 다섯 시에 일어나 여섯 시에 집을 나선다. 학교에 도착 하면 일곱 시쯤 되는데, 한 시간 정도의 여유가 생긴다. 그 시간에 학교

74 호퍼, Morning Sun (1952)

근처 공원을 산책하기도 하고, 아침 일찍 여는 카페에서 커피를 마시면서 책을 읽는다. 때로는 교회에 가서 기도도 하고, 가을이면 호숫가에 가서 혼자서 청승맞게 물안개를 보고 온다.

자기만의 시간을 가지라는 말이 허황되게 들리는 사람도 있을 것이다. 매일 아침, 아이들 옷 입히고 어린이집에 맡겨야 하는 맞벌이 부부는 지각하지 않도록 노력해야 한다. 저녁에는 어린이집에서 아이들을 데려와야 하고, 집에 가서는 밀린 빨래, 설거지, 집 청소 등 여러 일을 하다 보면 나만의 시간을 갖기란 무척 어렵다. 더군다나 학교에서는 각종 업무에 시달리다 보면 나만의 시간 갖기는 절대로 불가능해 보인다. 그러나 잠시 눈을 감고 살펴보면, 고독의 시간을 가질 수 있는 시간이 그래도 있다. 아침 출근 시간, 점심시간, 퇴근 시간, 공강 시간 등 10분이라도 확보하여 내가 온전히 재충전할 시간을 만들어야 한다. 밀려드는 일에 내 시간을 확보하지 못하면, 계속해서 내가 존재하는 시간이 없어지고, 이것은 자연스럽게 사유의 부족으로 이어진다. 그렇게 되면, 교사는 스스로 생각하는 힘을 잃어버리고 수업 내용을 주체적으로 편집할 수 있는 능력이 퇴화된다.

그러므로 좀 더 적극적으로 내 시간을 가질 필요가 있다. 핸드폰 알람을 맞춰놓고, 그 시간에는 모든 일을 멈추는 것이다. 긴 시간도 아니다. 딱 10분, 그 시간은 책상에서 벗어나 자기만의 공간으로 가는 것이다. 그곳에서 내가 좋아하는 음악에 취해보고, 가을 단풍을 보고, 봄꽃을 완상해야 한다. 퇴근하면 집안일 때문에 빨리 들어가야 하지만, 자연을 바라보면서 하루의 삶을 정리할 수 있는 여유를, 프리드리히의 그림에 나오는 인물들처럼 가져야 한다.[75]

그런데 이렇게 자신만의 시간 속에서 자기 생각과 감정을 알아차리는

교사, 삶에서 나를 만나다

75   프리드리히, Moonrise over the Sea (1822)

것도 중요한데, 이것만큼이나 중요한 것이 자신의 느낌과 감정을 잘 기록하는 것이다. 프로야구 선수들은 겨울에 훈련을 한다. 체력 관리를 더잘해서, 다음 시즌을 준비한다. 그리고 평상시에도 어깨와 손을 꾸준히관리하면서 운동을 한다. 여행을 가도 근력 운동을 빼먹지 않는다. 이것을 우리는 흔히 프로의식이라고 말한다. 운동선수로서의 정체성이 있기때문에 늘 자신의 몸 관리에 신경을 쓴다. 일본의 초밥 장인은 밥알 100개를 한 번에 잡기 위한 감각을 유지하기 위해 손에 장갑을 끼고 다닌다.유명 가수들도 목 관리를 위해서 밤 10시 이후부터는 술, 담배를 하지 않는다.

가르치는 일도 전문직이다. 가르치는 일은 고도의 정신력과 정보력 그리고 창의적인 사고가 필요하기 때문에 교사는 가르침과 배움의 전문가라고 생각한다. 교사는 수업의 프로다. 하지만 이것은 자칭한다고 해서

되는 것이 아니다. 교사 스스로 전문직이라는 정체성을 갖고, 수업을 위해서 지성과 감성의 감각을 일정 수준 유지해야지 프로다. 그래서 교사는 자기 삶의 모든 것을 글로 잘 기록할 필요가 있다. 자연과 더불어 산책을 하는 느낌, 예술품을 보고 난 후의 감상, 삶에서 일어나는 여러 이야기를 머릿속에서 그냥 사라지게 놔두는 것이 아니라, 글로 남겨 내 삶에 의미 있는 단상들을 영원히 보존해야 한다.

수업을 준비하다 보면 필요한 자료를 찾지 못해서 애를 먹을 때가 많다. 그래서 컴퓨터에 앉아 이 자료 저 자료를 모으고 찾느라고 시간을 많이 허비한다. 그러나 학생들의 몰입을 가장 이끌어낼 수 있는 자료는 남이 만들어준 동영상이나 음악이 아니라 내가 직접 경험하고 느낀 삶이다. 교사도 직접 경험한 것이기에 별다른 교수 기술을 쓰지 않아도 자신 있게 말할 수 있고, 이를 통해 수업을 힘 있게 이끌어갈 수 있다. 그래서 교사의 경험 폭이 넓을수록 수업은 풍요로워지고 이를 통해 여러 이야기를 잘 연결하여 창의적인 수업으로 나아가게 된다.

일상의 삶을 잘 표현하는 페르메이르는 한 남자가 골똘히 고민하는 장면을 따스한 시선으로 바라본다. 무엇인가를 골똘히 생각하는 남자의 눈빛은 묘한 매력이 있다. 우리는 그림 속 인물이 지리학자[76]임을 금방 눈치챌 수 있다. 손에 들고 있는 컴퍼스, 지도, 뒤에 보이는 지구의를 통해서 그가 어떤 분야에 관심이 있는지를 알 수 있다. 이처럼 지리학자는 컴퍼스, 지도, 지구의로 끊임없이 지도를 들여다보면서 자신에게 필요한 정보를 획득한다. 교사는 자신의 삶을 끊임없이 들여다보면서 창의적 수업에 필요한 이야기를 수집한다. 이를 위해서 자신의 경험을 기록물로 남기는 것이 매우 중요하다. 기록으로 남겨놓으면 학생들에게 이야기할 거리를 차근차근 모으게 된다.

교사, 삶에서 나를 만나다

76   페르메이르, The Geographer (1669)

내 삶도 버텨내기 힘든데 나만의 글을 쓰라니, 이것은 교사들에게 또 다른 부담으로 다가온다. 그런데 중요한 것은 이것을 수업을 위해서가 아니라 내 삶을 위해서 하자는 것이다. 이 책에서 반복되는 키워드는 '내 삶을 찾자'이다. 수업을 잘하기 위해서 수업적인 요소를 갈고 닦는 것이 아니라 그전에 나를 위한 삶을 찾자는 것이다.

시간에 바쁘다 보면 내가 어떤 존재로 살고 있는지 스스로 모를 때가 많다. 일 년 365일을 살지만, 작년과 비교해서 내 삶이 더 성장하고 있는지, 나라는 존재가 인격적으로 더 성장한 사람이 되었는지를 알아차리지 못할 때가 너무 많다. 재작년, 작년, 올해가 다 비슷할 때가 많다. 스스로 삶을 관리하지 않으면 정체되어간다. 그래서 기록이 중요하다. 글로 남겨야 그 하루가 의미 있게 내 삶에 기록되는 것이고 그것들이 모여서 수업을 창의적으로 진행할 수 있는 이야기로 나온다.

내가 그의 이름을 불러 주기 전에는
그는 다만
하나의 몸짓에 지나지 않았다.

내가 그의 이름을 불러 주었을 때
그는 나에게로 와서
꽃이 되었다.

내가 그의 이름을 불러 준 것처럼
나의 이 빛깔과 향기(香氣)에 알맞는
누가 나의 이름을 불러다오.
그에게로 가서 나도
그의 꽃이 되고 싶다.

우리들은 모두
무엇이 되고 싶다.
너는 나에게 나는 너에게
잊혀지지 않는 하나의 의미가 되고 싶다.

- 김춘수, '꽃'

글쓰기는 '몸짓'에 지나지 않는 내 삶에 빛깔과 향기에 맞는 '이름'을

교사, 삶에서 나를 만나다

불러주는 행위이다. 내 삶은 나에게 하나의 의미가 되어주고 싶은데, 정작 삶의 주인인 내가 내 삶을 무시한다. 그래서 수업을 위한 자료를 수집하려고 할 때, 잘 찾아지지 않는다. 내 삶의 경험이 머릿속에 떠오르면서 이런저런 이야기가 터져 나와야 하는데, 그러질 못한다. 내가 내 삶을 기억하지 못하기 때문에 나타나는 현상이다.

그래서 나는 학생들에게 글쓰기를 자주 권하고 나 또한 짧은 글을 자주 쓴다. 나만의 노트를 온라인 공간에 만들어놓고 쓴다. '성찰', '감상', '기록', '수업 나눔', '영감' 등의 폴더를 만들어놓고 누구에게 보이기 위함이 아닌, 오직 나를 위한 글을 쓴다. '성찰'에는 사람들에게 서운한 마음, 길을 걸으면서 떠올랐던 여러 감정을 일기처럼 적는다. '감상'에는 내가 본 좋은 영화, 드라마, 음악 등에 관한 감상평을 적거나 인상 깊게 읽은 책에 대한 내용을 적어 놓는다. '기록'에는 내가 들은 좋은 강의, 일요일에 듣는 예배 말씀을 기록한다. '수업 나눔'에는 내 수업의 아쉬웠던 점, 좋았던 점을 적으면서 수업에 대한 성찰글을 적어 놓고, '영감'에는 온라인상에 돌아다니는 좋은 글, 그림, 시, 사진을 모은다. 이렇게 삶의 글을 조금이라도 모아 놓으면, 수업 자료를 모으는 일이 그렇게 어렵지 않다. 수업의 주제의식을 나름대로 정하고 내가 쓴 글을 검색하면 그에 관련된 자료가 쉽게 나오기 때문이다.

앞서 이야기했지만, 사실 이렇게 글을 쓰는 것은 수업 자료를 만들기 위함이 아니라 내 삶을 위해서다. 멋지고 감동직인 글을 석는 것이 아니라 그냥 *끄적거린다*. *끄적거리면서* 내 글을 최대한 많이 적어놓고 나중에 다시 읽으면서 내 생각을 다시 알아차린다. 이렇게 글을 쓰면서 나라는 존재가 정말 많은 생각을 하고 있다는 것을 깨닫는다. 글을 이렇게 모으기 전에는 하루하루가 굉장히 바쁘게 지나간다고만 생각했는데, 글을 조금이라도 쓰는 습관을 들이니 하루가 소중하고 의미 있게 느껴진다. 그리고 그 하루를 잘 버텨내고 있는 내가 사랑스러워진다. 곧 글이란 내 삶을 사랑하고 나를 사랑하는 행위로, 수업을 힘 있게 하는 내적 에너지를 공급해준다. 글을 통해 내가 또 다른 꽃이 된다.

휘슬러는 그림을 통해 자신의 삶을 기록했다. 불꽃이 터지는 그 순간의 기쁨을 기억하기 위해서 붓을 들었다.[77] 휘슬러의 그림은 아주 짧은 시간 터지는 불꽃을 잘 표현하기 위해 물감을 내 던져 대충 그린 듯한 느낌으로 되어 있다. 하지만 그가 느낀 황홀함은 그림에 고스란히 간직되어 있다. 그냥 기억 속에만 있게 될 황홀한 이 순간을 음표를 찍듯이 그림으로 표현하여, 그 1초의 순간을 영원의 시간으로 바꿔 놓았다. 내 삶에 대한 글을 쓰면 휘슬러의 그림과 같이 모든 순간이 꽃이 된다.

꽃이 된 내 삶의 이야기가 수업으로 연결되고, 학생들은 그 이야기를 통해 다양한 배움을 경험한다. 결국 수업의 창의성은 교사 스스로의 창조적인 삶을 통해 만들어진다. 창조적인 삶이란 내 틀을 깨는 용기를 가지고 삶을 오래 그리고 자세히 들여다보는 것이다. 나만의 시간을 가지면서 자연 속에 완상을 시작하고 나만의 시선으로 예술품을 깊게 들여다보는 행위이다. 교사 스스로 자기 삶을 애정 어린 시선으로 바라보고 그 느낌과 감정을 잘 보관하려고 애쓸 때, 삶에 창조적인 기쁨이 충만해진다. 누군가에 의해서 내 삶이 창조적으로 바뀌는 것이 아니다. 나라는 존재를 사랑하고 바쁜 일상에서도 삶의 기쁨을 찾으려고 애쓸 때, 삶은 나에게 행복이라는 큰 선물을 준다.

창의적인 수업은 교사의 창조적인 삶에서 시작한다. 그리고 그 수업은 학생들을 창조적인 삶으로 이끌 것이다. 하지만 교사들은 조바심이 있

77   휘슬러, 야상곡 검정과 금색 (1875)

4장. 삶에서 내 창조성과 만나기

다. 없는 능력이 빨리 생겨나기를 바라는 마음이 있다. 나 또한 마찬가지다. 혁신적인 아이디어로 내 수업에서 학생들을 확 깨어나게 하고 싶은 마음이 있다. 그러나 조금씩 조금씩 돌층계를 올라가는 마음으로 교사가 서야 한다. 느리게 걷는 용기가 없다면, 우리는 남이 사용했던 자료만 얻으려 하고, 나의 깨달음이 없는, 영혼이 없는 소리로 수업 시간을 채우려 한다.

나는 구부러진 길이 좋다.
구부러진 길을 가면
나비의 밥그릇 같은 민들레를 만날 수 있고
감자를 심는 사람을 만날 수 있다.
날이 저물면 울타리 너머로 밥 먹으라고 부르는
어머니의 목소리도 들을 수 있다.
구부러진 하천에 물고기가 많이 모여 살듯이
들꽃도 많이 피고 별도 많이 뜨는 구부러진 길.
구부러진 길은 산을 품고 마을을 품고
구불구불 간다.
그 구부러진 길처럼 살아온 사람이 나는 또한 좋다.
반듯한 길 쉽게 살아온 사람보다
흙투성이 감자처럼 울퉁불퉁 살아온 사람의
구불구불 구부러진 삶이 좋다.
구부러진 주름살에 가족을 품고 이웃을 품고 가는
구부러진 길 같은 사람이 좋다.

교사, 삶에서 나를 만나다

창의력은 단박에 생기는 것이 아니다. 긴 시간 내 생각을 가지고, 나의 생각을 창조해낼 때 만들어진다. 이렇게 구부러진 길을 천천히 걸어온 나의 생각, 나의 느낌이 수업 시간에 녹여지면, 다른 수업에서는 맛볼 수 없는 깊은 울림을 학생들은 맛보게 된다. 창조적인 수업을 위해서 남의 자료 찾기에만 나설 것이 아니라, 내 삶에서 경험하고 느끼는 것들을 잘 정리하고 그 속에서 나만의 창조적인 생각을 시작해보자. 내 삶, 그 자체에 창의로움이 있음을 기억해야 한다.

나를 성찰하는 질문

• 내가 지금까지 했던 수업 자료는 어떻게 관리하고 있는가?

• 창조력을 키우기 위해 수업 자료를 잘 정리하는 것에 대해 어떻게 생각하는가?

• 나는 지금 내가 경험하고 있는 삶의 이야기들을 어떻게 남기고 있는가?

5장
—

삶에서
공동체와 만나기

교사에게
위로를 건네다

고흐는 한 여자를 위로했다.[78] 그녀의 이름은 시엔. 고흐를 만났을 때 그녀 뱃속에는 다른 사람의 아기가 자라고 있었다. 아무것도 없었던 시엔은 그녀만큼이나 불행한 남자 고흐로부터 위로를 받는다.

> 그녀도, 나도 불행한 사람이지. 그래서 함께 지내면서 서로의 짐을 나눠지고 있어. 그게 바로 불행을 행복으로 바꿔 주고, 참을 수 없는 것을 참을 만하게 해주는 힘 아니겠니? 그녀의 이름은 시엔이다.(빈센트 반 고흐, 『반 고흐, 영혼의 편지』)

이상하다. 위로는 가진 것이 있고 좀 풍족한 사람들이나 베풀 수 있는 것인데, 자기 앞가림도 못하는 고흐가 어떻게 시엔에게 다가설 수 있었을까? 이는 고흐가 자신의 슬픔을 깊게 느꼈기에 나오는 자연스러운 현상이다. 아픔을 알기에 남의 아픔을 그냥 지나치지 못하는 것은 인간이

고흐, Sorrow (1882)

기에 느끼는 당연한 감정이다. 힘겹게 장사를 해서 번 돈을 "가난한 학생들에게 주라"면서 대학교에 장학금으로 기부하는 사람을 종종 보게 된다. 아픔을 아는 자가 아픔이 있는 자를 알아본다.

여승은 합장하고 절을 했다
가지취의 내음새가 났다
쓸쓸한 낯이 옛날같이 늙었다
나는 불경처럼 서러워졌다

평안도의 어느 산(山) 깊은 금점판

교사, 삶에서 나를 만나다

나는 파리한 여인에게서 옥수수를 샀다

여인은 나어린 딸아이를 때리며 가을밤같이 차게 울었다

섶벌같이 나아간 지아비 기다려 십 년이 갔다

지아비는 돌아오지 않고

어린 딸은 도라지꽃이 좋아 돌무덤으로 갔다

산꿩도 섧게 울은 슬픈 날이 있었다

산절의 마당귀에 여인의 머리오리가 눈물방울과 같이 떨어진 날이 있

었다

- 백석, '여승'

백석은 여승이 된 여자의 모습에서 연민을 느낀다. 그녀의 서글픈 삶
을 알기 때문이다. 남편은 집을 나간 지 10년이 넘었고, 어린 딸은 어미
보다 먼저 돌무덤에 묻혔다. 옥수수를 팔며 삶을 버티고 또 버텼는데, 남
은 것은 육신의 몸뚱어리 하나뿐이었다. 결국 그녀는 세속의 번뇌를 잊
고자 여승의 삶을 선택한다. 백석은 여자가 머리카락을 자르던 때를 직
접 보지 않았지만, 인간이 가지는 근원적 연민으로 '산꿩도 섧게 울은
슬픈 날'을 상상한다. 여인의 머리카락이 '눈물방울'과 같이 떨어진 그
때의 슬픔을 아파한다.

백석의 시를 계속해서 읽고 있으면 가슴 저 깊숙한 곳에서 아련한 무
엇인가가 자꾸 올라온다. 펑펑 눈물 흘리게 하는 격정적인 슬픔이 아니
라 손톱에 봉숭아물이 스며드는 것 같은 아픔이 자꾸만 터져 나온다. 백

석이 여승을 어떻게 바라봤는지 그리고 여승이 앞으로 얼마나 힘든 삶을 살아야 할지가 눈에 선하게 그려진다.

우리는 지금까지 수업 이전에 교사의 삶이 더 중요하다는 이야기를 나눴다. 교사는 자신이 삶에서 느낀 생각과 감정 등을 그냥 무시하지 않고, 제3의 눈으로 성찰하면서 내 삶의 주제의식, 수업에 대한 신념을 찾고, 스스로 자신의 삶을 창조적으로 살려고 해야 한다. 이런 노력 속에서 교사들은 한 가지 감정에 반드시 휩싸이게 되는데, 그것은 바로 백석과 고흐와 같은 연민이다. 아픔을 아는 자는 아픔을 겪고 있는 자가 보인다. 내 삶의 내면을 깊게 보면 볼수록, 우리는 동료 교사의 슬픔과 아픔이 보이기 시작한다.

무리요의 그림에는 유독 아이들이 천진난만하게 노는 모습이 자주 등장한다.[79] 복장은 남루해 보이지만, 얼굴은 해맑다. 현실의 아픔을 아는지 모르는지 두 아이는 놀이에, 한 아이는 먹는 것에 집중한다. 그림 속에서는 해맑은 동심의 세계가 아픈 현실을 넉넉히 이겨내고 있다. 이것은 무리요가 고아로 살아봤기 때문에 가능한 일이다. 14남매 중 막내로 태어나 어렵게 성장한 남다른 배경이 있었기에 아이들을 바라보는 그의 애잔한 시선이 그림에 나타난다. 슬픔을 아는 자가 그렸기에 위로를 건넬 수 있었다.

교사의 슬픔은 교사가 안다. 교사의 밑바닥은 교사들이 안다. 지금까지 개인 내면에 집중하면서 내 삶에 말을 걸었다면, 이제는 시선을 옆으로 확장해 나와 똑같은 처지에 있는 동료 교사의 삶에 말을 걸면서 그들에게 위로의 말을 건넬 수 있어야 한다. 동료 교사에게 위로의 말을 건네는 것은 또 다른 부담으로 다가온다. '나도 잘 살지 못하는데, 내가 동료 교사에게 어떤 위로의 말을 건넬 수 있겠나' 하는 의구심이 든다. 하지

교사, 삶에서 나를 만나다

79 무리요, Boys Playing with Dice

만 고흐와 백석 그리고 무리요에게서 봤듯이 위로는 어떤 해결책을 제
시해주는 것이 아니다. '내가 너의 아픔을 알고 있다'는 이해가 가장 큰
위로가 된다.

　어떤 멋진 말이 아니라 '내가 너의 옆에 있어주겠다'는 것이 가장 큰
위로이다. 그래서 내 안에 움직이는 연민과 동정의식을 그냥 묻어두면
안 된다. 교무실 한구석에 수업이 잘 안 되는 이유를 자신의 부족한 능력
탓이라 돌리며 자존감이 바닥에 떨어진 동료 교사가 있다. 학생들을 위
하는 참 교사가 되겠다고 열심히 몸부림치지만, 학생들의 냉대 속에서
눈물을 흘리는 교사가 있다. 가정과 학교 모두 다 열심히 하고 싶지만,
자기 자녀 한 명 제대로 돌보지 못하고 학교는 학교대로 일이 제대로 안

되어서 삶이 무너진 교사가 있다. 이런 동료 교사의 아픔을 '내게 무슨 힘이 있냐' 면서 외면할 것이 아니라, "괜찮냐?", "요즘 어떠니?", "밥은 먹고 다니냐?"라고 말 한마디 건네야 한다.

부끄러운 이야기지만, 고등학교 1학년 때 평소 친하게 지내던 두 친구에게 맞은 일이 있었다. 지금대로 이야기하자면 학교 폭력의 피해자가 된 것이다. 두 친구가 나를 때린 이유는 내가 '싸가지 없게' 영어 선생님에게 항의했다는 것이었다. 아마도 그냥 내가 싫었나 보다. 사소한 말다툼이 주먹으로 연결되었고, 쉬는 시간에 나는 그 두 친구에게 온갖 모욕적인 말을 들으며 배와 뺨을 맞았다. 그런데 참 이상한 것은 나랑 친한 친구들이 교실에 있었는데도 아무도 말리지 않았다. 쓸쓸히 눈물을 글썽거리며 교실을 나오는데도 따라오는 친구가 아무도 없었다. 나는 그것이 더 서러웠다. 수돗가에서 '이대로 학교를 뛰쳐나갈까?' 혼자 고민하고 있는데, 누군가 내 어깨를 두드리면서 말했다. "태현아, 괜찮아?" 평소 나와 대화를 많이 하지 않는 친구인데, 말없이 내 뒤를 따라와서 등을 두드려주었다. 30년이 훨씬 지났음에도 그때 부끄럽게 울던 감정, 그리고 그런 나를 바라보던 그 친구의 따뜻한 시선이 또렷이 기억이 난다. 모든 것을 내팽개치고 떠날 거라는 일탈의 감정이 친구의 토닥거림으로 간신히 안정되었다.

고흐처럼 술집 여성들의 친구가 되어준 화가가 또 한 명 있다. 이름은 로트레크. 그는 '물랭루주' 라는 술집을 들락거리면서 그림을 그렸는데, 거기서 수많은 여성들을 만나고 따뜻한 시선으로 그들의 친구가 되어준다. 그가 그린 술집 여자들의 모습[80]은 몸을 파는 천박하고 색기 넘치는 여자가 아니라, 삶의 무게를 다 이기지 못해서 슬픔 속에 있는 여자들이었다. 로트레크의 그림과 고흐의 그림은 묘하게 비슷하다. 이런 슬픔의

교사, 삶에서 나를 만나다

그림을 보면 힘든 삶도 버틸 수 있는 위로를 얻는다. '너만 아픈 것이 아니다'라고 그림 속 인물이 계속 내게 말을 걸기 때문이다.

로트레크가 이런 시선으로 그림을 그리게 된 것은 순전히 자신의 아픔 때문이다. 로트레크의 아빠와 엄마는 사촌지간으로 친척 간에 결혼했다. 세상의 냉대 속에서 태어난 로트레크는 허약 체질이었다. 자주 아팠고, 다른 아이들에 비해서 건강하지 못했다. 사람들은 근친 간의 결혼으로 그렇게 된 것이라고 수군거렸다. 설상가상으로 로트레크는 두 번의 낙상 사고를 당한다. 한 번은 의자에서, 다른 한 번은 구덩이에서. 그런데 더 큰 문제는 부러진 다리 뼈가 붙지 않아 키가 자라지 않게 되었

80   로트레크, Woman at her toilette (1896)

다. 그는 결국 키가 자라지 않게 되었고, 생애 내내 사람들의 조롱거리가 되었다. 그럼에도 그가 삶을 포기하지 않았던 이유는 자신을 헌신적으로 사랑해주는 어머니 그리고 그림 때문이었다. 그림을 통해 자신의 존재 가치를 찾았고, 힘겹게 살아가는 여인들을 그리며 그들의 친구가 되어주었다. 그들도 삶을 포기했을 법한 사람이 자신들을 예쁘게 그려준다고 하니, 또 다른 위로를 느꼈을 것이다.

동료 교사를 위로함에 있어서 우리가 기억해야 할 것은 내 상처가, 내 아픔이 또 다른 사람에게는 위로가 된다는 사실이다. 즉 내 무능력함이 오히려 다른 사람에게는 힘이 된다는 것이다. 그래서 우리는 '나는 연약하다'고 뒤로 물러서 있을 것이 아니라, 그런 연약함이 새로운 힘과 위로가 된다는 사실을 알고 동료 교사에게 말을 걸어야 한다.

아픔 속에서도 삶을 버티는 사람들을 보면 아름답다. 정년이 얼마 남지 않았음에도 수업을 더 잘하고 싶다는 선생님들의 이야기를 들으면 감동을 받는다. 여전히 자신의 수업에서 학생들은 졸고 예의 없지만, 한 명의 학생이라도 더 깊게 만나고 싶다는 이야기를 들으면 감동을 받는다. 수업에 대한 새로운 도전을 하고 싶은 생각이 든다. 그런데 반대로 탁월하게 수업하는 선생님의 강의를 들으면 왠지 공허하다. 그분의 강의력은 그야말로 흠잡을 수 없고, 완벽한 내용임에도 '나도 저렇게 해봐야지'라는 마음이 잘 들지 않는다. 나와는 어울리지 않는 다른 세계의 이야기처럼 들리기 때문이다. 우리가 궁금한 것은 척박하고 진흙투성이인 이 현실에서 일어난 이야기이다. '나 잘했어요'의 이야기에서 힘을 얻는 것이 아니라 '나도 힘들다'라는 이야기에 힘을 얻는다. 사람 마음을 움직이는 것은 문제에 대한 탁월한 해결책이 아니라 '너와 내가 같다'라는 동병상련의 마음이다.

교사, 삶에서 나를 만나다

사는 일은

밥처럼 물리지 않는 것이라지만

때로는 허름한 식당에서

어머니 같은 여자가 끓여주는

국수가 먹고 싶다

삶의 모서리에 마음을 다치고

길거리에 나서면

고향 장거리 길로

소 팔고 돌아오듯

뒷모습이 허전한 사람들과

국수가 먹고 싶다

세상은 큰 잔치집 같아도

어느 곳에선가

늘 울고 싶은 사람이 있어

마을의 문들이 닫히고

어둠이 허기 같은 저녁

눈물자국 때문에

속이 훤히 들여다보이는 사람들과

따뜻한 국수가 먹고 싶다

- 이상국, '국수가 먹고 싶다', 『<집은 아직 따뜻하다>, 창비』

나도 국수가 정말 먹고 싶은 적이 있었다. 2005년 겨울, 앞서 이야기했듯이 내 결정적인 잘못으로 지필고사 재시험을 치르게 되었다. 나는 학교에서 얼굴을 들고 다닐 수 없었다. 모든 사람이 나를 향해 수군거리는 것 같았다. 특히나 내 잘못으로 시험문제를 다시 만드는 동료 선생님의 모습을 볼 때, 그 비애감은 말로 어떻게 표현하기가 힘들었다. '왜 그랬을까'라는 자책감과 '정말 죄송하다'는 미안한 마음 그리고 '나는 교사를 그만 두어야 한다'는 절망감까지. 이때 나는 온갖 부정적인 생각으로 가득 차 있었다. 교실에 들어가기가 두려웠다. 학생들이 나에게 '저 무능한 교사 때문에 우리가 시험 한 번 더 보게 됐네!', '수업 시간에 어쩐지 온갖 허세를 부리더니 결국 이렇게 됐네!'라고 하는 온갖 비난의 소리가 들려오는 것만 같았다. 그래서 하루빨리 겨울방학이 오기를 기다렸고, 방학 때는 방에 틀어박혀 한 달 동안 나오지 않았다. 온종일 방바닥에 누워서 '왜 그랬을까'라고 자책을 했고 겨울방학 이후가 걱정이 되기 시작했다. '내가 정상적인 교사 생활을 할 수 있을까?'라는 의구심으로 '휴직을 해야 하나', '사직을 해야 하나', 아니면 '그냥 다녀야 하나' 등 온갖 잡생각으로 머리가 복잡했다.

이런 어둠의 터널을 간신히 빠져나올 수 있게 한 것은 따뜻한 식사 한 끼였다. 선배 교사 한 명이 "볼일이 있어 집 근처에 왔으니 밥을 먹자"며 연락을 주었다. 선배는 그 일에 대해서는 아무 말도 하지 않았다. 그냥 방학 때 놀러 간 이야기, 이사한 이야기 등을 하면서 식사를 했다. 나는 그저 "네" 하면서 말없이 밥을 먹었다. 식사를 마치고 집에 돌아갈 때 즈음에 선배가 내게 한마디 했다. "선생님! 선생님은 스스로를 어떻게 생각하는지 몰라도, 나는 그래도 선생님이 작년에 열심히 노력한 것을 알고 있다"고 "지나가면 아무것도 아니니까 훌훌 털고 일어나라"고 "다 그

교사, 삶에서 나를 만나다

렇게 실수하면서 교사가 되어간다"고 하면서 밥값을 내시는데, 나는 앞에서는 웃으면서 헤어졌지만, 집으로 혼자 돌아오는 길에 눈물을 흘리고 말았다. "선생님이 열심히 한 것을 알고 있다"라는 그 한 마디가 어찌나 내 마음을 내리치는지, 꾹꾹 눌러왔던 눈물이 한꺼번에 왈칵 쏟아졌다.

사람마다 그럴 때가 있다. 이제는 '그만하고 포기해야 한다'고 생각하는 순간, 예상치 않은 사람에게서 포기하지 말라는 말을 들을 때, 말로 다 할 수 없는 벅찬 감동으로 다가온다. 이때 선배 교사의 한 마디는 나를 교사로서 다시 되살리는 부활의 소리였다. 그리고 그 소리에 간신히 힘을 내고 버틴 나는, 이렇게 누군가에게 또 다른 위로를 던지는 사람이 되어 있다. 우둔하고 참으로 부족했던 내가, 누군가에게 국수를 사주는 사람이 되어 있다.

우리는 학교라는 역에 힘겹게 앉아 있다. 교실 먼지에 기침을 쿨럭이고 피곤함에 찌들어 앉아 있다. "아프냐"고 서로 위로하고 싶지만, 삶에 힘겨워 서로 침묵하고 있다. "교직 생활이 원래 이런 것이야"라고 스스로 위안하며 조용히 앉아 수업 시간만 기다리고 있다. 사람마다 다르겠지만, 누구에게나 듣고 싶은 한 마디가 있다. "이렇게 해라!", "저렇게 해라!"라는 식의 해결책의 말이 아니라 "나는 너를 알고 있다", "혼자 있어서 매우 힘들었구나"라는 공감의 한 마디다. 내가 약하다고 스스로 주눅 들지 말고 당장 내 옆에 있는 교사에게 말을 걸어주자. 따뜻한 말 한마디를 건네자. "선생님, 나하고 따뜻한 밥 한번 먹자!"라고 말이다. 이런 위로의 말을 건네기 시작할 때, 나 또한 위로를 받고 그 안에서 성장할 것이다.

우리의 삶은, 우리의 수업은 이렇게 아픔 속에서 위로하면서 성장한다. 내 안에 있는 상처와 아픔을 불빛 속에 던지면서 동료 교사의 이름을 불러보자. 학교라는 역에서 서로의 아픔을 보듬고, 위로의 불빛을 던지며 이 추운 들판을 '다시' 따뜻하게 걸어보자. 삶의 막다른 절벽 위에서 누군가의 위로를 간절히 기다리는 동료 교사가 분명히 있다.

나를 성찰하는 질문

- 동료 교사에게 위로받은 적이 있는가? 어떤 말이 당신에게 가장 다가왔는가?
- 나의 아픔과 상처가 다른 사람에게 위로가 된다는 말이 어떻게 다가오는가? 혹시 그런 경험이 있는가?
- 나의 위로가 필요한 동료 교사가 있는가? 있다면 그에게 어떤 위로의 말을 던지고 싶은가?

교사, 삶에서 나를 만나다

수업에서
서로 위로하다

　　사람은 타인의 이해를 통해 성장한다. 다음 그림은 고흐가 생을 마감하기 전에 그린 것으로 알려져 있다. 그림을 그리면서 약자들을 위로하고, 자신의 슬픔을 이겨내려 했던 고흐. 어찌 보면 누구보다도 치열하게 살았고 뚜렷한 삶의 주제의식 속에서 자신의 존재가치를 찾으려 했는데, 왜 자살로 삶을 마감해야 했을까? 정신병 등 많은 이유가 있겠지만 그중 하나는 고흐가 그림으로 위로받지 못했기 때문이다. 그토록 열심히 그림을 그렸지만 그의 그림을 이해해주는 사람이 없었다. 온 영혼을 불사르며 그림으로 자기 내면의 아픔을 표현했지만, 그의 그림들은 동생 테오의 방에서 가만히 보관되어야 했다. 특히 미술 비평가들은 그의 그림을 깊게 들여다보지 않았다. 당시의 관습적인 시선으로는 고흐의 그림은 참 이상했다. 채색이 불안하고, 스케치는 세밀하지 못하다. 명암과 구도, 원근법은 다 무시되어 있었다. 고흐는 자신의 감정을 잘 나타내기 위해 기존의 그림 문법을 무시하는 파격을 감행했는데 그의 의도를 물어봐 주는 사람이 없었다. 친한 동료 화가조차도 그의 그림을 촌스럽다고 무시하며 그의 능력을 과소평가했다. 결국 그림으로 이해받지 못한 고흐는 격한 외로움에 시달리며 자기 가슴에 총을 쏴야 했다. 고흐를 헌신적으로 도운 테오가 있었지만, 그림으로 사람들에게 위로받지 못한 고흐는 허망하게 세상을 떠나야 했다. 차가운 밀밭 위를 나는 까마귀[81]처럼 외로운 삶을 마감해야 했다.

교사들도 쓸쓸하게 밀밭 위를 나는 까마귀와 같다. 이해받지 못하는 삶을 사는 것은 비단 고흐뿐만이 아니다. 개인의 행동이 많은 사람에게 노출되는 교사들은 각별히 조심을 기울이고 교육적인 의미를 담아 행동한다. 그런데 동료 교사, 관리자, 학생으로부터 자신의 이런 노력을 이해받지 못하고 능력이 없다는 소리를 들으면, 큰 낙담 속에 지낼 수밖에 없다.

누군가로부터 이해받지 못할 때 너무 억울하고 속상하다. 인간은 이해와 신뢰 속에서 성장하게 되어 있는데, 다른 사람이 내 이야기는 제대로 들어보지 않고 일방적인 판단의 소리만 하면 심한 좌절감을 맛본다. 사

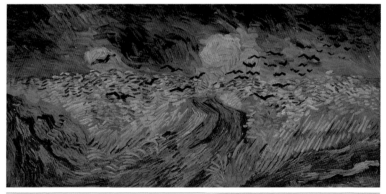

81   고흐, 밀밭 위를 나는 까마귀 (1890)

교사, 삶에서 나를 만나다

람의 행위라는 것이 그렇다. 겉으로 볼 때는 구부러져 있지만, 이렇게 될 수밖에 없는 이유가 있다. 설사 꺾여 있다 할지라도 그 속에 의미가 있는데, 우리는 자신만의 기준으로 다른 사람의 행위를 너무 쉽게 판단한다. 특히 교사들은 이런 행동이 더 심하게 나타난다. 오랜 시간 '이렇게 해야 한다'는 자기만의 규칙 속에서 학생들을 지도했기에, 다른 교사의 모습을 볼 때, 그 사람의 관점에서 이해하기보다는 자신의 틀로 쉽게 판단을 해버린다. 특히 수업에 있어서 많은 교사들은, 수업자의 시선에서 수업을 이해하기보다는 자신만의 틀로 '수업을 잘했다', '못했다'를 쉽게 평가해 버린다. 이 과정에서 수업을 공개한 교사는 자신의 수업 행위에 대해 이해받지 못하고, 선생님들의 섣부른 판단으로 마음에 멍이 든다.

그래서 동료 교사와 마음으로 더 깊게 연결되기 위해서는 삶의 나눔을 넘어서 결국 수업을 서로 이야기할 수 있어야 한다. 삶의 깊은 나눔을 위해서는 내 삶의 맨살을 그대로 드러내야 하듯이 수업의 속살조차도 공개하여 이야기를 할 수 있어야 한다. 꾸미지 않은 내 일상의 수업을 공개하여 수업에 대한 진짜 고민을 말하고 서로 위로할 수 있어야 한다. 하지만 수업을 공개한다는 것은 매우 부담스러운 일이다. 수업은 늘 다른 사람의 시선에서 비난받고 교정받아야 할 대상이라고 생각했기 때문이다. 그래서 수업은 그만큼 나만의 비밀 장소다. 아무리 친한 교사가 학교 내에 있을지라도 수업을 공유하지 못한다. 내 치부가 발견될 것 같은 부끄러움이 앞선다. 그만큼 수업을 나눈다는 것은 특별한 행위이고, 큰마음을 먹지 않으면 쉽게 공개할 수 없는 것이 우리의 수업이다.

우리는 학교에서 꽃나무처럼 서 있다. 예쁜 꽃잎을 뽐내며 화려함을 자랑한다. 하지만 그 화려함 때문에 서로 다가서지 못한다. 스스로 잘 있겠지, 혹은 내가 다가설 수 있는 공간이 없을 거라고 생각하며, 피상적으로 동료 교사를 만난다. 하지만 조금 더 가까이 가보면 꽃나무처럼 우리 안에 여러 겹의 상처가 있는 것을 알게 된다. 교무실에서 만나는 교사의 모습과 수업 안에서의 교사의 모습은 너무 다르다. 교무실에서는 의연하게 서 있는 것 같지만, 수업 안에서는 여러 번 흔들리고 넘어지고 또다시 일어서는 모습이 보인다. 그리고 그 안에서 버텨내려는 안간힘이 보인다. 겉으로는 몰랐던 그 교사의 여러 겹의 모습이 수업에서 보인다.

하지만 우리는 여태껏 수업으로 위로를 받은 경험이 없기 때문에 수업으로 서로 알아간다는 것 자체가 잘 이해되지 않는다. 수업을 공개하는 것은 내 능력을 평가받기 위함이요, 윗사람에게 내가 수업을 잘했나 못했나를 측정받는 것이라고 생각하기 때문이다. 그래서 우리는 수업장학, 수업컨설팅, 연구 수업에 대한 기분 좋은 경험이 별로 없다. 교사를 평가받아야 하는 존재로, 지도받아야 하는 존재로 보기 때문에, 우리는 늘 주위의 시선과 평가에 주눅 들고 자유롭지 못했다.

이에 대한 대안으로 교사의 수업 행위를 '예술'적으로 보기, 학생의 '배움'을 중심으로 수업 보기, 교사의 '내면'을 중심으로 수업 보기 등 여러 형태의 수업협의회 방식이 등장하여 수업을 측정과 평가의 대상이 아니라 교사의 새로운 성찰을 이끌어내는 형태로 보기 시작했다. 이런 대안적인 수업협의회 방식이 교사들에게 많은 도움이 되었다. 수업협의회를 통해 교사들은 새로운 시각을 갖게 되었고, 수평적인 분위기에서 편하게 동료 교사의 조언을 들을 수 있었다. 하지만 이것이 또다시 하나의 관행으로 작용하자, 이런 대안적인 수업협의회 방식도 몇 가지 한계점을 보인다. 그중 하나가 수업자의 소외 현상이다.

대개의 수업협의회에서 수업자의 시선으로 수업을 보는 것이 아니라 각자의 틀에서 수업을 해석한다. 그러다 보면 협의회 시간에 남는 것

교사, 삶에서 나를 만나다

은 수업자의 삶이 아니라 수업을 보러 온 사람들의 다양한 해석이다. 그리고 우리 안에 암묵적으로 인정하는 좋은 수업의 틀만이 차갑게 존재한다. 수업은 이렇게 구성해야 하고, 학생 간의 대화를 이렇게 해야 하는 등의 지침이 더 크게 오가고, 그 속에서 한 수업을 위해 고민하고 애썼던 수업자의 존재는 조용히 사라진다. 수업자가 수업을 한 주체가 아니라 협의회 시간에는 남의 조언을 들어야 하는 객체가 되는 현상이 벌어진다.

수업자가 오늘 수업을 위해 어떤 고민을 했고, 어떤 교육적 행위를 했는지를 들어봐 주고, 그의 시선에서 수업 이야기를 해야 하는데, 우리는 수업자의 이야기보다 수업을 본 사람들의 이야기를 더 많이 듣는다. "이쪽 모둠에서 누구에 의해 깊이 있는 수준의 배움이 잘 만들어졌다", "앞 학생과 뒤 학생 간의 생각이 잘 연결되었다", "삶과 교과 지식 간의 연결이 잘 되어서 수업에서 의미 있는 내용이 잘 전달되었다" 등 저마다의 관점으로 이야기하는데, 수업자를 직접 비난하는 내용은 아니지만, 수업자의 마음에 와 닿지 않는 내용이 많다. 수업 현상을 각자의 시선으로 분석할 뿐, 그 수업을 하고 있는 교사의 진짜 고민에 와 닿지 않기 때문이다.

수업을 본 사람들은 수업의 장점을 찾아주면서 수업자를 칭찬하고, 아쉬운 점에 대해서는 각자 생각하는 처방책이 오고 간다. 그리고 그곳에 수업의 권위자가 있으면 그 말을 따라야 하는 지침이 만들어지고, 앞으로 수업자는 그 원칙대로 수업을 해야 하는 것처럼 생각하게 된다. 이런 나눔 속에서 수업자는 자신의 진짜 고민을 말하지 못하게 되고, 남이 설정해놓은 기준을 따라야 하는 의존적인 존재가 된다. 협의회를 통해서 또다시 수업자의 마음은 알 수 없는 공허감에 빠진다. 수업을 보고 나서도 외로워진다.

수업협의회 시간에 남의 이야기를 계속 들어야 하는 수업자의 신세는 브뤼헐의 그림 속 신부의 모습과도 같다.[82] 결혼 잔치임에도 신부가 외로이 앉아 있다. 초록색 휘장 아래 슬프게 앉아 있다. 오히려 손님들이 더 왁자지껄 음식에 즐거워하고, 신부는 아무런 축복을 받지 못한 채 소외되었다. 누군가가 한 번쯤 "축하한다"고 "앞으로 어떻게 살 거냐"고 말을 걸어주어야 하는데, 다들 먹고 마시는 데 정신이 없다. 수업을 공개하고 그 수업을 나눌 때는, 수업자의 마음을 이해해 달라는 욕구가 크다. 이론으로 분석받기보다, 자신의 고민 속에 머물러서 내면의 이야기에 귀를 기울여주기를 바라는데, 수업자에게 형식적인 칭찬만 하고, 자신이 평상시에 가져왔던 수업의 이야기를 꺼내놓는다. 수업자는 덩그러니 혼자 앉아서 일방적으로 그 이야기를 들어야 하는, 그림 속 신부와 같은 처

82   브뤼헐, The Peasant Wedding

교사, 삶에서 나를 만나다

지가 된다.

　사실 수업자나 수업을 보는 자나 늘 자신의 삶을 깊이 있게 이야기하고 이해받고 싶어 한다. 그러나 이 수준이 되려면 수업자와 수업을 보는 이가 깊은 신뢰 관계 속에서 안전지대를 만들어야 한다. 이러려면 친밀함의 시간이 필요하고 내 삶을 노출하겠다는 내적 용기가 필요하다. 수업자는 정서적으로 더 깊이 들어가 자신의 고민을 표현해야 하고, 수업을 보는 자는 그 이야기를 경청하면서 공감해주어야 한다. 하지만 이 작업은 매우 버겁다. 나의 수업 이야기를 그대로 노출하는 것, 그리고 그 이야기를 잘 들어주는 것. 우리 안에서 정서적인 준비가 잘 되어 있지 않으면 이 시간을 견디기가 쉽지 않다. 그래서 내가 편하게 이야기하고, 편하게 들을 수 있는 부분만 이야기한다. 각자의 진짜 생각은 말하지 않고 서로 부담되지 않는 범위 내의 이야기만 한다.

　이렇게 수업협의회가 계속되면 수업자는 결국 '속으로는 선생님들이 내 수업을 평가하고 지적하지 않을까', '사람들이 내 수업을 깊이 이해하고 말을 하는 것일까' 하는 걱정을 늘 하게 된다. 이런 두려움 속에서 수업을 공개하고 나누면, 여전히 수업은 나눔과 위로의 대상이 아닌 분석의 대상이요. 자신의 수업 지식을 자랑하고 그것을 관람해야 하는 쇼의 장이 된다.

　　사람이 온다는 건
　　실은 어마어마한 일이다.

　　그는
　　그의 과거와

현재와

그의 미래와 함께 오기 때문이다.

한 사람의 일생이 오기 때문이다.

부서지기 쉬운

그래서 부서지기도 했을

마음이 오는 것이다.

그 갈피를

아마 바람은 더듬어 볼 수 있을 마음.

내 마음이 그런 바람을 흉내 낸다면

필경 환대가 될 것이다

- 정현종, '방문객', 『<광휘의 속삭임>(2008), 문학과지성사』

한 사람을 만난다는 것은 단순히 현재의 순간만을 만나는 것이 아니다. 그 사람의 과거, 현재, 미래를 동시에 만나는 것이다. 수업에서는 수업자의 과거, 현재, 미래가 함께 온다. 살아온 경험, 현재 생각하는 감정 그리고 이 수업을 통해 이루어갈 그의 꿈이 수업 속에 묻어온다. 그래서 수업을 볼 때, '내가 해결책을 줘야겠다', '수업을 잘 분석해줘야지' 라는 식의 '교정'의 대상으로 보는 것이 아니라 '만남'의 대상으로 봐야 한다. 그 교사의 시선에 눈 맞추며 모든 행위를 의미롭게 봐주어야 한다. 수업자가 수업을 공개하는 것은 어떤 '처방'을 받기 위함이 아니라, '나 이렇게 살고 있어요' 라고 삶을 보여주기 위함이다. 어떤 사람의 집들이

교사, 삶에서 나를 만나다

를 갈 때, '내가 그 집의 인테리어에 대해 상담해줘야지' 라고 생각하며 가지 않는다. 그냥 그 집을 보는 것이다. 그 사람의 집에 들어가 그 사람을 느끼고, 그 사람의 앨범을 보면서 '이렇게 살았구나' 하면서 이해해 간다.

수업을 본다는 것도 그 사람의 삶을 들여다보는 것이다. 무기력한 학생들과 분투하며 의미 있는 배움을 만들어가는 수업자의 모습에서 그 교사의 꿈을 읽는다. 혹은 좌절하는 모습 속에서 그의 아픔을 이해한다. 그럴 때, 수업 이야기를 하면서 '환대' 의 분위기가 만들어지고 그 속에서 수업자는 위로를 느낀다. '이 사람이 내 수업으로 나를 봐주고 있구나!', '내 삶을 이해하고 있구나!' 라는 생각이 수업자가 힘든 수업을 다시 헤쳐 갈 내적인 힘을 준다. 이것은 수업을 통해 그 사람의 삶을 방문하고 수업자를 의미 있는 '존재' 로 봤기 때문에 가능한 일이다.

존재로 수업을 본다는 것은 수업하는 교사의 모습 그 자체를 '존귀' 한 존재로 본다는 것이다. 그래서 교사의 수업을 함부로 판단하지 않고 교사를 배움을 만들기 위해 '노력' 하는 존재, 자신의 꿈을 가지고 수업을 하는 '신념' 의 존재, 수업에서 의미 있는 메시지를 던지려는 '작가' 의 존재, 수업이 뜻대로 되지 않아 가슴 아파하고 그것 때문에 '고민' 하는 존재, 고민을 말하고 위로받고 싶은 '외로운' 존재로 보는 것을 말한다.

남의 수업을 보려고 할 때, 취해야 할 가장 기본적인 태도는 평가와 분석이 아닌 이해다. 이해는 내 시선을 내려놓고, 수입자의 시선으로 가는 것을 의미한다. 하지만 이것은 쉽지 않다. 끊임없이 터져 나오는 내 생각과 판단이 수업자의 행위를 나의 틀로 판단하려고 하기 때문이다. 이것은 어쩔 수 없는 우리의 습성이다. 여태까지 우리는 늘 수업을 그렇게 남을 평가하고 분석하는 것으로 봐왔기 때문에 상대방의 수업 능력을 평가하려는 습관을 버리기가 힘들다. 그러나 이때, 수업에 대해서 쉽게 판단하는 것을 멈추고 질문을 던져야 한다. 수업 초반에 날씨 애기로 시간을 너무 끌었다고 판단되면, '왜 선생님은 날씨 애기를 오래하면서 시간을 끌었을까?' 라고 돌려서 생각한다. 한 학생의 질문에 선생님이 너무 급하게 대답하려고 했을 때, '선생님은 학생의 질문에 왜 급하게 대답하려고 했을까?' 라고 수업자의 입장에서 생각해본다. 그리고 협의회 시간에 수업자에게 질문을 던지고 그 대답을 들으면서, 이 수업에서 어떤 것에 주안점을 두었는지, 또는 어떤 어려움이 있었는지를 이해해야 한다.

양철 지붕을 존재로 만나지 않으면, 양철 지붕이 흔들리는 이유를 '바람에 흔들린다' 라고 바로 판단해 버린다. 그러나 이런 판단을 잠시 내려놓고, 존재의 시선으로 질문을 던지면, 양철 지붕에 박은 못이 헐거워져서, 녹이 슬어서 흔들거린다는 것을 알게 된다. 수업도 그렇다. 겉으로 볼 때는 멀쩡하고 아무런 아픔이 없는 것 같지만, 수업자의 시선으로 보면 수업자가 여러 생각과 감정이 한 수업에서 교차하는 것을 볼 수 있다. '수업의 처음을 어떻게 시작해야 할지', '첫 질문을 어떻게 던져야 할지', '질문에 대한 대답을 누구에게 먼저 시킬 것인지', '대답을 듣고 교사가 설명해야 할지, 아니면 다시 다른 학생에게 시켜야 할지' 등 교사는 수많은 선택을 통해서 배움의 길로 학생을 초대한다. 교사의 이런 수많은 행위에 질문을 던지고 수업자의 이야기를 듣다 보면, 교사가 애쓰고 노력한 지점들이 보이기 시작한다. 그가 이 수업에서 어떤 존재로 서려고 했는지, 학생들과 어떤 소통을 하려고 했는지가 보인다. 그런 지점들을 수업자에게 알려주면 비로소 자신의 수업에 대한 격려를 받는다. 형식적인 칭찬이 아니라 깊은 이해 속에 던지는 격려라는 사실을 알고, 수업자는 큰 위로를 받는다.

교사, 삶에서 나를 만나다

예전에 공주에 있는 한 고등학교에서 역사를 가르치는 B 선생님의 수업을 보았다. 그 학교는 전국적으로 알려진 명문 학교라 많은 선생님이 B 선생님의 역사 토론 수업을 보러 왔다. 수업을 보고 난 후, 모든 선생님이 칭찬을 하기 시작했다. "역사 수업을 지식으로 가르치지 않고, 토론을 통해서 역사적 사고를 함양시키는 모습이 너무 인상 깊었다"면서 '언제부터 토론 수업을 기획하고 시작했는지', '토론 수업할 때 어떤 점에 주안점을 두는지', '토론 수업을 준비하면서 힘든 것은 없는지' 등, 주로 토론 수업의 진행과 준비에 대한 질문이 쏟아졌다. 그런데 이상한 것은 질문에 답하는 선생님의 모습이 시간이 지날수록 어두워지기 시작했다. 그런데 한 선생님의 질문으로 선생님의 눈에 생기가 조금씩 돌기 시작했다.

오늘 수업에서 사대주의를 설명할 때 열등감과 연결시키고, 선생님의 열등감, 말을 잘 못하고 내성적인 성격을 말씀하시는 것이 좀 특이했어요. 그리고 중간중간 다시 이 내용을 환기하는 발언을 많이 하셨는데, 특별한 이유가 있었나요?

이때 나는 수업협의회 사회를 보는 자로서 참 반가운 질문이었다. 토론 수업의 방법을 알고 싶어 하는 질문이 아니라, 토론 수업을 진행한 B 선생님을 알기 위한 질문이었기 때문이었다. 그러자 B 선생님은 냉랭했던 얼굴에 활기가 조금 돌면서 예상치 않은 이야기를 꺼냈다.

선생님들은 저의 토론 수업을 좋게만 봐주시는데 사실 저는 토론 수업을 할 때마다 이 수업을 계속해야 하는지에 대한 의구심을 늘 가집니다. 우리

학교는 전국의 똑똑한 애들이 다 와요. 그래서 이렇게 토론 수업을 하면 잘해요. 원래 잘하는 애들이니까요. 그러나 이 속에서 학창시절의 저처럼 발표 못 하고 열등감이 있는 애들이 자꾸 신경이 쓰여요. 그래서 가능하면 어떤 예를 들 때, 소심했던 저의 옛날이야기를 많이 해요. 그렇게라도 해서 발표력이 없는 애들이 조금 더 수업에 동참하기를 바라는 마음에 계속 제 애기를 청승맞게 해요.

선생님의 이야기를 들으면서, 여전히 우리는 각자의 틀에서 수업을 보려고 했다는 생각을 했다. 선생님은 수업에서 토론에 동참하지 못하는 애들을 어떻게 동참시킬 것인가를 줄곧 고민했는데, 우리는 토론 수업에 대한 질문을 했으니 선생님은 수업협의회 시간에 줄곧 소외되고 있었다. 이 이야기를 듣고 질문했던 선생님이 다시 정말 중요한 질문 하나를 던졌다. "그러면 선생님의 오늘 수업에서 가장 마음에 걸렸던 학생은 누구였던가요? 혹시 선생님과 눈을 맞추고 인사하지 못했던 A라는 학생이 아닌가요?" 그랬더니 B 선생님은 잠시 머뭇거리더니 "맞다. 그 A 학생이 내내 마음에 걸렸다"고 하면서 수업하기 전날 학생과 상담했던 이야기, 그 학생의 고민을 이야기하면서 "그 학생을 보면 학창시절의 나를 보는 것 같다"면서 눈물을 흘렸다. 그러자 이 이야기를 들은 많은 선생님들은 마음이 숙연해지면서, B 선생님이 어떤 마음으로 이 수업을 하려고 했고 어떤 고민이 있었는지를 한순간에 알게 되었다. 모두 아무 말 하지 않고 따뜻한 눈으로 고개만 끄덕거렸는데, 그것만으로도 B 선생님은 큰 위로를 경험했고, 자신의 수업을 깊이 이해해줘서 연신 고맙다고 말씀하셨다.

인간은 이해받기 위해 태어났다. 힘든 일이 있어도 자신의 마음이 이

교사, 삶에서 나를 만나다

해받기만 하면 또다시 힘을 내는 것이 인간의 본성이다. 자신의 수업을 깊이 이해해주고 자신의 수업 이야기를 경청해주는 사람이 있다면, 교사는 수업을 다시 시작할 용기를 얻는다. 그런데 우리는 수업협의회 시간에 각자의 틀을 가지고 너무 많은 말을 한다. 수업을 한 선생님의 이야기를 듣지 않고 그 시선을 가지려 하지 않는다.

마티스의 그림[83]도 그가 말하려고 하는 소리를 경청하지 않으면, 엉성하게만 보인다. 위에는 파란색, 아래는 초록색, 사람들은 붉은색인 이 그림을 사람에 대한 정확한 묘사, 정확한 원근법, 명암법 등의 관점에서 보면, 누구나 다 그릴 수 있는 그림이라고 생각할 수 있다. 그러나 이 그림을 온전히 이해하기 위해서는 마티스의 시선으로 가야 한다. 그림으로 말하는 마티스의 이야기에 귀를 기울여야 한다. '왜 위쪽은 파란색을, 아래쪽은 녹색을 칠했는지'를 '사람은 또 이렇게 단순하게 그렸는지'를

83 마티스, Dance (II) (1910)

마티스에게서 들어야 한다. 사실 이 그림이 복잡하게 그려졌으면, 이 그림에서 느껴지는 원초적인 생명력, 원시성, 자유로움은 제대로 표현되지 않았을 것이다. '파랑-빨강-녹색'으로 연결되는 보색 배열이 사람들을 도드라지게 하고, 그들의 춤사위가 단순하지만 무엇에도 구속받지 않는 자유로움이 느껴진다. 서로 맞잡은 손에서는 진한 연대감이 느껴진다.

수업에서 위로라는 것도 마찬가지다. 그 사람의 시선으로 가서 손을 잡고 그와 함께 춤을 추는 것이다. 그런데 우리는 같이 춤을 추지 않고 춤을 추는 것을 지켜보면서 분석하려고 한다. 결국 존재로 수업을 본다는 것은 나라는 존재가 수업자에게 가는 행위이다. 그래서 나는 종종 동료 교사와 수업을 나눈다고 할 때 "내가 선생님에게로 갈 테니 선생님은 그 자리에 가만히 서 있으세요"라고 말한다. 참 신기한 것은 수업을 그 교사의 시선으로 이해하고 의미를 찾아주면 수업자는 내면에서부터 오는 새로운 힘을 얻는다.

도미에는 삼등열차[84]에 몸을 싣고 힘겹게 집으로 가고 있는 사람들을 표현했다. 모든 사람의 얼굴에 힘겨운 삶의 무게가 보인다. 도미에는 삼등열차 속에 앉아 있는 소시민의 고단한 일상을 사실적으로 그려내려고 애썼던 것 같다. 그런데 이상하게 그림은 따뜻하게 보인다. 힘들어 보이지만 그렇게 절망적이지 않다. 애달픈 삶 속에서 열심히 살고 있는 소시민의 열정을 봤기 때문이다. 젖먹이가 있음에도 일을 하는 여성의 모습에서, 늙은 나이에도 자식에게 먹을거리를 갖다 주려는 할머니의 모습에서, 잠을 자면서도 자신의 물건을 소중히 지키려는 아이의 모습에서 도미에는 삶의 새로운 의지를 보고 있다. 그래서 도미에는 존재의 시선을 가지고 그들을 따뜻한 온기로 표현하고 있다.

교사, 삶에서 나를 만나다

84　도미에, 삼등열차 (1862)

　수업 변화의 동력은 수업자 그 자신에게 있다. 존재로 수업을 봐준다는 것은 이런 수업자의 능력을 믿고, 깊은 이해와 격려 속에서 수업자 스스로 수업의 고민을 해결할 수 있는, 의자를 내어놓는 일이다. 그 의자에 앉아서 수업자가 따뜻한 시선으로 자기 수업을 바라보고 성찰할 수 있도록 수업자의 수업을 이해해주는 일이다. 우리 안에 동료 교사를 이해하는 시선이 먼저 필요하다. 수업자의 고민에 같이 머무르면서 그의 소리를 깊이 경청할 때, 수업자는 수업 안에서 문제를 스스로 해결해 갈 것이다. 수업을 통해 위로받고 수업의 관성을 깨뜨리고 수업 변화에 대한 창조적인 도전을 할 것이다. 동료 교사에게 필요한 것은 날카롭게 수업을 분석하는 시선이 아니라, 수업자가 잠시 멈춰 서서 쉴 수 있는 의자다.

• 학교생활에서 이해받지 못했던 경험은 무엇이 있는가?

• 수업자를 존재의 시선으로 봐준다는 것이 어떻게 다가오는가? 수업자의 시선을 갖기 위해서는 어떤 노력을 해야 한다고 생각하는가?

• 수업을 공개할 때의 두려움은 무엇인가? 수업 나눔을 화기애애하게 바꿀 수 있는 방법은 없는가?

교사, 삶에서 나를 만나다

공동체에서
서로 위로하다

클림트는 남동생이 사랑으로 낳은 딸, 헬레네를 그렸다.[85] 그런데 여섯 살 조카의 모습을 마냥 귀엽게만 그리지 않았다. 클림트는 생기발랄한 조카가 아닌, 슬픔과 애수에 찬 조카의 모습을 그려낸다. 아마도 이 예쁘기만한 조카를 낳고 바로 죽게 된 동생을 그리워했기 때문일 것이다. 클림트는 조카의 모습에서 보고 싶은 남동생의 모습을 기억하고자 이 그림을 짙은 슬픔이 묻어나게 그렸다.

누군가가 나를 기억해준다는 것은 참 고마운 일이다. 담임 시절 아무 것도 해주지 못했는데, 제자들이 날 찾아와서 인사해주고 편지를 건네 주는 것은 너무 감사한 일이다. 1학년 때 담임했던 한 학생이 있었다. 우리 반 열쇠 부장으로 믿음직스럽게 일을 했던 학생이다. 말수는 많지 않고 친구들에게 신망이 두터웠던 학생. 성적이 매우 뛰어나지 않았지만 내가 무엇을 이야기하면 잘 듣고 그대로 행동했던 학생이었다. 2, 3학년 때는 담임을 하지 않았지만 국어 수업에서 늘 만났고, 웃으면서 "우

85　클림트, 헬레네 클림트의 초상 (1898)

교사, 삶에서 나를 만나다

리 반의 영원한 열쇠부장 잘하고 있네"라고 격려했었다. 그의 이름은 김준호. 그런데 준호가 졸업한 그다음 해에 나를 찾아왔다. 그것도 방과후 수업을 마치고 막 퇴근하려는 그 시간에 1층에서 만났다. 준호도 급하게 왔는지 땀을 흘리고 있었다. 그런데 나는 그때 준호의 이름이 기억이 나지 않았다. 그냥 "어 반가워, 오랜만이야 잘 지내지?"라고 인사만 건넸다. 그런데 준호는 말없이 인사하더니 "잠깐만요" 하면서 주섬주섬 가방에서 무엇인가를 꺼내는 것이었다. 그리고 그가 나에게 건넨 것은 '페레로로쉐 초콜릿'이었다. 순간 나는 피식 웃으면서 "이거 기억하고 있었어?"라고 하며 웃음을 건넸다. 그리고 남자들이 그렇듯이 쿨하게 헤어졌다.

말없이 그 초콜릿을 물끄러미 차 안에서 바라보는데, 갑자기 '준호가 날 기억해주고 있다'는 사실이 나를 얼마나 행복하게 하는지, 교사이기에 경험하는 그 기쁨은 아직도 가슴 속에 남아있다. 수업 시간에 내가 초콜릿 페레레로쉐를 좋아하는 이유를 설명한 적이 있는데, 준호는 그것을 기억한 것이다. 졸업하고 나서도 나를 기억해주면서 편지를 써 주는 제자들, 이런 제자들 때문에 새로운 힘을 얻는다. 교사는 사람 속에 있지만, 늘 사람을 갈망한다. 아무리 내가 부족할지라도 제자들에게 의미 있는 교사이면 좋겠고, 또 동료 교사로부터 훌륭한 교사라고 인정받고 싶다. 사람들 사이에서 사랑을 많이 받는 것 같지만, 우리는 더 큰 사랑을 늘 갈망한다.

그러기에 우리는 약하다. 이런 나의 근원적 갈망이 채워지지 않으면 괜히 사람들에게 서운하고 잊혀 가는 것 같아서 서글프다. 그렇다고 사람들에게 기억해달라고, 이런 것을 하고 있으니까 나를 좀 칭찬해달라고 말하지는 않는다. 너무나 쑥스러운 일이기 때문이다. 특히 교사들은 스스로 드러내지 않는다. 늘 부끄럽고 부족한 것 같아서, 원하는 것이 있어도 자신의 감정을 감춘다. 휘슬러의 야상곡 그림[86]처럼 푸른 안개 속으로 자신의 마음을 슬며시 숨긴다. 그러면서도 남이 나를 좀 알아주기를 바라는 마음이 또 있다. 이런 양쪽의 마음속에서 쓸데없는 감정소비를 할 때가 많다. 그래서 누군가에게 다가서고 싶은데, 그러지 못하는 이것도 아닌 저것도 아닌 경계에서 늘 방황한다.

어쩌면 우리는 학교에서 영원한 이방인인지도 모르겠다. 동료 교사에게 따뜻한 위로를 건네고, 수업을 존재로 본다는 것은 너무나 힘든 일이다. 진실하게 서로의 내면을 나누는 관계를 학교에서 만들어야 하는데, 안개 속에 숨어 있는 우리는 좀처럼 마음의 문을 열지 않는다. 마음을 터놓고 이야기할 수 있는 동료 교사를 만드는 일은, 깊은 어둠 속의 안갯길을 헤쳐 나가는 것과도 같다. 그래서 학교에서 한 명의 동료 교사와 깊이 만나고 마음을 나누는 일은 제법 시간이 오래 걸린다.

86 휘슬러, 야상곡 회색과 은색

교사, 삶에서 나를 만나다

2005년 나는 정말 준비되지 않은 상태에서 인문계 사립 고등학교 국어 교사로 부임했다. 나름 사람과의 관계를 잘 맺는다고 생각하고 아무 생각 없이 교직 생활을 했지만, 쉽지만은 않았다. 많은 교사와 학생과의 관계 맺음에서 내 약점은 고스란히 노출되었고, 늘 그런 것을 지켜봐야 하는 내가 괴로웠다. 나는 나름대로 괜찮은 사람, 평균 이상의 교사라고 생각했지만, 객관적인 눈으로 나를 관찰해보면 늘 부족했다. 그러면서도 늘 인정을 갈망했다. 나는 이렇게 수업 잘해요, 나는 이렇게 담임교사로서 훌륭한 교사예요 등 동료 교사나 학생들에게 인정받기 위해, 나의 내면을 천천히 살펴보기보다는, 눈에 드러나는 행위만을 하려고 애썼다. 이러는 와중에서 동료 교사와의 관계도 틀어지고, 학생들과의 관계도 서먹하게 되어버릴 때도 많았다.

　이리 부딪치고 저리 부딪치면서 나의 내면은 점점 더 공허해지고, 학교 안에서 이런 고민을 깊게 나누고 싶지만, 쉽게 누군가에게 이야기하지 못하는 그런 주변인이 되어버렸다. 선배 교사들도 도움을 주려고 다가왔지만 내가 마음을 열지 않았다. 내가 무엇인가를 이야기하면, 그것이 누군가의 귀에 들어갈 것이고, 여러 형태로 왜곡되어 또다시 나를 공격하는 소리가 될까 봐 두려웠다. 이쪽도 저쪽도 아닌 사이에서 나는 가만히 숨죽이고만 있었다.

　이러는 와중에 굉장히 불편한 상황이 생기게 되는데, 평상시에 서로 감정이 좋지 않은 선생님과 같은 학년을 가르치거나 교무실 바로 옆자리에 앉게 되는 경우다. 내게는 같이 국어를 가르치고 있는 J 선생님이 그랬다. 교사 1년 차 때 내 잘못으로 재시험이 치러졌을 때, J 선생님은 같이 1학년을 가르치는 국어 선생님이었다. 나는 늘 J 선생님에 대한 미안함과 죄송함으로 다가서지 못했다. 나 때문에 큰 사건이 발생했으니,

그분이 얼마나 나를 무능한 교사로 볼까 두려움이 컸다. 더군다나 나는 J 선생님에 대한 오해가 있었다. 강의식 수업에 최적화되신 분이라서 내가 추구하는 학생참여중심의 수업에 반감이 클 거라 생각했다. 그런 오해 속에서 2년 정도는 서로 아무 말 없이 지냈다. 서로 다른 학년을 가르치게 되어서 얼굴을 맞대고 있을 때가 거의 없었다. 그런데 재시험 사건이 일어난 지 4년이 지난 때, 우리는 같이 1학년을 가르쳐야 했다. 부담감이 컸다. 또다시 1학년이었다. 나는 긴장감과 두려움 속에서 J 선생님을 대해야 했고, J 선생님 또한 내 마음을 알고 있어서 내게 쉽게 다가오지 않았다. 그러나 같이 수업을 해야 했기에 교육과정을 짜야 했고, 이러는 와중에 밥을 같이 먹는 시간이 많아졌다.

식탁에서의 만남은 사람을 해제시키는 묘한 힘이 있다. 처음에는 어색해도 억지로라도 이런저런 이야기를 나누다 보면 서로 일치하는 부분이 찾아진다. J 선생님과 나도 서로 수업 스타일은 달라도 일치하는 부분이 있었다. 어떤 형태로든 수업은 학생들에게 의미가 있어야 한다는 것이다. 우리는 교과서 내용 중에 가르쳐야 할 것, 빼야 할 것을 정했고, 새롭게 재구성해야 할 것을 협의하면서 정하기로 했다. 예전과 같은 실수를 하지 않으려고 시험 문제로 출제할 내용을 미리 정했고, 인쇄물은 개인적으로 따로 나눠주는 것 없이 항상 전체 인쇄물로 돌릴 것을 약속했다. 그리고 일 년을 같이 수업을 했다. 학생들의 반응을 서로 나누고, 다음 수업 내용을 함께 기획하면서 점차 J 선생님과 나는 친해졌다.

그리고 다음 해는 2학년 문학 수업을 같이했다. 관계는 더 친밀해지고, 수업에 대한 고민도 깊어졌다. 그래서 이번에는 수업 내용을 전면적으로 재구성하기로 했다. 학생들이 삶을 돌아보게 하기 위해 좋은 시와 소설을 많이 읽히고 글을 많이 쓰게 하기로 했다. 2년째 호흡을 맞출 때

교사, 삶에서 나를 만나다

는, 처음으로 같은 학교 내에서 동료 교사와 호흡한다고 느꼈다. 만나면 늘 수업 이야기를 했고, 우리가 제대로 가고 있는지, 이렇게 교육과정을 재구성하면서 배움 중심 수업을 하지만 실제적인 입시 준비가 소홀하지 않도록 부단히도 애썼다. 배움과 입시, 이 양단의 목적을 달성하기 위해 함께 방과 후에 남아서 같이 인쇄물을 만들었고, 때로는 교육철학의 차이로 의견이 충돌했지만 서로 양보하며 학생들만 바라보면서 양질의 수업을 준비했다. 그리고 한 해 더 2학년 문학 수업을 하면서 J 선생님과 나는 더 깊은 관계를 맺으면서 학생들을 위한 수업을 할 수 있었고, 몇 마디 말만 해도 다음 수업에 대한 밑그림을 같이 그릴 수 있었다. 그리고 야간 방과후수업으로 90분 인문학 특강을 열면서 더 꽃을 피웠다. 차가운 논술 수업을 하는 것이 아니라, 학생들의 세계관과 철학을 바꾸는 인문학 수업을 설계하여 부버, 마르크스, 카뮈, 샌델 등 이름만 들어도 부담스러운 인문학자를 같이 공부하면서 삶과 철학이 있는 인문학 수업을 멋지게 해냈다. 재시험의 악연으로 시작된 관계가 수 년 후에는 같이 수업을 이야기하고 나누는, 수업친구가 되어서 우리가 꿈꿨던 수업을 해내니 너무 신기했다.

하지만 이런 상황에서도 내 안에 늘 돌멩이 같은 게 하나 있었다. J 선생님에게 "그때 정말 죄송했다"는 말을 하고 싶었다. 그러나 쉽사리 입이 떨어지지 않았다. 모르겠다. 그 말하기가 왜 그렇게 힘들었는지. 그런데 기회가 찾아왔다. 수년 전, 함께 차를 타고 교사 엠티를 가는 도중에 우연히 옛날이야기가 나왔다. 나는 슬며시 말을 꺼냈다. "그때 제가 참 철이 없었죠. 이런 저를 잘 받아주시고 인정해주셔서 감사해요. 그때 정말 죄송했어요"라는 말이 처음으로 나왔다. 그러자 선생님도 씨익 웃으면서 "아니야, 오히려 김태현이 고생했어. 여기까지 오느라고 참 수고 많았어요"라고 하면서 어깨를 툭 치는데, 그냥 눈물이 흘렀다. 순간 침묵이 흐르고 몇 분 동안 나는 말을 잇기가 힘들었다.

어떤 시인의 말대로 한 사람을 마음속에 섬기는 일은 고독한 수행이다. 우리는 혼자라서 외로운 게 아니고, 누군가를 사랑하려고 했기에 외로웠다. 나도 J 선생님과의 관계에서 더 친밀해지려고 했기에 외로웠던 것 같다. 하고 싶은 말이 있는데, 말하지 못하는 고통. 참 오래 걸렸다. 지금 계산을 해보니 그 사건이 있고 J 선생님께 "죄송하다"는 말을 하기까지 7년이 걸렸다. J 선생님도 "그동안 힘들었지?"라는 말을 빨리하고 싶었을 것인데, 우리는 같은 공간에 있으면서도 이렇게나 오래 걸렸다. 다행히 나는 사립학교라서 그래도 함께 오래 있다 보니 이렇게라도 친해졌는데, 4년 혹은 그 전에 전근을 가야 하는 공립학교에서는 한 사람과 친해질 만하면 떠나가고, 또 친해질 만하면 떠나가는 일이 반복되어서 학교 안에서 진실한 만남을 이루기가 힘들다. 이상한 것은 떠나가면 서로 그리워져서 한 달에 한 번이라도 만나는데, 학교 다닐 때는 방과 후에 따뜻한 식사 한 끼도 하지 못했다는 것이다.

학교에는 공동체가 정말 필요하다. 그러나 이것이 자연스럽게 만들어지기까지는 참 시간이 오래 걸린다. 학교에서 우리는 가면을 쓰고 사적인 감정을 숨기고 누군가의 도움을 바라지만, 정작 누군가가 다가서면 마음 문을 닫는 이중적인 모습을 가졌기 때문이다. 우리는 학교에서 늘 연기를 한다. 겉으로는 모든 것이 괜찮은 것처럼 웃는다. 마음을 들키지 않기 위해 입을 다물고 호감을 사기 위해 억지 미소를 짓는다. 이렇게 나를 제대로 표현하지 않으니 학교에 가는 것이 늘 편하지 않다. 교실에서는 학생 눈치를 보고 교무실에서는 동료 교사와 관리자의 눈치를 봐야한다. 이런 정신적인 압박 속에서 집에 가면 자신을 돌볼 겨를도 없이 피

교사, 삶에서 나를 만나다

곤함에 쓰러진다.

그런데 요즈음 학교 안에서 가면을 쓰고 있는 교사의 내면적 특성을 무시한 채, 인위적으로 공동체를 만들려는 움직임이 많다. 시간을 정해 놓고, 모여서 같이 책을 읽고 이야기를 나누고 또 그것을 협의록에 기록하고 결재받는 등, 공동체는 자연스러워야 하는데, 예산이 들어오고 행정적인 작업이 오고 나니, 공동체는 공동체가 아니었다. 업무적인 이야기가 오가고 간단한 말만 오고 간 채, 서로 필요한 이야기만 나누고 공동체의 시간을 아깝게 흘려보내고 있다. 물론 모이지 않는 것보다는 나을 수 있지만, 마음을 나누고 정서적인 변화를 일궈내기 위해서는 마음과 마음이 연결되는 시간이 필요한데, 우리는 이것을 또다시 인위적으로 이뤄내려고 한다. 답을 정해놓고 공동체를 '이렇게 만들어라'는 식으로 지침이 내려오면, 우리는 또 가면을 쓴다. 마음이 경직되고 지침에 맞춰주는 연기를 해야 한다. 누군가는 모였다고 문서를 꾸며야 하고 예산을 아깝게 소비한다. 사람이 모인다고 공동체가 되는 것이 아니다. 긴 시간 밥도 같이 먹고 차도 마시며 자연스럽게 대화하면서, 서로 이해하고 알아가면서 서서히 만들어진다.

공동체에 대해서 잘못 생각하는 다른 하나는 공동체가 만들어지면 당장에라도 학교에 큰 변화가 생길 거라는 환상이다. 지금 J 선생님과 나는 여러 선생님과 자연스럽게 만나서 수업 이야기도 하고 학년 프로그램을 논의한다. 어찌 보면 전문적 학습공동체, 혁신공동체라고 할 수 있다. 그러나 우리 학교는 혁신적 변화를 했다고 이야기할 수 없다. 이렇게 공동체적으로 모일 때나 아닐 때나, 학교는 여전히 비슷한 모습이다. 한 마디로 우리의 공동체 모임이 눈에 보이는 학교의 변화를 이루었다고 말할 수 없다. 어떤 해는 '심화반', '도약반', '무한도전반' 등 새로운 프로

그램을 야심 차게 하겠다고 학생들에게 애기했다가 실천도 제대로 못하고 허무하게 끝난 적이 많다. 또 어떤 해는 이과 학생들과 의견 충돌이 일어나서 이과 학생들은 참여조차 안 하고, 문과 학생들만 데리고 프로그램을 운영한 적도 있었다. 입시 결과를 놓고 봐도 예전보다 뚜렷하게 좋은 결과가 있다고 말하기도 부끄러웠다. 한마디로 실패의 연속이었다.

학교 공동체가 잘 모여서 학교 변화를 가져오면 참 좋은데, 그렇게 되기까지는 정말 쉽지 않다. 수백 번 넘어지고 또 넘어지면서 비로소 아이들은 한 걸음을 걷게 된다. 하물며 공동체의 변화는 단기간에 개인이 어찌할 수 있는 일이 아니다. 그런데 우리는 학교 공동체가 만들어지면 뭐라도 변화할 거라 기대한다. 사실 몇년 전 학교 내에서 그런 변화의 움직임이 매우 크게 일어났었다. 교사 사이에서 학교 변화에 대한 욕구가 터져 나와서 관리자를 중심으로 수업 나눔도 하고, 연수도 기획하고 다들 열심히 했다. 지금은 그때의 열기는 사라지고 또다시 각자의 삶에 지치고, 함께 뜻을 모았던 선생님들은 학교 변화에 대한 서로 다른 생각으로 차가운 냉각기를 거치고 있다.

사실 학교 안에 진실한 공동체가 만들어지는 데도 시간이 걸리고, 그 공동체가 유지되는 데도 에너지가 많이 필요하다. 그리고 어떤 가시적 성과를 내는 것은 더 많은 시간이 걸린다. 그런데 학교 혁신을 이룬 몇몇 학교의 모습만 보면서 '우리는 왜 안 되지'라고 불평만 하면, 공동체는 금방 무너진다. 열악한 상황을 탓하게 되고, 남 탓을 하게 된다. 그리고 종국에는 능력 없는 내 탓으로 화살을 돌린다.

학교 혁신으로 유명한 학교들이 공동체를 이루고, 학교에 커다란 변화를 이뤄낸 것은 정말 대단한 일이다. 그런데 일반인의 관점에서 봤을 때,

교사, 삶에서 나를 만나다

그렇게 변화된 학교가 특별한 거다. 평범한 교사들이 모여서 학교 변화를 이루어 내려면, 더 많은 시간의 노력과 열정이 쌓여야지 간신히 학교가 변화하기 시작한다. 그런데 이런 속성을 모른 채, '저쪽 학교는 변화했는데 우리는 뭐냐'라는 식으로 자꾸 생각하면, 교사들의 힘은 모아지지 않는다. 모든 학교가 다 같은 방법으로 갈 수는 없다. 시간을 인내하면서 천천히 가는 여유가 있어야 한다. 그렇지 않고 조바심을 내고, 어떤 결과가 나오지 않았다고 서로 비난하기 시작하면 공동체는 금방 와해된다.

학교가 변화하지 못하는 것은 교사의 능력 부족도 아니고 특별한 프로그램을 운영하지 못해서도 아니다. 근원적으로 외롭고 누군가에게 인정받고 싶어 하면서도 "미안하다"는 말 한마디, "고맙다"는 말 한마디를 나누지 않아서 학교 공동체에 균열이 갔기 때문이다. 학교 내에서 우리가 왜 한 마음을 품지 못하는가? 동료 교사 간에 사소한 오해와 작은 말다툼으로 같이 무엇을 하기에는 불편함이 존재하기 때문이다. 그것을 해결하기 위해 누군가가 먼저 다가서야 하는데, 그것을 하지 못해서 공동체가 이뤄지지 않는다. 어찌 보면 참 작은 것 때문에 공동체가 만들어지지 못한다. 멋진 꿈을 꾸고, 같이 모여서 치열한 토의도 하고 좋은 연수도 진행해야 하지만, 먼저 일상에서 만나는 동료 교사를 소중히 여겨야 한다. "함께 있어 줘서 고맙다", "밥 한 끼 먹자"는 한 마디, 그 한 마디로 공동체는 시작된다.

우리는 슈퍼 영웅이 아니다. 우리는 휘슬러의 그림[87]에 나오는 인물처럼 차갑고 푸른 어둠을 홀로 걸어가고 있다. 영화에서나 나올 법한 초인적인 능력으로 수업을 통해 학생들에게 큰 깨달음을 주고, 학급 담임을 하면서 사랑으로 학생들을 감동시키는 일은 아주 가끔 일어난다. 그렇다. 우리는 정말 평범한 교사다. 여전히 학교에 출근할 때는 마음이 어수선하고, 수업은 가능하면 조금만 하고 싶다. 수업 중에 학생들의 소리에 귀를 기울이기보다는 내가 가르쳐야 할 정보를 잘 전달하는 것에 급급하다. 일탈하는 학생들을 잘 품어주고 그들의 마음을 이해하기보다는 짜증과 분노로 내 감정을 말한다. 이런 자신의 평범한 모습에 우리는 절망한다.

생각해보면 참 우습다. 교육이란 행위는 어떤 가치와 신념을 가지고 일관된 행동을 하면서 학생들에게 의미 있는 영향력을 행사해야 하는데, 뒤돌아보면 후회와 아쉬움, 자책, 실망뿐이다. 하지만 낙담과 절망 속에만 나를 가둬두지 않는 것은, 같이 걸어가는 동료 교사가 있기 때문이

87　휘슬러, '야상곡, 푸른색과 은색; 첼시' (1871)

교사, 삶에서 나를 만나다

다. 그들이 내게 특별한 자선을 베풀어주는 것도 아니다. 그렇다고 초인적인 힘을 발휘해서 수업을 잘하고 담임으로서의 역할을 탁월하게 잘하는 것도 아니다. 그냥 그 자리에서 자기의 길을 천천히 걸어가는 모습에서 든든함을 느낀다. 때로는 학생들에게 화나서 고래고래 소리를 치는 모습에, 4교시 종을 치자마자 "밥 먹으러 가자"면서 식당으로 달려가는 모습에, 피곤한 몸을 이끌고 책상에 엎드려 자는 모습에, 행정문서를 작성하면서 온갖 욕을 하는 모습에, 전화통을 붙잡고 학부모 민원을 조심히 해결하는 모습에, 수업 준비가 안 되었다면서 복사를 열심히 하는 모습에 잔잔한 위로를 얻는다. 비가 오나 눈이 오나 그 자리에 있는 내 옆 동료 교사의 모습에서 오늘도 하루를 버틸 힘을 얻는다. 이렇게 버티다 보면 또다시 우리에게 학교 변화에 대한 열정이 솟아오를 것이고, 그때 우리는 또 무엇인가를 열심히 하면 된다.

사실 혁신학교, 좋은 학교라는 것은 존재하지 않는다. 다만 변화를 열망하는 교사들만이 있을 뿐이다. 변화는 프로그램에 있는 것이 아니다. 어떤 이론과 방법이 학교를 변화시켜 주는 것이 아니다. 오직 교사다. 오직 교사들이 학교 혁신의 주체다. 오랜 시간 동료 교사끼리 일상에서 서로의 삶을 나누고 슬픔과 기쁨을 나누는 연대, 서로에게 감사함을 느끼고 표현하는 것. 그리고 그 따뜻함이 학생들에게 옮겨질 때, 학교는 새로운 변화를 하게 된다. 변화는 이렇게 단순하고, 느리고, 고요하게 시작한다. 서로 의지하면서 버티고 서 있을 때, 또 다시 변화의 힘이 갑자기 일어나 같이 춤추는 그 순간이 폭풍같이 온다. 그때까지 우리는 또 서로 격려하며 버텨야 한다. 그 자리에 서 있어야 한다. 포기하지 않고 그 자리를 지키고 버티는 것도 혁신이다.

• 지금 근무하는 학교가 공동체의 성격을 가지고 있다고 생각하는가?

• 옆 동료 교사가 가만히 자리를 지키고 있는 모습에 힘을 얻은 적이 있는가? 당신은

  동료 교사에게 어떤 모습으로 서 있는가?

• 학교 변화를 공동체적으로 시도한 적이 있는가? 그때의 열정이 아직도 서로 살아

  있는가? 만약 없다면, 무슨 이유 때문인가?

교사, 삶에서 나를 만나다

삶에서
나의 길을 다시 묻다

　　나는 인생에 대해서 교만했다. 내가 길[88]을 선택한 줄 알았는데, 길이 나를 선택했다. 그리고 길은 나에게 묻는다. 나를 벼랑 위로 끌고 가고, 웅덩이에 빠지게 하고, 캄캄한 어둠을 홀로 걷게 하고, 가시덤불 길에서 이리 찔리고 저리 찔리게 하면서 나에게 계속 묻는다. '너의 길이 정말 무엇이냐'고. 하지만 나는 답할 수 없었다. 나는 단지 교사라는 입구가 좋았지 교사 생활을 하면서 또다시 내가 선택해야 하는, '내면'의 길이 있는 줄 몰랐다. 우리의 신세가 그렇다. 교사라는 길을 선택했을 때는, 분명 가치가 있고 걸어가기에 편한 길이라 생각했다. 그래서 이 교사라는 입구에 들어오려고 부단히도 애를 썼다. 아주 작은 쪽방에서 밤늦게까지 공부하고, 새벽에 일어나 또 공부하고 공부했다. 많은 사람이 이 입구에 줄을 서 있는 것이 두려웠지만, 이를 꽉 물고 내 옆에서 응원해주는 가족을 생각하며, 천천히, 아주 천천히 교사라는 입구에 마침내 도달했다.

88   마인데르트 호베마, 미델하르니스로의 좁은 길 (1689)

"웰컴, 교사가 된 여러분을 축하합니다. 이 시대의 희망은 다음 세대를 가르치는 교사들에게 있습니다. 축하합니다." 기쁘고 우쭐한 마음으로 길에 올라섰다. 남들이 가는 길로 따라갔다. 멋모르고 따라만 갔는데, 옆을 돌아보니 나 혼자만 덩그러니 서 있었다. 그 많던 사람이 어디로 갔는지, 나만 혼자 길 위에서 헤매고 있었다. 일단 무서워서 달렸다. 내리막길을 달리고, 때론 오르막길로 가면서 사람들을 찾았다. 쉬지 않고 달리는 사람만 보일 뿐, 동행할 사람이 보이지 않았다. 낯선 이방인들만 보이고, 내 손을 잡고 천천히 안내해줄 사람이 없었다. 또 다시 어둠이 찾아왔다. 앉아서 울고 있는데, 길은 또다시 물었다. '너는 어떤 곳으로 가고 싶냐' 고, '어디에 멈춰 서고 싶냐' 고, '그렇게 짐을 지고서 힘겹게 어디로 가느냐' 고 물었다.

삶이 무서운 것은 자꾸 내 선택에 대한 책임을 묻는다. '잘한 거냐' 고, '잘 걸어가고 있는 거냐' 고 내 안에서 묻는다. 그러면 그 소리를 듣기 싫어서 무작정 달린다. 귀를 막고 나를 더 바쁘게 만들고, 이쪽저쪽을 뛰어다닌다. 옷이 찢어지고 몸이 피곤해도, 계속 들려오는 그 소리가 무서워서 달린다. 숨은 막혀 헐떡거리고, 길은 또다시 잘못 들어 다시 올라갔다가 내려오고, 어디로 가야 할지를 모른 채, 나는 허둥댔다. 그렇게 나는 길 위에 혼자 서 있다.

결국 우리는 교사라는 길 위에 서 있지만, 여전히 또 다른 길을 찾아 방황하고 있다. 문득 이렇게 살다가 퇴임할 때의 내 모습을 생각해본다. 우리 학교에서 평교사로 퇴직하는 선생님의 모습은 쓸쓸했다. 방학이 끝나고 컴퓨터를 켜면, "그동안 감사했습니다"로 시작하는 메시지 몇 줄만 남겨놓고 모두 그냥 그렇게 떠나가셨다. 퇴직하는 선생님들은 급하게 이삿짐 싸듯이 책상을 정리하고, 마지막 수업이라는 의미부여도 없이, 학생들과 냉랭하게 작별인사를 하고 떠나가셨다. 몇 명의 선생님이 쓸쓸하게 손을 흔들어주면서 힘겹게 달려온 교사 생활의 끝을 맺는다. 모든 학생이 환송해주기를 바라는 것은 아니지만, 내가 지켜본 교사의 마지막은 너무나 초라했다. 풍성한 잎과 탐스러운 열매가 남아 있는 나무인 상태로 퇴직하기를 바란 것은 아니지만, 몸뚱이가 잘린 나무 밑동[89]만 되고 있는 현실은, 교사로서 너무 가슴 아프다.

　과연 나는 무엇을 보기 위해 이 길 위에 들어와 서 있는가? 이렇게 아무것도 남기지 못할 바에는 젊은 시절에 그토록 열심히 살지 않았을 텐데, 내 존재가치가 이렇게 한 번에 사라질 바에는 수업 준비를 하느라 밤새우지도 않았을 텐데, 이렇게 아무런 준비 없이 초라한 말년을 맞이해야만 하는가! 학교에서 흘린 땀방울이 적지 않을 텐데, 대다수의 선생님

[89]　폴레노프, 클라이즈마 강

은 존재의 흔적을 남기지 못한 채 학교를 떠나간다.

예수는 자신을 열정적으로 따라다니는 제자들에게 물었다.

너희는 무엇을 보러 광야에 나갔더냐? 바람에 흔들리는 갈대냐? 아니면, 무엇을 보러 나갔더냐? 비단 옷을 입은 사람이냐? 화려한 옷을 입고 호사스럽게 사는 사람은 왕궁에 있다.

우리는 세상의 부귀와 영화를 보려고 교사의 길을 선택한 것이 아니다. 분명 가치 있는 것을 주려고 이 길 위에 올라왔다. 그것이 무엇이라고 구체적으로 밝히지는 못해도 학생들 가슴 속에 별 하나는 심어주려고 교사 생활의 의미를 찾았다. 꿈을 향해 힘겹게 공부하고 있는 우리 학생들, 그들에게 별 하나 정도를 마음에 심어주면, 그래도 나라는 존재가 의미는 있을 거라 생각하며 열심히 가르쳤다. 그런데 우리 학생들은 내가 그토록 별을 외쳤건만 별을 가슴에 심지 못하고 아래와 같은 시를 짓는다.

나는 이제 겨우 열 여서 일곱이지만 그래도
하늘에 별 있고 달 있는 건 안다.
원래 밤하늘이 시커멓고 거기에
바늘로 구멍 숭숭 뚫은 것처럼
별 있어야 한단 것도 안다.

어른들은 우리더러 책상 앞에 앉아 있어야
훌륭한 사람 된다 그랬는데

어른들은 우리한테 별 하나 보여주지도 않고
상상력 없고 발랑 까졌다고
한다.

나는 오늘도 집 가는 길에 졸렬한
주황 불빛에 질린 듯, 체념한 듯
울상인 하늘을 봤다.

열 여서 일곱인 난데
별 본 적 없다.

밤에 별이 총총해야 한다는 것만 안다.

- 작자미상의 학생 작품, '난 별 본 적 없다'

마음이 아프다. 어둠이 깊어질수록 밝게 빛나는 별을 우리 학생들이 알기를 원했는데, 학생들은 별이 있다는 것은 알지만, 본 적은 없다니!

그래도 우리는 대한민국의 교사다. 학생들의 가슴에 별 하나를 심기 위해 다시 노력한다. 별에 관계된 동영상을 찾고, 별을 이야기한 노래를 찾고, 별을 학생들 간에 잘 얘기할 수 있는 방법을 찾는다. 그런데도 여전히 학생들은 "선생님, 별을 이제는 보긴 봤는데, 내 마음에 별은 없네요"라고 고백한다.

무엇이 문제일까? 나름 최선을 다했는데, 왜 여전히 학생들 마음에 별 하나 심지 못하는 것일까? 지금과 같은 교육 현실에서는 힘든 일일까?

교사, 삶에서 나를 만나다

만약 그렇다면 나는 길을 잘못 선택할 것일까? 이 책에서 줄곧 던지는 질문이 바로 이것이다. 별에 관계된 수많은 자료도 있고, 탁월한 교수 기법도 있고, 나름 열심히 하는 나라는 존재도 있는데, 왜 우리의 수업 속에서 학생들에게 별 하나 제대로 심지 못하는 것일까?

길을 찾지 못할 때는 무슨 일을 더 하기보다는 멈춰서야 한다. 가만히 서서 내 삶을 내려놓고 비우는 일에서부터 시작한다. 나만의 시간과 공간을 만들어 나와 대면하고, 내가 하고 싶은 것을 스스로 탐색해보고 내 안에 눌려있었던 감정을 스스로 성찰하는 데서 시작한다.

조용히 나만의 방에서 제3의 눈으로 내 수업을 살펴보면, 별을 가르치고 있는 나조차도, 가슴에 작은 별 하나가 없다는 사실을 깨닫는다. 내 안에 어둠을 밝히는 별 하나가 없으니 수업에서 학생들의 마음 안에 작은 별 하나를 심지 못했다. 경험해보지 못한 것을 가르치는 것은 참으로 어렵다. 별을 가르치는 데 '별이 있다' 는 정보 그 이상을 가르치려면, 교사 스스로 기존의 경험 넘어 있는 것을 봐야 한다. 밤하늘에 떠 있는 별을 직접 보고, 감상하고, 소원을 빌면서 별이 내게 어떤 느낌으로 다가오는지, 그리고 정말 별은 어둠을 밝히는 희망의 존재인지 아닌지를 끊임없이 질문하며, 내적 경험을 쌓아야 한다. 그러나 불행히도 우리는 스스로 별을 맛보기에는 너무 지쳐버렸다. 별을 별답게 가르치기는 해야 하는데, 별을 내 삶에서 깊이 만날 여유가 없다. 그래서 책상 앞에 앉아서 막연히 별을 잘 설명할 동영상을 찾는다. 학생들이 잘 협력하도록 수업 방법을 고민하고, 별에 관계된 노래도 찾아본다. 그런데 별을 가르치는 자료는 넘쳐나지만, 여전히 가르치는 교사의 가슴에 별이 없다.

우리는 왜 가슴에 별이 생기지 않은 걸까? 우리에게는 별에 관한 최고의 자료도 있고, 자료를 해석할 지성도 있는데 말이다. 결국 우리에게 필요한 것은 별을 별답게 볼 수 있는 능력이었다. 가슴에 별을 스스로 담을 수 있는 마음이었다. 이것은 우리 삶과 관련이 있다. 가르치는 것에 너무 신경을 쓰다 보니 별을 가만히 보는 여유가 없었고, 별을 보더라도 이미 감성이 메말라서 아무런 감흥이 없었다.

그래서 이 책에서는 교사들이 수업을 위해 수업에만 신경 쓸 것이 아니라 자신의 삶, 그 자체를 찾자는 이야기를 했다. 본질, 감정, 신념, 창조, 공동체, 이 다섯 가지의 키워드를 가지고, 우리가 잃었던 '나'의 삶을 되찾으면서, 수업 변화를 위한 내적인 힘을 키우자고 했다.

우리는 너무 급하게 달려오느라 잃어버린 것이 너무 많다. 별을 바라보면서 죽어가는 모든 것을 사랑할 수 있는 힘이 있어야 하는데, 별의 종류, 별자리 이름만을 차갑게 외웠다. 수십 년 동안 가져왔던 공부의 방식이 평가에 맞춰져 있었기에, 우리는 내 진짜 삶을 잃어버리고 별을 별답게 가르치는 능력을 상실했다.

그래서 지금 우리가 내 수업을 찾기 위해서 필요한 것은 별을 별답게 보는 시선이다. 더 이상 우리는 거짓말을 하지 말아야 한다. 내가 보지 못한 것을 본 것이라 말하고, 내가 느끼지도 않은 것을 느끼라고 말하는 것은 위선이다. 그런 위선에서 벗어나서 교사의 삶 이전에 한 개인으로서 존재하고, 실존하는 삶으로 살아야 한다. 우리는 살아있는 실체가 되어야 한다. 아무리 가냘프고 외롭게 서 있는 나무라 할지라도, 끝까지 살아 있으면 내리쬐는 햇볕에서 작은 그늘을 만든다. 잎이 풍성하지 않아도, 누군가는 그 그늘에서 쉬고, 삶의 새로운 의미를 깨닫게 될 것이다.

하지만 이 황량한 교육 현실에서 한 그루의 의미 있는 나무가 되기란 참 어렵다. 정말 어렵다. 여태까지 우리는 나를 위한 것보다 남의 기대에 맞추기 위해 노력했고, 교직 생활도 남이 걸어갔던 길을 그대로 걸어가는 것을 더 편안하게 생각했기 때문이다.

한 번쯤은 멈춰 서서 정말 소중하고 가치로운 것을 고민해야 하는데, 빨리빨리 진도를 나가야 하고, 기존에 설정한 목표대로 학생들을 끌고 가야 해서, 가면을 쓰고 잘 가르치는 선생인 양 연기를 해야 했다. 그리고 연기가 부족하면 내공 있는 교사들을 만나서 다양한 교수법과 교수 자료를 수혈받고 교실 앞에 다시 서야 했다. 이런 수업 속에 기쁜 적도 있었다. 예상치 못한 학생들의 반응에 가르치는 자만이 느끼는 보람과 희열이 있었다. 하지만 시간이 점차 지나면서 기쁨보다는 피곤함이, 희열보다는 삶의 고단함이 자꾸 몰려왔다.

그래서 이젠 이런 바쁨의 순환 고리를 끊고, 나를 보자는 것이다. 교사인 나 이전에, 순수한 자아로서의 나! 나를 정확히 바라보면서 '내가 하고 싶은 것이 무엇인지', '내가 교사로서 어떤 길을 걸어가고 싶은지'를 진지하게 고민하자는 것이다. 그렇지 않고 이 상태로 계속 가다가는 나는 소멸되고, 아무것도 남지 않은 상태에서 쓸쓸하게 정년퇴임을 맞이해야 할지도 모른다.

우리는 참 순수하다. 가르치는 것이 좋다는 그 일념만으로도 모든 인생을 학생들에게 다 쏟는다. 늘 무기력했던 아이들이 그래도 내 수업에서 발표도 하고 무엇이라도 열심히 적는 모습에 기쁨을 느끼며 여기까지 왔는데, 돌아보면 남는 것이 없는 듯하다. 허무하다. 나는 무엇을 위해 수업을 해 왔던가? 그래서 이 책에서는 수업의 주제의식을 말한다. 내게 가르친다는 것이 무엇인지, 내 수업을 통해 학생들에게 주려는 가치가 무엇인지를 고민하자고 했다. 그렇지 않으면 우리는 무엇 하나 제대로 주는 것 없이, 교육제도에 종속되어 그냥 소비되는 존재가 될 수 있다. 이를 극복하기 위해서 '왜 교사라는 길을 선택했는지' 내 경험에 말을 걸어야 한다. 그리고 치열하게 묻고 또 물으면서 '내가 어떤 길을 걸어갈 것인지', 그것을 이루기 위한 나의 신념 찾기에 들어가야 한다.

결국 이 책의 핵심은 내가 걷고 싶은 길을 찾자는 것이다. 텅 빈 바닷가에 홀로 앉아[90] 화려했던 옛날만을 떠올리는 것이 아니라, 쓸쓸하고 외로운 가을을 온몸으로 맞이하며, 내가 이제 계속 걸어가야 할 길을 찾아야 한다. 그 길을 찾지 않으면, 내가 아닌 남의 지식을 계속 가르쳐야 하는 불행에 빠진다. 하지만 그 길은 쉽게 찾아지지 않는다. 돌담에 가로막혀서 잘 보이지 않는다. 절망의 현실이 길게 늘어져 있다. 그럼에도 포기하지 말아야 하는 것은 내가 지금 이 시간에 존재하고 있다는, 실존의 자각이다. 수업으로 학생들에게 희망을 말할 수 있는 자격이 여전히 내게 있다는 인식을 해야 한다. 그래서 나라는 존재는 가치 있고, 내 수업을 듣는 학생들 또한 새로운 희망의 씨앗임을 생각해야 한다. 그래서 나는 살아 있어야 한다. 내가 하고 싶은, 내 수업을 찾아야 한다.

네가 자꾸 쓰러지는 것은
네가 꼭 이룰 것이 있기 때문이야

네가 지금 길을 잃어버린 것은
네가 가야만 할 길이 있기 때문이야

네가 다시 울며 가는 것은
네가 꽃피워 낼 것이 있기 때문이야

힘들고 앞이 안 보일 때는

교사, 삶에서 나를 만나다

90 윌리엄 체이스, 계절의 끝 (1884)

너의 하늘을 보아

네가 하늘처럼 생각하는
너를 하늘처럼 바라보는

너무 힘들어 눈물이 흐를 때는
가만히
네 마음의 가장 깊은 곳에 가 닿는

너의 하늘을 보아

- 박노해, '너의 하늘을 보아', 『<너의 하늘을 보아>, 느린걸음』

그 시작은 일상, 나의 하늘에서부터 시작한다. 내 삶을 사랑하면서 내 안에 숨겨져 있는 창조의 본능을 일깨우며, 자연 안에 거하고, 예술을 즐기며, 동료 교사를 따뜻하게 만나며 나의 일상을 풍요롭게 가꿔가야 한다. 물론 육아와 가사, 행정업무, 기타 많은 일이 나를 괴롭히고 있는데, 삶을 찾으라는 말은 너무 허무맹랑하게 들릴 수도 있다. 그래도 찾아야 한다. 학교에서 나라는 존재가 더 이상 사라지지 않기 위해 나를 찾기 위한 시간을 만들어야 한다. 변화는 특별한 곳에 있지 않다. 내가 살고 있는, 초라한 그 일상에서 내 시간을 만들어가는 데서 시작한다. 나의 하늘을 찾는 데서 시작한다.[91]

이제 우리는 다시 일상으로 가야 한다. 그 속에서 나의 하늘을 보고, 동료 교사가 던지는 위로의 소리를 들으면서, 우리에게 찾아온 이 겨울을

교사, 삶에서 나를 만나다

91   찰스 커트니 커란, Billow (1915)

같이 껴안으며 견뎌내 보자. 여전히 우리는 학생들에게 따뜻한 별 하나를 심을 수 있는 교사다. 다시 한 번 우리의 삶에서 다시 시작해보자. 어떻게든 살아 견디어 보자. 당신은 존재만으로도 아름다운 교사다.

아침에 내린 비가 이파리 위에서
신음소리를 내며 어는 저녁에도
푸른 빛을 잃지 않고 겨울을 나는
나무들이 있다

하늘과 땅에서 얻은 것들 다 되돌려 주고
고갯마루에서 건넛산을 바라보는 스님의
뒷모습처럼 서서 빈 가지로
겨울을 나는 나무들이 있다.

이제는 꽃 한 송이 남지 않고
수레바퀴 지나간 자국 아래
부스러진 잎사귀와 끌려간 줄기의 흔적만 희미한데
그래도 뿌리 하나로 겨울을 나는 꽃들이 있다.

비바람 뿌리고 눈서리 너무 길어
떨어진 잎이 세상 거리에 황망히 흩어진 뒤
뿌리까지 잃고 만 밤
씨앗 하나 살아서 겨울을 나는 것들도 있다.

교사, 삶에서 나를 만나다

이 겨울 우리 몇몇만

언 손을 마주 잡고 떨고 있는 듯해도

모두들 어떻게든 살아 견디고 있다.

모두들 어떻게든 살아 이기고 있다.

– 도종환, '겨울나기'

이제 나이가 들었나 보다. 자꾸만 옛 생각을 하게 되고, 교사직을 은퇴할 때 내 모습을 상상하니 말이다. 지난 교사 생활을 돌아보면 훌륭한 제자들과 뜨겁게 수업을 했던 것, 학교를 변화시키기 위해 동료 교사와 힘을 모은 것 등 많은 기억들이 떠올려지지만, 나에게 있어서는 책을 매번 힘겹게 탈고했던 순간이 가장 마음에 남는다. 글재주가 있는 것도 아닌데 왜 이렇게 책을 쓰려고 했는지, 지금 돌이켜보면 신기하기만 하다. 사실 나는 학창 시절에 독후감 숙제가 제일 싫었다. 글쓰기가 싫어서 친구들 것을 그대로 베껴 제출하기도 했고, 맥락 없는 문장으로 분량을 채우기에 급급했다. 그런데 교직 생활 동안 교사와 관련된 책만 네 권을 내었다. 속으로 질문해 본다. 글쓰기 재주도 없는 자가 매번 왜 이렇게 책을 내야만 했을까?

아마도 그것은 교직 생활에 대한 애달픔 때문이었을 것이다. 분명 우리 '교사의 삶'은 의미 있고 가치로운데, 왜 이렇게 교사의 존재를 가벼이 이야기하는 사람들이 많은지, 그 애통함 때문에 우리 선생님들에게 기죽지 말라고, 누가 뭐라고 해도 당당히 우리의 길을 가자고 말을 건네고 싶었던 것이 아닐까 스스로 생각해 본다.

창밖에 밤비가 속살거려

육첩방(六疊房)은 남의 나라,

교사, 삶에서 나를 만나다

시인이란 슬픈 천명(天命)인 줄 알면서도
한 줄 시를 적어 볼까,

땀내와 사랑내 포근히 품긴
보내 주신 학비 봉투를 받아

대학 노트를 끼고
늙은 교수의 강의 들으러 간다.

생각해 보면 어린 때 동무를
하나, 둘, 죄다 잃어버리고

나는 무얼 바라
나는 다만, 홀로 침전(沈澱)하는 것일까?

인생은 살기 어렵다는데
시가 이렇게 쉽게 씌어지는 것은
부끄러운 일이다.

시인 동주도 일제 강점기에 문학 공부를 하기 위해 일본에 와 있는 현실이 여러모로 불편했나 보다. 나라를 빼앗은 곳에 문학을 공부하러 올 수밖에 없는 자기 자신이 부끄럽다고 시에서 말한다. 하지만 시인 동주가 위대한 것은, 그런 부끄러움 속에만 자기를 가두지 않는다. 지금 자신의 모습은 한없이 비루하고 초라하지만, 시간이 지나면 지금과는 다른 모습으로 자기가 이 세계에 존재할 거라 생각했던 거 같다. 그래서 동주의 마지막 시 '쉽게 씌어진 시'는 이렇게 끝이 난다.

> 육첩방은 남의 나라
> 창밖에 밤비가 속살거리는데,
>
> 등불을 밝혀 어둠을 조금 내몰고
> 시대처럼 올 아침을 기다리는 최후의 나,
>
> 나는 나에게 작은 손을 내밀어
> 눈물과 위안으로 잡는 최초의 악수.

동주는 '최후의 나'를 기다리고 있다. 현실은 비가 내리고 자신이 남의 나라에 있지만, 어둠을 몰아내는 아침이 오고 그때 존재하는 '미래의 나'를 상상한다. 그리고 그때, 그 '최후의 나'는 '현재의 나'에게 눈물과 위안으로 악수하며 자신을 위로하리라 동주는 생각한다. 그의 시에서 보통 '현실적 자아'와 '이상적 자아'는 분리되어 있는데, 마지막 시에서는 '최초의 악수'를 하며 화해를 시도한다.

내가 책을 쓰는 일이 그랬던 거 같다. 선생님들의 손을 잡아주고 싶었던 거 같다. 우리의 모습이 현실에서는 초라해 보일지라도, 우리가 지금하고 있는 일은 소소한 듯 보이지만 참으로 가치 있는 일이라고 말하고싶었던 거 같다. 나는 나에게, 동료 교사에게 악수를 건네주고 싶었던 거같다. 사실 이 글을 쓰고 있는 이 시점에서 나에게 마음이 불편한 일이

교사, 삶에서 나를 만나다

하나 생겼다. 약 3주 동안 선생님들하고 시험 문제를 검토하고 또 검토했지만, 복수 정답이 있는 문제가 나왔다. 좋은 문제를 내려고 여러 애를 썼지만, 문제의 오류를 보지 못했다. 교사의 생활이 늘 이렇다. 열심히 노력하지만 예상치 않은 사고들은 늘 생긴다. 이럴 때, 교사들에게 드는 감정은 자괴감이다. 자신의 약함에 대한 한없는 자책이다.

　나는 겉으로는 책을 내는 유능한 교사인 것처럼 보이지만, 학교 현실에서는 여전히 실수가 많은, 서툰 교사이다. 하지만 그럼에도 내가 이렇게 나의 약함을 당당히 이야기할 수 있는 것은 나는 조금씩 성장하고 있기 때문이다. 중요한 것은 많은 실수 속에서도 내가 교사로서 나를 탓하지 않고, 나를 스스로 존중하고 배려하면서, 동주처럼 더 성숙해지는 나를 기대하기 때문이다. 그래서 끝으로 선생님들께 다음과 같이 인사말을 건넨다.

　　"선생님 지금까지 한 교사로 버텨내느라 고생이 많았습니다. 아마도 선생님은 내일도 어찌보면 아주 평범한 수업을 하고, 수업을 힘들어하는 학생들을 만나게 될 겁니다. 그렇게 수업살이, 학급살이를 하다 보면, 때로는 무례한 학생들로, 말도 안 되는 학부모 민원에, 마음을 이해해주지 못하는 동료 교사들로 인해 마음이 상처받으시겠죠. 그렇게 우리가 또 흔들리고 내면이 무너지지만, 이것만은 기억하면 좋겠어요. 교사를 하고 있는 모든 순간에 나는 참 가치롭다고 말이에요. 누가 뭐래도 선생님은 누군가에게는 한 위로이고, 한 스승이고, 한 세계라는 것을 기억하면 좋겠어요. 모든 학생들에게 인정받지 못하지만, 적어도 어떤 학생에게는 멋진 선생님으로 기억될 겁니다. 오늘도 한 교사로 정신없이 하루를 살아낼 선생님의 삶을 응원합니다."

끝으로 부족한 나에게 먼저 손을 내밀어 주었던 가족들, 좋은교사 수업코칭연구소 선생님들, 소소한 책방 선생님들, 그리고 백영고 학생들, 동료 교사들, 교육과 실천 출판팀에게 진심으로 감사의 인사를 보낸다. 당신의 손길이 지금의 나를 조금은 좋은 사람으로 있게 해줬습니다. 나도 누군가의 손을 잡아주는 그런 좋은 교사가 되겠습니다.

덧> 선생님들에게 마지막으로 그림 선물을 보냅니다. 이 그림은 〈진주 귀걸이를 한 소녀〉를 그린, 페르메이르가 그린 작품으로 자신의 고향 델포트를 그린 그림입니다. 개인적으로는 학생들에게 화를 냈거나, 마음이 이유 없이 쿵쾅거릴 때 보는 그림입니다. 이 그림을 약 10초간 보고 있으면 그림 특유의 평화로운 분위기가 저를 차분하게 만들어주는 힘이 있습니다. 혹 삶에서 힘들거나, 학교에서 감정의 기복이 있을 때, 이 그림을 보시기를 권해 드립니다.

교사, 삶에서 나를 만나다

페르메이르, <델포트의 풍경> (1661)

에필로그

| 참고 문헌 |

예술

서양미술사, 에른스트 곰브리치 지음, 예경, 2003

오주석의 옛 그림 읽기의 즐거움 1~2, 오주석 지음, 솔, 2005

건축, 음악처럼 듣고 미술처럼 보다, 서현 지음, 효형출판, 2014

잘 찍은 사진 한 장, 윤광준 지음, 웅진지식하우스, 2012

그림의 힘 1~2, 김선현 지음, 에이트포인트, 2015

인상주의, 가브리엘레 크레팔디 지음, 마로니에북스, 2009

나를 위로하는 그림, 우지현 지음, 책이 있는 풍경, 2015

마음으로 사진읽기, 신수진 지음, 중앙북스, 2013

감응의 건축, 정기용 지음, 현실문화연구, 2008

교육

수업, 이혁규 지음, 교육공동체벗, 2013

수업딜레마, 이규철 지음, 맘에드림, 2013

수업을 비우다 배움을 채우다, 의정부여자중학교 지음, 에듀니티, 2015

교사의 배움, 사토 마나부·한국배움의공동체연구회 지음, 에듀니티, 2014

거꾸로교실, 존 버그만·애론 샘즈 지음, 에듀니티, 2015

교사, 수업에서 나를 만나다, 김태현 지음, 좋은교사, 2012

내가, 사랑하는 수업, 김태현 지음, 좋은씨앗, 2010

교사, 삶에서 나를 만나다

심리

영적 발돋움, 헨리 나우웬 지음, 두란노, 2007

상처입은 치유자, 헨리 나우웬 지음, 두란노, 2011

내면 세계의 질서와 영적 성장, 고든맥도날드, IVP, 2003

삶이 내게 말을 걸어올 때, 파커J 파머 지음, 한문화, 2015

미움 받을 용기 1~2, 기시미 이치로·고가 후미타케 지음, 인풀루엔셜, 2016

문제는 무기력이다, 박경숙 지음, 와이즈베리, 2013

나는 왜 내편이 아닌가, 브레네 브라운 지음, 북하이브, 2012

인문

반 고흐, 영혼의 편지, 빈센트 반 고흐 지음, 예담, 2005

젊은 시인에게 보내는 편지, 라이너 마리아 릴케, 소울메이트, 2014

여덟 단어, 박웅현 지음, 북하우스, 2013

그 섬에 내가 있었네, 김영갑 지음, 휴먼앤북스, 2013

에디톨로지, 김정운 지음, 21세기북스, 2014

죽음의 수용소에서, 빅터 프랭클 지음, 청아출판사, 2005

광고천재 이제석, 이제석 지음, 학고재, 2010

느리게 사는 것의 의미, 피에르 쌍소 지음, 공명, 2014

| 그림 목록 |

larouge-1887

28 월터 랭글리, '아침은 오지만, 가슴은 무너지는구나' (1894)

https://commons.wikimedia.org/wiki/Category:Walter_Langley#/media/File:Walter_Langley_-_Never_Morning_Wore_To_Evening_1894.jpg

29 고흐, Almond blossom (February 1890-1890)

https://www.google.com/culturalinstitute/beta/asset/almond-blossom/dAFXSL9sZ1ulDw

30 프리드리히, Monk by the Sea (1808 or 1810)

https://commons.wikimedia.org/wiki/File:Monk_by_the_Sea.jpg

31 호퍼, 밤을 지새우는 사람들 (1942)

© 2024 Heirs of Josephine Hopper / Licensed by ARS, NY - SACK, Seoul

https://commons.wikimedia.org/wiki/File:Nighthawks_by_Edward_Hopper_1942.jpg

32 호퍼, Automat (1927)

© 2024 Heirs of Josephine Hopper / Licensed by ARS, NY - SACK, Seoul

http://www.wikiart.org/en/edward-hopper/automat-1927

33 카루스, Balcony Room with a View of the Bay of Naples

https://artsandculture.google.com/asset/balkon-in-neapel/QwG5qlILVi0rNQ?hl=ko&avm=3

34 로웰 버지 해리슨. Apple Blossoms

http://www.the-athenaeum.org/art/full.php?ID=57898

35 피카소, 닭 스케치(cockerel)

© 2024 - Succession Pablo Picasso - SACK (Korea)

http://mykle.com/msl/?p=55

36 정기용, 버스 정류장

http://www.gu-yon.com/m2/m2_2-5.html

37 고흐, A Pair of Shoes (1886)

http://www.wikiart.org/en/vincent-van-gogh/a-pair-of-shoes-1886

38 고흐, The Siesta (after Millet)

https://commons.wikimedia.org/wiki/File:Vincent_van_Gogh_-_The_siesta_(after_Millet)_-_Google_Art_Project.jpg

39 마그리트. The lovers (1928)

© René Magritte / ADAGP, Paris - SACK, Seoul, 2024

http://www.wikiart.org/en/rene-magritte/the-lovers-1928

40 콜비츠, 어머니들 (1919)

http://www.wikiart.org/en/kathe-kollwitz/not_detected_235972

41 윈슬로 호머, Summer Night (1890)

https://commons.wikimedia.org/wiki/File:Winslow_Homer_-_Summer_Night_(1890).jpg

42 드가, 그린색의 댄서 (1879)

http://www.wikiart.org/en/edgar-degas/the-green-dancer-1879

43 케테 콜비츠, 씨앗들이 짓이겨져서는 안 된다(Seed-Corn-must-Not-Be-Ground)

https://www.kollwitz.de/en/seed-for-sowing-should-not-be-milled-kn-274

44 카유보트, The Canoes (1878)

http://www.wikiart.org/en/gustave-caillebotte/the-canoes-1878

45 르누와르, Dance in the Country (1883)

https://en.wikipedia.org/wiki/Pierre-Auguste_Renoir#/media/File:Pierre_Auguste_
Renoir_-_Country_Dance_-_Google_Art_Project.jpg

46 샤갈, Dreamer (1945)

© Marc Chagall / ADAGP, Paris - SACK, Seoul, 2024

https://www.google.com/culturalinstitute/beta/asset/dreamer/
KgHfCG4mM6EPYw?hl=ko

47 로트레크, 아델 여사의 초상화 (1883)

https://commons.wikimedia.org/wiki/Henri_de_Toulouse-Lautrec#/media/File:Lautrec_
the_artist%27s_mother_comtesse_adele_de_toulouse-lautrec_at_breakfast,_
malrom%C3%A9_chateau_c1881-3.jpg

48 고흐, 조셉 롤랭의 초상 (1889)

https://commons.wikimedia.org/wiki/File:Vincent_van_Gogh_-_Portrait_de_Joseph_
Roulin_-_Google_Art_Project.jpg

49 이중섭, Children Holding a String Together (1956)

https://www.google.com/culturalinstitute/beta/asset/children-holding-a-
stringtogether/sgFrhyG0a-H4dg

50 앤드루 와이어스, Christina Olson (1947)

© 2024 Wyeth Foundation for American Art / Artists Rights Society (ARS), New York -
SACK, Seoul

http://rompedas.blogspot.kr/2011_10_01_archive.html

51 헨리 오사와 태너, Sand Dunes at Sunset, Atlantic City (1885)

https://artsandculture.google.com/asset/sand-dunes-at-sunset-atlantic-city/HQEsrBkv
FakSeA?hl=ko&ms=%7B%22x%22%3A0.5%2C%22y%22%3A0.5%2C%22z%22%3A9.45
943084942403%2C%22size%22%3A%7B%22width%22%3A1.229765625000001%2C%
22height%22%3A1.3183639685866735%7D%7D_Google_Art_Project.jpg

52 그림쇼, Reflections on the Thames, Westminster (1880)

https://commons.wikimedia.org/wiki/File:Reflections_on_the_Thames,_Westminster_-_
Grimshaw,_John_Atkinson.jpg

그림 목록

53   마그리트, 인간의 조건 (1933)

ⓒ René Magritte / ADAGP, Paris – SACK, Seoul, 2024

http://www.wikiart.org/en/rene-magritte/the-human-condition-1933

54   마티스, 붉은 방 (1908)

http://www.wikiart.org/en/henri-matisse/harmony-in-red-1908

55   르브룅, 자화상

https://commons.wikimedia.org/wiki/File:Louise_%C3%89lisabeth_Vig%C3%A9e_Le_
Brun,_by_Louis_Bardi,_after_Louise_%C3%89lisabeth_Vig%C3%A9e_Le_Brun.jpg

56   마네, Bunch of Asparagus (1880)

https://commons.wikimedia.org/wiki/File:Edouard_Manet_Bunch_of_Asparagus.jpg

57   뒤러, 어머니의 초상 (1514)

https://en.wikipedia.org/wiki/Portrait_of_the_Artist's_Mother_at_the_Age_of_63#/media/
File:D%C3%BCrer_-_Bildnis_der_Mutter.jpg

58   휘슬러, 어머니의 초상 (1871)

https://artsandculture.google.com/asset/portrait-of-the-artist-s-mother/2QH4InLXWX
6UMQ?hl=ko&ms=%7B%22x%22%3A0.5%2C%22y%22%3A0.5%2C%22z%22%3A8.767
406707730343%2C%22size%22%3A%7B%22width%22%3A2.045900218877631%2C%
22height%22%3A1.2374999999999998%7D%7D

59   마그리트, 삶의 기술 (1933)

ⓒ René Magritte / ADAGP, Paris – SACK, Seoul, 2024

http://www.renemagritte.org/rene-magritte-paintings.jsp

60   터너, 전함 테메레르 (1839)

http://www.wikiart.org/en/Search/temeraire

61   프리드리히, Sunset Brothers

https://commons.wikimedia.org/wiki/File:Sunset_by_Caspar_David_Friedrich.jpg

62   고흐, 사이프러스 나무가 있는 밀밭 (1889)

http://www.wikiart.org/en/vincent-van-gogh/mode/all-paintings

63   조지 클라우슨, 풀밭 위의 소녀

https://plainspeakingart.wordpress.com/2012/10/26/sir-george-clausen-the-fineart-
society-london-until-8th-november-2012https://www.thefineartsociety.com/
exhibitions/28-george-clausen-and-the-picture-of-english-rural/

64   모네, 수련

https://www.wikiart.org/en/claude-monet/water-lilies-14

65   김태현, 봄꽃

66   김태현, 갈망

67   이형렬, 우리 집

http://www.visionphoto.co.kr/wwwhome/news/news_list.html?mode=view&num=768

68 르누아르, 피아노 치는 소녀들 (1892)

https://commons.wikimedia.org/wiki/Pierre-Auguste_Renoir#/media/File:Renoir23.jpg

69 그림쇼, Evening Glow (1884)

https://commons.wikimedia.org/wiki/File:John_Atkinson_Grimshaw_-_Evening_
Glow_-_Google_Art_Project.jpg

70 이제석, 에베레스트

이제석광고연구소 www.jeski.org

71 이제석, 금연광고

이제석광고연구소 www.jeski.org

72 마그리트, 치유자 (1937)

© René Magritte / ADAGP, Paris - SACK, Seoul, 2024

http://www.wikiart.org/en/rene-magritte/the-therapeutist-1937

73 카유보트, 발코니의 남자 (1876)

https://commons.wikimedia.org/wiki/Gustave_Caillebotte#/media/File:G._Caillebotte_-_
Jeune_homme_%C3%A0_la_fen%C3%AAtre.jpg

74 호퍼, Morning Sun (1952)

© 2024 Heirs of Josephine Hopper / Licensed by ARS, NY - SACK, Seoul

http://www.wikiart.org/en/edward-hopper/morning-sun

75 프리드리히, Moonrise over the Sea (1822)

https://commons.wikimedia.org/wiki/File:Caspar_David_Friedrich_031.jpg

76 페르메이르, The Geographer (1669)

https://commons.wikimedia.org/wiki/File:Jan_Vermeer_-_The_Geographer.JPG

77 휘슬러, 야상곡 검정과 금색 (1875)

https://commons.wikimedia.org/wiki/James_McNeill_Whistler#/media/File:Whistler-
Nocturne_in_black_and_gold.jpg

78 고흐, Sorrow (1882)

http://www.wikiart.org/en/vincent-van-gogh/sorrow-1882-1

79 무리요, Boys Playing with Dice

https://commons.wikimedia.org/wiki/Bartolom%C3%A9_Esteban_Murillo#/media/
File:Bartolom%C3%A9_Esteban_Perez_Murillo_010.jpg

80 로트레크, Woman at her toilette (1896)

https://commons.wikimedia.org/wiki/File:Lautrec_woman_at_her_toilette_1896.jpg

81 고흐, 밀밭 위를 나는 까마귀 (1890)

http://www.wikiart.org/en/vincent-van-gogh/wheatfield-with-crows-1890

82 브뤼헐, The Peasant Wedding

https://commons.wikimedia.org/wiki/Pieter_Bruegel_(I)#/media/File:Pieter_Bruegel_the_
Elder_-_Peasant_Wedding_-_Google_Art_Project.jpg

83   마티스, 춤 2[Dance (II)] (1910)

http://www.wikiart.org/en/henri-matisse/dance-ii-1910

84   도미에, 삼등열차 (1862)

http://www.wikiart.org/en/honore-daumier/a-wagon-of-the-third-class

85   클림트, 헬레네 클림트의 초상화 (1898)

http://www.wikiart.org/en/Search/Helene%20Klimt

86   휘슬러, 야상곡 회색과 은색

http://www.wikiart.org/en/james-mcneill-whistler/nocturne-grey-and-silver-1875

87   휘슬러, '야상곡, 푸른색과 은색; 첼시' (1871)

https://en.wikipedia.org/wiki/Nocturne:_Blue_and_Silver_%E2%80%93_Chelsea#/media/
File:James_Abbott_McNeill_Whistler_-_Nocturne-_Blue_and_Silver_-_Chelsea_-_Google_
Art_Project.jpg

88   마인데르트 호베마, 미델하르니스로의 좁은 길 (1689)

https://commons.wikimedia.org/wiki/Meindert_Hobbema#/media/File:Meindert_
Hobbema_001.jpg

89   폴레노프, 클라이즈마 강 (1888)

http://www.wikiart.org/en/vasily-polenov/klyazma-river-zhukovka-1888

90   윌리엄 체이스, 계절의 끝(End of the season sun)(1884)

http://www.wikiart.org/en/william-merritt-chase/end-of-the-season-sun

91   찰스 커트니 커란, Billow (1915)

https://touchofcolorr.blogspot.com/2015/02/charles-courtney-curran-american.html

교사, 삶에서 나를 만나다

교사의 시선
김태현 지음

'교사의 시선'으로 교사가 매일 경험하는 일상, 그 보통의 하루가 가지는 가치를 깊이 들여다본다. 그리고 교사이기 이전에 한 인간으로서 겪어야 하는 보편적인 고통에 대해서도 생각해본다.

그림의 진심
김태현 지음

화가들의 작품을 단순히 보는 행위로서의 관람이 아니라 그림 속 화가의 '진심'으로 받아들일 수 있도록 저자의 경험을 나눈다. 내 안에 이미 들어와 있는 심미안으로 그림을 찬찬히 들여다보고 화가의 진심과 만나는 여행을 함께 떠나보자.

교사를 위한 회복적 생활

송주미 지음

저자는 '교사는 자신의 교육 철학을 세우고 이를 실천하는 존재로서 역할을 다할 때 회복된다'며 교사 상처의 근원을 살피고, 내면 치유로 회복하기, 공동체에서 함께 회복하기, 철학으로 회복하기의 방법들을 구체적인 사례를 통해 알려 준다.

민원 지옥 SOS

한명숙 지음

민원 천국이 되어버린 학교, 사라진 교권… 이대로 계속 외면할 것인가? 현재 학교 현장에서 일어나고 있는 수많은 민원 사례를 살펴보고, 민원 예방부터 민원 대처법, 악성 민원 해결 노하우부터 교권을 보호하는 해외 사례까지 이 한 권에 담았다.

학교 내부자들 / 학교 외부자들

박순걸 지음

자신의 이익을 위해 학교와 학생을 도구로 이용한 이들에게 휘둘린 학교와 교육의 문제점을 날카롭게 살피지만, 그럼에도 불구하고 우리에게는 여전히 변화를 꿈꾸는 희망이 있음을 보여준다.

그림책, 교사의 삶으로 다가오다

김준호 지음

삶에 지쳐 힘들 때 그림책을 펼쳐보자. 그림책은 삶에 지친 우리의 마음에 지금 충분히 잘하고 있다고, 억지로 무엇을 더 할 필요가 없다고 위로와 위안을 건네줄 것이다.

교사, 여행에서 나를 찾다

차승민 지음

마흔 넘어 여행을 시작한 현직 교사의 여행 이야기이면서 동시에 교육 이야기인 이 책을 통해서 여행을 떠나야 하는 자신만의 이유와 여행을 떠나는 작은 용기를 얻을 수 있을 것이다.

아마도 난 위로가 필요했나보다

이의진 지음

'학교'라는 직장으로 출근하는 교사이며, 가족들의 끼니를 걱정하고 집안일을 챙기고 자녀의 육아에 힘쓰는 엄마와 아내이기도 하며, 또 때때로 딸과 며느리로 살아가는 당신의 이야기.